Emilia Pardo Bazán

La literatura francesa.
La Transición

Barcelona **2024**
Linkgua-ediciones.com

Créditos

Título original: La literatura francesa. La Transición.

© 2024, Red ediciones S.L.

e-mail: info@linkgua.com

Diseño de cubierta: Michel Mallard.

ISBN tapa dura: 978-84-1126-454-9.
ISBN rústica: 978-84-9953-983-6.
ISBN ebook: 978-84-9007-910-2.

Sumario

Brevísima presentación

La vida

Emilia Pardo Bazán (1851-1921). España.

Nació el 16 de septiembre en A Coruña. Hija de los condes de Pardo Bazán, título que heredó en 1890. En su adolescencia escribió algunos versos y los publicó en el *Almanaque de Soto Freire*.

En 1868 contrajo matrimonio con José Quiroga, vivió en Madrid y viajó por Francia, Italia, Suiza, Inglaterra y Austria; sus experiencias e impresiones quedaron reflejadas en libros como *Al pie de la torre Eiffel* (1889), *Por Francia y por Alemania* (1889) o *Por la Europa católica* (1905).

En 1876 Emilia editó su primer libro, *Estudio crítico de Feijoo*, y una colección de poemas, *Jaime*, con motivo del nacimiento de su primer hijo. *Pascual López*, su primera novela, se publicó en 1879 y en 1881 apareció *Viaje de novios*, la primera novela naturalista española. Entre 1831 y 1893 editó la revista *Nuevo Teatro Crítico* y en 1896 conoció a Émile Zola, Alphonse Daudet y los hermanos Goncourt. Además tuvo una importante actividad política como consejera de Instrucción Pública y activista feminista.

Desde 1916 hasta su muerte el 12 de mayo de 1921, fue profesora de Literaturas románicas en la Universidad de Madrid.

Al conde de Romanones, en prenda de gratitud y afecto,

La autora.

I. Fin del romanticismo. Si hay un período que debe llamarse de transición. El orden cronológico y las individualidades. Carácter cosmopolita del romanticismo. Francia se reconoce y diferencia, concentrando, mediante la evolución hacia el realismo, su espíritu nacional. Influencias extranjeras. La novela como género-tipo de dos períodos

En la primera parte de esta obra traté del romanticismo en Francia a grandes rasgos, fijándome solo en las tendencias más marcadas, en las figuras más significativas y las corrientes más caudales. Necesario me fue omitir nombres y hechos que tienen valor, pero que darían a estos estudios proporciones exageradas. Claro es que en la selección de hechos y nombres influye poderosamente el criterio personal, y a él he obedecido, hablando más despacio de lo que a mi juicio revestía superior importancia; pero, a título de justificación de mis preferencias, ante quienes estén algo versados en las tres fases, germinal, expansiva y decadente, del movimiento romántico, alegaré que las figuras principales para mí fueron las que lo son para todos: Chateaubriand, madama de Staël, Lamartine, Alfredo de Musset, Víctor Hugo, Alejandro Dumas, Jorge Sand, Teófilo Gautier. En España suenan familiarmente tales nombres, aunque su biografía, su crítica y sus escritos sean harto menos conocidos de lo que suele afirmarse; aunque se les juzgue mucho de memoria y de oídas y su labor literaria no haya sido expresamente estudiada hasta el día, que yo sepa, por pluma española, a excepción de la de Menéndez y Pelayo (que consideró al romanticismo francés desde el punto de vista de las ideas estéticas), y aunque el olvido en que cae lo moderno (especialmente lo moderno, al parecer más accesible) vaya envolviendo, si no los nombres, los fastos y las glorias de esa gran generación tan vibrante, tan apasionada, que entre los accesos de su calentura acariciaba aquella ilusión magnífica que doró los albores del pasado siglo, ilusión de poesía y de libertad.

Entendí también que el movimiento romántico no se explicaría sin ciertos factores que a él concurrieron; por eso traté de la reacción religiosa, del neocatolicismo, representado por nombres tan claros como los de Chateaubriand, Veuillot, Bonald, de Maistre, Ozanam y Lamennais. La transformación de los estudios históricos por el advenimiento de la escuela pintoresca, a que dio vida el genio de Walter Scott, merecía capítulo aparte, y se lo consagré. Por último, cité la aparición de otra forma literaria, que, en rigor, es patrimonio del siglo XIX: la crítica, con su doble carácter objetivo e intuitivo, tema sobre el cual habrá que insistir, pues requiere mayor espacio, y cada día se impone con superiores títulos a la reflexión y hasta al sentimiento estético.

Al llegar a la época contemporánea, la considero dividida en tres períodos: el primero, de transición del romanticismo al naturalismo; el segundo, de naturalismo, y el tercero, el actual, de neoidealismo, decadencia y anarquía. Fases sucesivas de una rápida descomposición de los elementos románticos supervivientes, que, sin embargo, persisten y resisten, luchando con la reacción hacia el clasicismo diez y ocheno, con el espíritu científico democrático, con las influencias nuevas y las tradicionales, y retoñando donde menos se espera, a fuer de árbol que arraigó muy hondo, y de cuyas radículas todavía quiere brotar vegetación frondosa.

Debo añadir que la mayor parte de los historiadores y manualistas de la literatura francesa no hablan de la transición como período sustantivo; señalan, sí, el tránsito del romanticismo al realismo, pero no consideran las gradaciones. Séame permitido apartarme del método general y conceder a la transición valor propio. Cabe que me equivoque en asignar a un escritor puesto más o menos adelantado; mas no creo engañarme al suponer que entre dos escuelas tan radicales como el romanticismo y el naturalismo, entre esa derecha y esa izquierda, existe una especie de centro, en el cual se amalgaman, para disociarse después, las contrapuestas opiniones.

Ante todo, reconozco que la división, con la cual aspiro a orientarme en la exploración de un movimiento literario vastísimo y bastante menos conocido entre nosotros que el romántico, no obedece a orden cronológico riguroso. Los frutos literarios no son como la hierba que, segada a un tiempo, a un tiempo reverdece. En el campo literario medran y fructifican a la vez producciones de diversas zonas: sin duda hay leyes de evolución, pero no están sujetas a proceso serial, ni rigurosamente eslabonadas. Así como hemos visto, en la plenitud de la poesía lírico-romántica, al clasicismo galo y al jacobinismo, no solo luchar, sino triunfar con Casimiro Delavigne y Beránger; así como, al sucumbir después de estrepitosas peleas el drama romántico, apareció una tragedia de corte clásico y ganó lo que aquel perdía —ni en la época naturalista murió del todo el idealismo, ni hoy el naturalismo está tan decaído y arrumbado como cuentan—. En la literatura compleja de nuestras complejas sociedades modernas no se marcha hacia la unidad y el colectivismo, sino hacia la libertad y la personalidad reconquistada, que produce la exaltación individualista.

Y ha solido suceder con esto lo que con el cristianismo naciente. Llamamos Era cristiana a siglos en que, si indudablemente la inspiración y la frescura auroral estaban en los innovadores, había en realidad muchos más paganos que cristianos, y puede asegurarse que la sociedad, pagana fue en conjunto. Cada escuela literaria nace bajo el poder y el dominio de otra escuela: es reprobada y condenada casi como herejía; combate mientras alienta, mientras lleva en sí fuerza de espontaneidad, y empieza a decaer cuando parece asegurada su victoria. Nunca fenece por entero sin embargo: declina lo circunstancial, lo accidental, generalmente la envoltura retórica. Pero el alma de verdad que indefectiblemente contiene toda doctrina, la suma de revelación que aporta, es lo que perdura y debe perdurar. Sin duda la literatura se ha desenvuelto sucesivamente; sin duda el clasicismo precedió al romanticismo; pero cuando estudiamos los fenómenos no se encuentra la solución de continuidad, y adviértese que el clasicismo, no en lo que tenía de formal, sino en su esencia, íntimamente unida al genio nacional francés, nunca desapareció, y solo aguardó momento favorable para echar por tierra al romanticismo.

Recordemos cómo Gautier lo hirió en la medula proclamando la impasibilidad y la impersonalidad del arte. Asomaron a favor de esta doctrina, como elementos de transición, entre el renaciente espíritu clásico, el realismo y el naturalismo.

Y no faltó una señal anunciadora de grandes cambios, el impulso hacia la unidad en las nuevas direcciones. Así como los románticos habían sido unos por el lirismo (cualquiera que fuese su nota propia), los realistas y naturalistas fueron unos por la impersonalidad; la aleación romántica que les quedaba pudo medirse por la dosis de lirismo que conservaron. El que, años después, se colocó a la cabeza del naturalismo, Emilio Zola, reconoció la aleación, y habló del lirismo como de un tumor o cáncer que padecía y que jamás había conseguido extirpar enteramente.

A pesar de estos rezagos de romanticismo, más tenaces y visibles en ciertos géneros y en ciertos autores, la evolución es tal, que puede decirse que el arte literario gira sobre su eje. El cambio rebasa de los límites de la forma y de los accidentes de la composición, y llega hasta la substancia del arte. No fueron el realismo y naturalismo (como superficialmente se ha afirmado y como aún se oye repetir sin examen) una moda literaria (no existen tales modas, en el sentido arbitrario) sino una transformación, la más profunda que puede sufrir el arte, al variar de un modo radical los principios a que obedece (conscientemente o no) su desarrollo. Quizás cabría comparar esta evolución al paso de la Edad Media al Renacimiento. Y, en efecto, al afirmar contra el romanticismo la representación objetiva de la realidad, sin quererlo ni saberlo, las letras se convertían hacia aquel tan odiado clasicismo, fórmula a la cual, por muchos conceptos, pertenecen los tempranos anti-románticos, los psicólogos y los realistas, anunciados por Stendhal.

Stendhal es el primero de los escritores complejos e híbridos que encarnan la transición, y que, arrastrados por el romanticismo, o anclados en el clasicismo, van, sin embargo, insensible e involuntariamente, a abrir la zanja y echar los cimientos, no solo del naturalismo, sino de escuelas más modernas que sobre las ruinas del naturalismo se han alzado. Vistos de cerca estos tipos, nótase que ofrecen caracteres propios de distintas épocas literarias y los reúnen y juntan en sí, como el grifo y el drago las alas del ave y las garras aceradas y rapantes de la fiera. Se les ha llamado repetidas veces precursores del naturalismo, y lo son, en efecto; como tales se les ha estudiado, y como tales era lícito estudiarles; pero también cabría tenerles por testamentarios del romanticismo o predecesores geniales y nunca sobrepujados de las tendencias ultramodernistas. Recurriendo al vocabulario de la arquitectura, diré que son escritores del orden compuesto.

Nota característica de estos escritores que he llamado de transición, que les distingue de los románticos: no se presentan como vates, sino como investigadores: su forma propia es épica-objetiva. El hombre sale de sí mismo y espacia la mirada en derredor suyo. Los que no son realmente novelistas por la creación de la fábula (en la escuela que va a surgir, lo de menos), pertenecen, sin embargo, a la epopeya; son, antes que entusiastas, narradores y observadores. Bajo el romanticismo se hacía gala de sensibilidad exaltada y enfermiza; y ya, como si se agotase un manantial vivo y fluyente, se retrae la sensibilidad, o mejor dicho, se oculta su manifestación externa bajo una capa de impasibilidad irónica o marmórea. Del campo romántico venía Teo, y no pudo idear cosa más mortal para el romanticismo, agitado y confuso, que la frialdad pagana unida al culto idolátrico de la forma. Dentro de la misma corriente, trayendo afirmaciones nuevas, encontraremos a autores tan diferentes como Stendhal y Próspero Mérimée, Gustavo Flaubert y Honorato de Balzac, Ernesto Renan e Hipólito Taine.

Puede inducir a error, al considerar la época naciente, la cuestión de cronología. No duró mucho el romanticismo, pero los grandes románticos sí; sobrevivieron al hervor y oleaje de su juventud, y prolongaron, con su existencia y longevidad, con su laboriosidad, la ilusión de que el romanticismo perduraba. Jorge Sand vivió hasta 1876; Víctor Hugo hasta 1885, mientras Stendhal, que representaba la evolución por la cual Sand y Hugo fueron arrollados, falleció en 1842, Balzac en 1851, Baudelaire (padre de tantas direcciones ultramodernas) en 1867, y Próspero Mérimée en 1870. Datos que conviene no olvidar, y que prueban cómo las tendencias características de un período literario y social, que se afirman por medio de algunas individualidades poderosas, cumplen su desintegración totalmente, sin que les valga ya el auxilio de esas mismas individualidades, que, en tal respecto, han perdido toda su eficacia, toda su virtualidad, aunque continúen produciendo, y obras no menos bellas, quizás superiores a las del período apostólico.

Hay varios aspectos del romanticismo francés que suelen pasar inadvertidos; si los tomamos en cuenta, quizás interpretemos mejor los caracteres de la transición, el paso de la exaltación subjetiva a la impersonalidad y la objetividad, del sentido lírico al científico, del romanticismo al realismo y al naturalismo, que se verifica durante el período comprendido entre el advenimiento del segundo Imperio y el último tercio del siglo XIX.

El romanticismo francés, por su exuberante fecundidad y por el influjo de comunicación y difusión de las ideas que siempre ha ejercido Francia, especialmente desde fines del XVIII, pudo llegar a erigirse en norma de otros romanticismos que a primera vista parecían nacionales, y no lo eran sino a medias; por ejemplo, el ruso y el español. A la vez —y esto explica mejor el fenómeno— era inherente al romanticismo francés, no solo la expansión cosmopolita, sino la curiosidad viva y noble de todo lo extraño y nuevo, y la aceptación de cuantas formas de hermosura y poesía surgen y caben en el vasto mundo. Imitando a Roma, Francia admitió en su Panteón las teogonías bárbaras, sin exceptuar ni al «ladrador Anubis». Fue el período triunfante del romanticismo un momento en que Europa se entró por Francia adelante, y Francia, a la recíproca, se derramó por los últimos rincones de Europa. Después, el arranque expansivo se contuvo, y para contrarrestarlo nacieron la desconfianza y el exclusivismo pseudo-patriótico.

En esto, como en todo, Napoleón presumió de desviar las corrientes profundas con un gesto de su imperial mano, sin perder ocasión de manifestar antipatía al romanticismo extranjero, contrario, en su opinión, al sentido íntimo del pueblo francés. Era inútil; la «cándida y soñadora» Alemania, derrotada en los combates, vencida en Jena, triunfaba en los espíritus. Y no era Alemania solamente. Era Inglaterra, era Escocia y sus lagos azules, Irlanda y su elemento demográfico tradicional, Italia, España, Rusia. Invasión provocada por el conquistador mismo, que había forzado a aproximarse con violento empuje a los pueblos y a las razas.

Si en personalidades buscamos ejemplos para demostrar cómo Napoleón, a pesar suyo, fundió al extranjero con Francia, bastará recordar el caso de Enrique Heine. El «más francés de los alemanes» —que es, sin embargo, el más grande entre los poetas líricos de su tierra, y que lleva la esencia de la poesía germánica, la voz de oro del hada Loreley, al alma escéptica y positiva de París— quizás nunca hubiese cruzado la frontera para vivir en Francia como en una segunda patria, si en casa de sus padres, siendo él niño, no se aloja el tambor Legrand, para infundirle, con el redoble de sus palillos, el entusiasmo épico del emperador, a quien entonó tan magnífico ¡hosanna!, y para inspirarle la obra maestra de Los dos granaderos. No es dudoso que Napoleón, como todo hombre de acción muy extensa, consiguió a veces exactamente lo contrario de lo que se proponía. Su obra, que anhelaba fuese nacional, se convirtió en internacional, y el romanticismo, en quien veía un enemigo, cundió gracias a él y a la Revolución, que sembró y dispersó hacia los cuatro puntos cardinales a tantos franceses ilustres.

Para mí no ofrece duda: es la historia, son sus vicisitudes, lo que divide en dos etapas muy caracterizadas y contrarias la literatura francesa moderna: el período de amplia asimilación y el de eliminación, una época en que a Francia le interesa todo, y otra en que tiende progresivamente a no interesarse en realidad sino por lo propio, bien definido como tal —y acaso únicamente por lo parisiense—. En apariencia, Francia continúa siendo hospitalaria, acogiendo a los escritores extranjeros, ensalzándolos, festejándolos; pero esto es una cosa, y otra la penetración y trueque de almas. De la hueste romántica, los más insignes —Chateaubriand, la Staël— están embebidos de sentimiento y literatura inglesa o alemana. Y el autor de *Atala* todavía va más lejos: trae el sentimiento de países desconocidos. Es una generación de golondrinas emigradoras; mal de su grado, los trastornos políticos las arrojan anticipadamente de la bella Francia, toda abrasada y toda sangrienta, y las empujan hacia países donde el romanticismo ha germinado desde antiguo, entre las brumas del Norte. Y al ponerse en contacto con nuevas ideas y nuevas formas de lirismo, se estremecen con la alegría peculiar del descubridor y el viajero. El romanticismo atraviesa entonces su edad heroica.

Si el romanticismo no debiese tanto por otros conceptos a Chateaubriand y a su gloriosa émula, bastaría deberles esa fundamental dirección, ese movimiento de incalculable fecundidad y trascendencia —el cosmopolitismo literario—. Chateaubriand y la Staël no se limitaron a poner en relación con Alemania y la Gran Bretaña a los franceses: también les incitaron a que penetrasen en Italia, apoderándose de un mundo de arte, sensaciones y recuerdos. A España le llegó la vez más tarde, con la segunda época, la plenitud del romanticismo. Pero dada estaba la señal, y hasta los más apartados confines de Europa había de llegar el soplo entusiasta, el mutuo abrazo. Del propio modo el españolismo de Víctor Hugo (tan falso y tan retórico como se quiera que sea) procede de la guerra, procede de la historia.

Francia ejercía, en semejante ocasión, de agitadora por las armas; pero mientras sostenía la guerra y vencía, acogía las ideas del extranjero y el enemigo, las cobijaba en su seno, las amparaba y se dejaba vencer por ellas muy gustosa. Así ejercitaron sobre Francia y sus escritores tan decisivo ascendiente Schiller y Schlegel, Byron y Coleridge, el falso Osián y el pintoresco Walter Scott. Nosotros no podíamos influir por medio de nuestras individualidades, menos geniales (es fuerza confesarlo). Cuando influimos, fue por nuestro raro y poético sello nacional, por nuestro color, nuestra luz, nuestras costumbres y supersticiones, nuestra alma colectiva, y asimismo por nuestro pasado, visto al través de las narraciones de viajeros artistas, Mérimée, Gautier —y de los críticos enamorados del Romancero, de Calderón y Lope—, los eruditos alemanes.

Somera ojeada basta para que nos demos exacta cuenta de la evolución, en este terreno, de la literatura francesa; del movimiento rápido con que abrió sus valvas para recibir el agua del Océano, así como ahora las va cerrando lentamente, viviendo de su propio jugo. Después de la legión de emigrados literarios, Chateaubriand, la Staël, de Maistre; de los viajeros, Lamartine y Mérimée; de Musset, cuya fantasía vive en Italia, en la Italia sugestiva y dramática del Renacimiento; del otro viajero infatigable, Stendhal, que se proclama italiano hasta en su sepultura, viene, con la transición, una nueva hueste que ha resuelto quedarse en Francia y estudiar su sociedad, sus costumbres, su vida interior. Se acabaron los indios enamorados y fieles,[1] los hidalgos embozados y en acecho, espada al puño, los abencerrajes, los donceles venecianos; se acabó el mundo de la fantasía, en que el poeta refleja y agiganta la sombra de su propio cuerpo; llegan los novelistas como Balzac y Flaubert, estudiando la vida de provincia y aldea o los secretos y rinconadas de París; los dramaturgos como Augier y Sardou, aleccionados por la novela misma, buscando en ella y en la observación de lo que les rodea, de la sociedad en que viven, los efectos, sorpresas y enseñanzas del teatro. No conozco evolución que se manifieste más claramente que esta; el tránsito de la libertad poética del romanticismo, de esa bohemia en que el espíritu se transporta a países lejanos, que siempre son más o menos de ensueño, a la disciplina y sujeción científica, a la comprobación y aceptación de los hechos, que se llamó primero realismo, naturalismo después. Y, dentro de esta marcha evolutiva, nada tan curioso como notar las rebeldías frecuentes, las desviaciones del método y la regla, el hervor romántico, que no acaba de aquietarse y solo espera ocasión para romper la costra plana y dura. Cuando se acentúan estas rebeldías, y el naturalismo ha fatigado al espíritu, el pensamiento de Francia vuelve a refugiarse en valles extranjeros: en la piedad humana de Tolstoi y Dostoyewsky, en el esteticismo de D'Annunzio.

---

1   Pedro Loti es una excepción, y siempre las habrá.

Se deduce de estas premisas que el romanticismo francés no fue nacional y genuino; pero su sentido cosmopolita imprimió carácter a Francia, haciendo nacional el amplia comprensión, el amplia receptividad; y solo al menguar esta excelencia y sustituirla definitivamente cierta intransigencia y estrechez (eso que siempre hemos padecido aquí),[2] será cuando quepa afirmar que Francia decae.

No ha llegado todavía el momento, si bien lo anuncian ciertos alarmantes síntomas. Ni es tiempo ahora de reseñarlos; estudiamos el período de transición; las influencias extranjeras que Francia comienza a sacudir, aún ejercen sobre ella poderoso dominio. No han sido destronados ni Schiller, ni Shakespeare, ni Walter Scott, los sugestionadores de la novela y del teatro, los modelos de Lebrun, de Dumas padre, de Casimiro Delavigne, de Víctor Hugo, de Vigny, de Mérimée, de Thierry, de Jorge Sand, del propio Balzac en muchas de sus novelas, que están infiltradas (al principio de su vida literaria) de los procedimientos del autor de *Ivanhoe*; no han sido definitivamente relegados a la penumbra de los Campos Elíseos, en que se complacen las sombras de los poetas, aquellos que soliviantaron a la generación romántica: Wordsworth, Byron, Goëthe, Bürger. Llamados a más duradero influjo y prestigio, también los filósofos y los pensadores extranjeros permanecen en pie; Herder, los Grimm, Niebuhr, Kant, Hegel, Schlegel, se infiltran en la enseñanza, en la cátedra, en la crítica, en la metafísica, en la historia.

Y no hay que admirarse de la persistencia de su dominio; son de los destinados a larga vida. Dijérase que hoy no se producen, o al menos escasean, los tipos supremos de individualidad; que el molde se ha roto. Si actualmente se regatea y hasta se proscribe la admiración, es más difícil desarraigar la influencia. Y me guardo de afirmaciones radicales, a toda hora desmentidas por hechos aislados. Hablo del conjunto cuando digo que, hacia 1848, cerrado el ciclo romántico, Francia se repliega, se convierte hacia sí misma. La observación, en general, es exacta; hasta en su programa político representa el segundo Imperio esta concentración nacional, condenando por extranjerizado el romanticismo (movimiento semejante al de pseudo-casticismo que aquí trajo la restauración alfonsina). Lo reconoce con notable exactitud un crítico francés. «Surgió una generación nueva, que se jactaba de ser indife-

---

2   A pesar de la constante imitación. Imitar no es comprender; quizás sea lo contrario.

rente al desarrollo de las vecinas naciones; que desengañada de ensueños humanitarios, se recogía y solo contaba con sus propias fuerzas; que más seca y reacia al entusiasmo, ya apenas sentía aquella necesidad de comulgar con el pensamiento universal que había caracterizado al romanticismo».

Justo es reconocer que la inexactitud y falsedad de la visión romántica, su ligereza al reproducir los ambientes y las psicologías extranjeras (hecho del cual nosotros los españoles pudiéramos aducir tan peregrinos testimonios),[3] había contribuido al desvío de la generación nueva «seca y reacia al entusiasmo». La exigencia de conocimiento exacto y descripción fiel, la exigencia científica, para decirlo terminantemente, hizo que el cosmopolitismo y el exotismo fuesen informados, restrictos y serios, o al menos lo pretendiesen.[4] Desde este punto de vista, compárese *Atala* a *Salambó*, y se comprenderá la zanja profunda que separa a las dos épocas. Los acontecimientos políticos que en el primer tercio del siglo contribuyeron a la expansión, debían contribuir cada vez más al aislamiento de Francia, tendencia exaltada hasta el paroxismo en los años que siguieron a Sedán.

No miremos tan adelante; el período que va de la monarquía liberal al segundo Imperio, tan significativo, es el que ahora consideramos. Y en él vemos persistir, es cierto, las influencias extranjeras, pero como algo accesorio, naciendo y ramificándose las letras francesas de su propio tronco, y creándose la ficción sobre la base de la vida ambiente. Y, nota característica, el influjo británico ya no lo ejercen novelistas como Scott, ni poetas como Byron y Shelley, sino los historiadores, los pensadores y los críticos; las revistas, género tan inglés, se aclimata en Francia. No se rinde culto a los autores de obras de imaginación en Inglaterra, pero se les estudia críticamente (que es un modo de oponerse a lo estudiado). Para advertir la importancia de este movimiento, baste recordar que a él corresponde la *Historia de la literatura inglesa*, de Taine, obra con garras de león, que marca un paso decisivo.

En la mentalidad francesa, el pensamiento inglés extiende sus ya vastos dominios. Sin más asunto que este del influjo inglés sobre Francia, cabría escribir un libro muy extenso. La dura mano con que Inglaterra quebró el destino de Napoleón y la gloria de Francia, dio prestigio a la inteligencia

---

3   En este terreno, nada ha cambiado. La información de Francia respecto a España sigue siendo un cúmulo de absurdos errores.

4   Las excepciones que tengo más presentes se refieren a España.

inglesa, cuya base, desde que decayó el romanticismo especialmente, fueron los estudios filosófico-morales, históricos y sociológicos, el aspecto útil del pensamiento, lo práctico de su empleo y ejercicio.

Francia, menos inclinada a esta labor, recogió de Inglaterra ejemplos, aplicándolos con la destreza artística que la distingue.

La labor de imitación, en las obras de imaginación, no puede decirse que se interrumpe, pero sí que es menos visible, revelando en quienes la practican mayor superioridad y dominio del arte, para asimilarse hábilmente los elementos extraños. El imitar así es manera de originalidad; más que imitar, es adueñarse.

Razones políticas han influido para que la comunicación intelectual de Francia con Alemania no haya sido tan franca y persistente como la de Inglaterra. Es verdad que Alemania, al progresar en el sentido político, descendió en potencia intelectual, y no produjo nombres que pudiesen compararse con los de la generación romántica; los Goethe y los Schiller, los Kant y los Hegel. No en balde, si se indagase bien, podría creerse que fue Alemania la verdadera patria del romanticismo, y que después de aquella etapa de lucha y estrépito (*drang und sturm*)[5] tenía que amenguarse su energía creadora y disminuir su legión sagrada. Y el respeto y el nimbo que continuó rodeándola, procedió de la Alemania romántica desde fines del siglo XVIII al primer tercio del XIX; la de los grandes pensadores y los profundos y altos poetas. El único alemán que, durante la transición, se entrañó en Francia, fue Heine... y Heine, realmente, es el lirismo romántico, y para los franceses es casi un francés, «el ruiseñor anidado en el peluquín de Voltaire». Se le imitó: los más grandes, Gautier, Baudelaire, en él se inspiraron. Es el último nombre alemán resonante, hasta el salto a Schopenhauer, Hartmann y Nietzsche, generación todavía magna, pero inferior a su predecesora.

No cabe negar que la influencia rusa ha venido a sustituir en gran parte en Francia a la alemana y la inglesa, hoy decaídas. Semejante influencia se distinguió por tres caracteres: el realismo, el pesimismo, el cristianismo. Empezó esta corriente (aunque parezca singular) con las simpatías hacia Polonia, y durante años fue Polonia solamente la que usufructuó el cariño y el entusiasmo manifestados a sus refugiados y, sobre todo, al célebre Mickiewickz,

---

5   *Sturm und Drang.* (N. del E.)

que, como Heine, se sintió parisiense. Dumas padre y Mérimée iniciaron el movimiento hacia Rusia: el primero encareció los méritos del poeta del Cáucaso, Bestuchef, y el segundo publicó alguna traducción de Gogol. Ivan Turgueniew buscará después, como Heine y Mickiewickz, el calor del seno de París; pero la verdadera influencia rusa no empieza a dejarse sentir hasta el período de transición, y no estalla hasta que vence al naturalismo. Y nótese que mientras no se advierte la necesidad moral de reaccionar contra el naturalismo triunfante, excesivo y limitado, no se consolidan, en oposición al genio nacional, la influencia rusa y la escandinava.

Desde que se inicia la transición, hay un género cuya importancia crece, hasta llegar a absorber a los restantes.

Consecuencia natural de la decadencia del lirismo y predominio de los elementos épicos, es no solo el desarrollo, intenso y fuerte, de los estudios históricos, sino la supremacía de la novela. Mientras se desenvuelve la transición y triunfa el naturalismo, la novela ejercerá la hegemonía.

II. La novela. Stendhal. La glorificación de la energía. Fama póstuma. Rojo y negro. El análisis. La cristalización

Stendhal demuestra las sorpresas y engaños a que nos expondría, al tratar de la transición, una clasificación por orden cronológico. Enrique Beyle —conocido por el pseudónimo de Stendhal, y que no solo debe contarse entre los escritores de transición, sino entre los maestros más invocados y aclamados por las escuelas y tendencias que hemos visto sucederse: el naturalismo, el psicologismo, la crítica de Taine, los energistas contemporáneos— nació en 1783, y, por consiguiente, pensó y escribió en la plenitud del romanticismo: tenía veinte años cuando El Genio del Cristianismo, *Atala*, René, se publicaban o iban a publicarse. Envuelto, eclipsado por la gloria y el brillo de una época a que moralmente no pertenecía, aunque la fatalidad cronológica le obligase a vivir en ella, Stendhal escribió mucho y apenas fue leído; y solo mediante una de esas rehabilitaciones póstumas —que en España no conocemos, porque hay pereza de estudiar a los vivos y a los muertos mucho más, pero que se ven con frecuencia en los países intelectuales—, ha ascendido al puesto que hoy ocupa. Hacia 1840, dos años antes de morir, profetizaba Stendhal: «Probablemente tendré algún éxito allá en 1860 o 1880». Ningún escritor habrá vaticinado con mayor lucidez. Su fortuna literaria nació tarde, pero robusta y con cuerda para imponerse a dos o tres generaciones, movidas por ideas enteramente contradictorias, profesándolas y tremolándolas como banderas, y conformes, sin embargo, en la admiración y devoción a Stendhal.

Lo primero que en Stendhal se nota es la ambigüedad y complejidad de la fisonomía, cosa muy del agrado de los contemporáneos, que se inclinan a desdeñar la sencillez como signo de inferioridad. Stendhal fue un sujeto misterioso y enigmático, en quien se juntaron facultades que suelen excluirse, elementos que riñen: el ejercicio tenaz del análisis y el culto de la acción, o, según hoy se dice, la apoteosis de la energía.

Nació en Grenoble, en el Delfinado, aunque, por alarde de simpatía a Italia, la tierra donde encontraba afinidades con su carácter y gustos, mandó escribir sobre la lápida de su sepultura Arrigo Beyle, milanese. La familia de Beyle pertenecía a lo que llaman en Francia aristocracia de toga —semiaristocracia, sangre violeta, no azul—. Su madre, que murió joven, era de origen italiano tal vez; en su casa se hablaba italiano, se leía a Tasso y al Dante. Los biógrafos de Beyle, para excusar la ferocidad de ciertos rasgos de su pluma, recuerdan su orfandad de madre y su infancia tiranizada; la tía Serafina, que le detestaba; la austera y sombría casa del abuelo materno, en la cual pasó la niñez; la compresión; el aislamiento; el no permitirle jugar con otros muchachos de su edad; los azotes que le daba un cura, que le pusieron por ayo; todo lo cual fue parte a que profesase a su familia antipatía mortal, y su sensibilidad infantil se trocase en amargura rencorosa. En sus compañeros de escuela no vio sino un hato de pilluelos egoístas; en sus deudos, unos enemigos. Su desencanto se petrificó en desprecio. No era duro de corazón, pero se empeñó en aparecer cual si lo fuese.

El entusiasmo que naturalmente despertaban en los muchachos los triunfos de los ejércitos republicanos, movió a Stendhal a querer ingresar en el Colegio de Artillería, y con tal objeto llegó a París el último año del siglo XVIII, cabalmente la víspera del 18 de Brumario, jornada que puso la suma autoridad en manos del artillero Bonaparte. Esta circunstancia explica sobradamente la influencia inmensa y singular que sobre la imaginación de Stendhal ejerció el destino de Napoleón, su carácter, su encumbramiento. Sainte Beuve, que extracta la biografía de Stendhal de donde yo la extracto, de la muy concienzuda de R. Colomb, el amigo constante de Stendhal, dice de este momento: «¡Fecha memorable, tan propia para grabarse en un alma joven!». En efecto, para Stendhal, la estrella napoleónica fue norte de su vocación, y hasta le señaló el rumbo de novelista. Obsérvese que en todos los grandes escritores de la época de Stendhal, y aun mucho después, notamos esta obsesión del gran caudillo, que hoy remanece, pues existe una pléyade de intelectuales que, al través de la admiración involuntaria y fanática de aquel Stendhal (más inclinado a la ironía que a la veneración, hasta en presencia del Coliseo romano), adoran el recuerdo del primer Bonaparte. El culto del héroe, la tesis de Emerson y de Carlyle sobre el grande hombre, a nadie se adapta como al Corso. Su prestigio y su influjo alcanza a todos sus contemporáneos. Ya sea para ellos el azote de Dios, el rayo descendido del cielo, como creía De Maistre; ya sea el enemigo, el tirano, el que se elevó sobre las ruinas del ara de la libertad, como para madame de Staël; ya el Atila que diezma a Francia, como para Chateaubriand —bien podemos asegurar que la historia de los sentimientos literarios en Francia gira sobre ese eje de bronce—. El punto de vista desde el cual Stendhal le consideraba, era, sin embargo, nuevo en tal época. Aunque por instinto lo adoptasen los que seguían a Napoleón ciegamente, prodigando sangre a una palabra suya, a nadie se le ocurrió formularlo en las letras sino a Beyle, tomando al Corso como a un Mahoma, una especie de fundador de religión, la religión de la energía. El culto napoleónico, la glorificación del individuo que se abre camino por la voluntad, despreciando obstáculos —la suprema fórmula del anarquismo—, tuvo por pontífice a Stendhal, y después extendió sus raíces por toda Europa. El estudiante criminal de Dostoyewsky, en su célebre novela Crimen y castigo, Raskolnikof, no es sino un napoleonista, un sectario de ese dogma de los fuertes, que no reparan en medios. Hoy, tal religión es una de las grandes corrientes de pensamiento en la juventud literaria francesa. Así como en los comienzos del romanticismo se osianizaba, se aspiraba a pasar por alma melancólica, ahora se aspira a pasar por alma de acero, capaz, como Nerón, de abrasar a Roma para calentarse y divertirse. Esta secta cuenta entre sus adeptos y secuaces, en primera línea, a Mauricio Barrés, conocido en España y gran admirador, como de Napoleón, de San Ignacio de Loyola.

Las fases de la idea de Napoleón revelan las evoluciones literarias. Al principio, mientras vence y domina a Europa, mientras se le puede aplicar lo que la Biblia dice de Darío, y lo que Manzoni quizá tomó del libro sagrado, siluit terra in conspectu ejus, la literatura ve en Napoleón al tirano, algo como la peste o el terremoto; pero apenas viene la desventura y la expiación, comienza la leyenda de oro a bordar sus misteriosos recamos; empieza la campaña patriótica de Beránger, el petit chapeau avec redingote grise; Víctor Hugo empuña la trompa y canta las espléndidas banderas, las águilas, la Columna; y Napoleón, en gran parte por obra de las letras, asciende a deidad, es el sacro numen de la patria. Más todavía: lo que en Beránger es el refrain democrático, la alegría popular ante el paladín y el caudillo que no procede de las Cruzadas, sino de la revolución sangrienta, en Víctor Hugo el himno, el transporte de Simónides ante la belleza del heroísmo, la generación de la cual Víctor Hugo y Beránger pueden considerarse abuelos, la de hoy, lo convierte en una especie de sistema, filosófico, en una concepción total de la vida, y predica la fuerza, la violencia, la acción, aconsejando como remedio para la decadencia de Francia el cultivo y desarrollo de la energía a toda costa.

Confieso —y séame perdonada la digresión, ya volveremos a Stendhal— que esta tesis de la «glorificación de la energía» que a primera vista no carece de seducción, sería para mí doblemente atractiva y hasta llegaría a persuadirme y conquistarme, si mi amigo Mauricio Barrés, stendalista puro, no hubiese tenido la ocurrencia de situar la tierra de promisión de la susodicha energía en nuestra España; no en la de los siglos XV, XVI y XVII, sino en la contemporánea, donde vivimos. Andamos por acá tan deseosos de ver despuntar y afirmarse la energía de que Barrés nos cree saturados, que no sin extrañeza leemos su libro de viaje por España, titulado Sangre, deleite y muerte. Cuando los estadistas nos encuentran amodorrados y sin pulso, Barrés entiende que vivimos con una intensidad nerviosa incomparable. Al sentirse atraído por España, obedece Barrés a la misma ley que los demás discípulos de Stendhal, todos fervientes admiradores nuestros: Mérimée, que tanto nos visitó y escribió de nosotros; Taine, que pensó escribir la historia de nuestra literatura antes que de la inglesa. Los románticos también nos habían idealizado, pero, con un color local tal vez más exacto, ¿no es idealización la de estos discípulos y continuadores de Stendhal?

Prosiguiendo la biografía del ciego adorador de Napoleón —en opinión del cual, Francia, como nación, dimitió en 1814— y reseñándola a la ligera —porque aun cuando en la vida de Stendhal no hay grandes páginas, hay muchos incidentes y episodios que explican la obra literaria—, conviene saber que en 1799, año octavo de la República, salió en dirección a París, lleno de ilusiones, para ingresar en la Escuela politécnica: hervía en la capital el entusiasmo por el primer Cónsul. La influencia de su amigo Daru, Secretario e Inspector de Guerra, hizo que Stendhal, en vez de ingresar en Artillería, entrase en las oficinas del Ministerio. En esta primer etapa, aislado en París, el joven delfinés se aburría, se moría de nostalgia. La vida adquirió interés a sus ojos cuando aceptó jubiloso ir con Daru al ejército de Italia. ¡Italia, patria de su espíritu! ¡Qué de emociones! Pasó el San Bernardo dos días después que Napoleón: los formidables destinos del coloso le arrastraban ya en su estela. Poco después vio por primera vez, ante el fuerte de Bard, el fuego de las

batallas, y sintió la impresión embriagadora del peligro, que barre las telara-
ñas del tedio. Dos supremos deleites conoció a la vez: el peligro y la música
de Cimarosa. El delirio del arte se apoderó de Stendhal. En 1800 asistió como
aficionado a la batalla de Marengo; y sugestionado por la epopeya, queriendo pasar de espectador a actor, entró en los dragones y siguió la campaña
hasta el tratado de Luneville, portándose como un valiente. Por lo mismo que
lo era, la vida militar se le hizo insufrible en tiempo de paz, y pidió el retiro.
Volvió a su casa con los hábitos y las licencias de soldado; su familia no le
pudo sufrir y le envió a París con modesta asignación. Beyle dedicó en París
sus ocios a estudiar; el amor y las letras se disputaron su espíritu. Después
de algunas aventuras sentimentales, en 1806 vuelve al ejército, asiste a la
batalla de Jena, ve a Napoleón entrar triunfante en Berlín, y empleado en
la Cancillería Imperial —pues el coloso empieza a distinguirle— toma parte
en los preliminares y negociaciones de los desposorios con María Luisa de
Austria. Cuando la brillante estrella principia a palidecer, acompaña al ejército
de Rusia; divisa las rojizas llamaradas del incendio de Moscou; al pronto, las
toma por una aurora boreal... Eran el ocaso del Imperio. Hasta el último instante sigue la moribunda fortuna de Napoleón en Erfurth, en Lutzen; ejerce
el cargo de Intendente, no sin peligros: aparte de las penalidades que todo el
ejército sufría, a veces una bala de cañón le despertaba hundiendo el techo
de su alojamiento. Y así como había llegado a París al día siguiente del 18 de
Brumario, que erigió a Napoleón sobre el pavés, tocole en suerte llegar el 1.º
de abril de 1814, en que el Senado firmó la supresión del Imperio. La caída
del Corso era el fracaso de la vida entera para Stendhal.

Determinó entonces seguir sus decididas inclinaciones de viajero y pasó a
Italia, donde se quedó tres años. Allí escribió la Historia de la pintura en Italia,
y vivió feliz, saturado de arte y de feminidad. Bien acogido en todas partes,
gozó de la facilidad complaciente del trato italiano (uno de los encantos
que Italia va perdiendo), hasta que un envidioso esparció la voz de que era
espía secreto del Gobierno francés, y se le cerraron puertas y se le hicieron
desaires. Stendhal, en extremo pundonoroso, sintió esta calumnia a par del
alma; fue —son sus propias palabras— el golpe más terrible que recibió en su
vida. Así pagó bien cara su manía de misterio, de adoptar nombres raros, de

atribuirse profesiones que no ejercía; esa afición al pseudónimo y al disfraz que también padeció su primer discípulo, Próspero Mérimée.

Poco después le persiguió por carbonario la policía austriaca, y no queriendo correr la suerte de Silvio Pellico, que desde los Plomos de Venecia iba pronto a gemir dello Spielbergo in fondo, salió de malísima gana hacia París, donde permaneció hasta 1830, frecuentando los salones (afición constante en él), sobre todo el del autor de La Ideología, Destutt de Tracy, a quien admiraba, y en cuyo sistema se había empapado. Cruzó entonces Stendhal su época de apogeo mundano y literario, la que formó su reputación de hombre ingenioso y conversador —única que disfrutó en vida—. Pasaba por uno de esos talentos de salón, observadores y expertos, amenos y picantes. No fue, sin embargo, tan dichoso este período para Stendhal como el de su estancia en Italia, y hasta consta que por diferentes preocupaciones, en especial pecuniarias, proyectó quitarse la vida.

A la caída de la Restauración le enviaron de Cónsul a la melancólica ciudad de Trieste, de lo cual se consoló pasándose el tiempo en Venecia. Los recelos de Metternich le trasladaron de Trieste a Civita-Vecchia, donde aquel hombre sociable hubiera sucumbido al tedio, si no pudiese hacer escapatorias a Roma. Es el tedio, en Stendhal, enfermedad que remanece por accesos, sobre todo cuando le faltaban la acción a el ejercicio de la inteligencia, y se consumía en la quietud y en el retiro. Hacia 1835, para combatir el aburrimiento y librarse de un clima malsano donde tres meses padeció el aria cattiva, solicitó un Consulado en España. No lo consiguió, y sus viajes a España fueron de recreo no más. Hacia 1839 sintiose Stendhal enfermo, caduco, abatido, fatigado de la existencia; no deploraba la proximidad de la muerte, pero sí la de la vejez, con su inevitable séquito de achaques; la gota, escollo de las complexiones vigorosas, las perturbaciones cerebrales y la ataxia, resultado de la vida intelectual y sensitiva con exceso. Amenazado de apoplejía, pasó a París en 1841, domado y alicaído, transformado por la decadencia física, despojado de su cáustico ingenio, de su vivacidad de polemista, de cuanto le caracterizaba moralmente. Habíanle prohibido los médicos el menor trabajo literario; desobedeció la prohibición a principios de 1842, y el 22 de marzo, antes de cumplir los sesenta, cayó fulminado por el derrame sanguíneo, en la acera de la calle, a la puerta del Ministerio de

Estado, lo cual parece simbólico en hombre que por poco alcanza los más altos puestos diplomáticos, y no pasó de Consulados que fueron destierros. En su sepultura colocaron el epitafio donde se declara milanés, habiendo renunciando a la nacionalidad francesa, según nos dice su biógrafo, porque Francia, en 1840, planteada por primera vez la cuestión de Oriente, no quiso aceptar los azares de la guerra. Por segunda vez le pareció a Beyle que su patria «dimitía», y no se resignó a formar parte de un pueblo dimisionario. Eligió la patria de su alma, Milán.

Tal fue la vida externa de este hombre que, mientras alentó, no realizó ninguna de las que pudieran ser sus grandes aspiraciones: que tuvo un destino fallido, hasta azaroso, y que, sin embargo, como su epitafio nos dice lacónicamente, escribió, amó y vivió, en el sentido más intenso de estas palabras. ¿Quién sería capaz de jurar que no cabe mayor dosis de decepción en lo conseguido que en aquello a que se aspira? Stendhal experimentaba más ansia de dicha que ambición. Sabía a punto cierto que, vivo, no triunfaría su nombre, sin que por eso le rebosase la hiel. Los literatos verdaderamente amargados, cuando fracasan, son aquellos que no conocen otros goces que los de la vanidad: organizaciones pobres e incompletas, liras sin cuerdas, sensibilidades limitadas e inarmónicas. Stendhal era de las organizaciones ricas, y el fastidio le atacaba únicamente cuando no podía poner en juego sus múltiples facultades de inteligencia y sensación. Bien mirado, fueron más ególatras que Stendhal los del temperamento poético, Chateaubriand, Lamartine, el propio Byron. Stendhal podía ausentarse de sí mismo y lo hacía con frecuencia. El amor (más refinado de lo que suele suponerse en Stendhal), las viriles emociones del peligro, las sensaciones vivísimas de arte, con la música y los cuadros; el goce inexhausto de los viajes, el cosmopolitismo, la sociabilidad, las letras, cultivadas sin pretensiones ni interés, llenaron la existencia de Stendhal como no podrían llenarla las riquezas, la celebridad, los cargos ni los honores. Si por mil razones debemos compadecer a todo hijo de Adán, en suma no son los menos dichosos, acá abajo, los epicúreos sentimentales, intelectuales y artísticos, que ponen el objeto de la vida, no en lo vano de la jerarquía, sino en goces del espíritu, vibrante al través de la materia.

Así es que Stendhal (fácilmente consolado de la ruina del Imperio, que era su propia ruina como ambicioso), solo no se consoló nunca de dos cosas: de no ser guapo y de no haber nacido noble de veras, con nobleza azul. Estas ventajas personales y de nacimiento dan prestigio en los salones y ante las mujeres. Disculpables flaquezas, que implicaban otras, el afán de disimular los estragos de la edad, cierto dandismo, en que Stendhal, precursor de tantas direcciones literarias, lo fue de Barbey de Aurevilly, otro viejo verde y lechuguino.

La mucha sagacidad de Stendhal, que le llevaba a pronosticarse éxitos allá en 1860 o 1880, no alcanzó, sin embargo, a adivinar el alcance de estos éxitos, el poder de su obra a distancia, saltando, según la frase de Bourget, el vasto cementerio de dos generaciones. Es caso singular, porque no se trata de ese éxito moderado, de ese tributo de justicia que la posteridad no siempre otorga, sino de una devoción, de un fanatismo, de una acción intensísima, que han erigido al oscuro Cónsul de Civita-Vecchia, al semidesconocido corresponsal de las revistas inglesas, al discreto comensal de Tracy, en venerado maestro de maestros. Para que se vea en qué tono se empezó a hablar de Enrique Beyle, y el ascenso de su fama, transcribiré dos párrafos, uno de Taine, otro de Bourget: «Queriendo explicar a los escritores —dice el autor de la Historia de la literatura inglesa— habría que escribir un capítulo de análisis íntimo, labor apenas iniciada. Solo un hombre, Stendhal, lo emprendió, y aun hoy (1863) se le encuentra paradójico y oscuro; eran prematuras sus ideas, prematuro su talento; no se comprendieron sus admirables intenciones, sus profundas palabras pronunciadas como al descuido, la asombrosa exactitud de su observación y su lógica; no se ha visto que, bajo sus apariencias de ingenio mundano, ponía el dedo sobre los grandes registros, traía procedimientos científicos a la historia del corazón, que resumía, desintegraba y deducía, y era el primero en señalar las causas fundamentales —nacionalidades, climas y temperamento—; en suma, que trataba los sentimientos como deben tratarse, clasificando y pesando fuerzas... por lo cual ha permanecido aislado y excéntrico, escribiendo viajes, novelas e impresiones, para los veinte lectores que solicitaba y obtenía». Avéníase así, en alta voz, Hipólito Taine, a la opinión de los que creen que el sistema y método tainiano, de los temperamentos, la raza, el medio ambiente, solo fue suyo porque lo exageró; pero que existía íntegro en los escritos de Stendhal, a quien Taine, en otro párrafo, proclama el más grande, el más profundo de los psicólogos habidos y por haber.

Más de treinta años después, cuando Bourget publicó sus Ensayos de psicología contemporánea, la apreciación de Taine ha cundido, el nombre de Stendhal asciende todavía. «Este soldado de Napoleón —dice Bourget— cruzó su época literaria como se cruza un país extranjero cuyo idioma ignoramos. Los pocos amigos que le conocieron y estudiaron no pudieron soñar para él esta apoteosis de ultratumba. De tal modo crece Stendhal, que hoy decimos: Stendhal y Balzac, lo propio que diríamos Hugo y Lamartine, Ingres y Delacroix». Poco después, hablando de la novela *Rojo y negro*, obra maestra de Stendhal, Bourget refiere cómo se la saben de memoria los escritores contemporáneos, cómo más de diez veces oyó que a porfía citaban trozos, cual se cita el Evangelio. Y en la intensidad de su admiración por Stendhal, Bourget llega a suponer que esta sola novela equivale a toda *La comedia humana*, de Balzac.

A mi parecer, si el casi olvido en que vivió Stendhal se explica pero no se disculpa, también va más allá de lo razonable el fanatismo de ahora. El examen de sus obras me dará ocasión de fundar este aserto.

No es Beyle un escritor extraordinariamente fecundo. Sus novelas son: *Rojo y negro*; *Armancia*; *La abadesa de Castro*; *La cartuja de Parma*. En cuanto a Victoria Accoramboni, *Los Cenci*, etc., les llamaremos narraciones breves. De crítica literaria, musical y artística escribió las *Vidas de Haydin, Mozart y Metastasio*, la *Historia de la pintura en Italia*, la *Vida de Rossini, Racine y Shakespeare*; de viajes (y de arte), Roma, Nápoles y Florencia, *Paseos por Roma*, *Memorias de un turista*; de psicología, el famoso tratado *Del amor*. Añádanse algunas obras póstumas, una Vida de Napoleón, cartas, apuntes autobiográficos, y tenemos el conjunto de lo producido por Stendhal; siendo del caso añadir que los libros verdaderamente influyentes son *Rojo y negro* y *Del amor*; en segunda línea, *La cartuja de Parma* y *La abadesa de Castro*.

Lo primero que debe decirse de Beyle, sin eufemismos; lo que han repetido y confesado sus más acérrimos admiradores, es que escribía mal. Hay varios modos de escribir mal, por exceso y por defecto, y conviene recordar que Beyle escribe mal por sequedad y desnudez. Yo compararía a Beyle, escribiendo, con esas Magdalenas de luengo cabello y cuerpo hermoso, sin otra vestidura que una estera tosca. Bajo el seco y rudo esparto del estilo de Beyle hay una riqueza ideológica, una fuerza de sugestión bien demostrada. Nadie, sin embargo, por más sofismas que emplee, me convencerá de que el cuerpo y la cabellera de Magdalena serían menos bellos si la revistiese brocado. He leído mucho a Stendhal, parte por gusto, parte por razonar su influencia y darme cuenta de sus méritos; cada vez me he persuadido más de que es un escritor que no se saborea: se masca y se traga. Hace pensar; suscita ideas; y se acabó. La gracia y la seducción de la frase; la envolvente suavidad; la dignidad; la opulencia; el movimiento; la amplitud; la armonía; el colorido; la delicadeza; la felicidad de expresión; los varios y ricos dones del escritor, en suma, faltan a Beyle. Su figura, en realidad, mejor que en la historia de la literatura, donde tanto influye la forma, encaja en la del pensamiento. Es un pensador y un psicólogo, que se manifestó por medio de la novela y de la crítica, en vez de producir solamente tratados y ensayos, donde condensase sus observaciones. Ahora bien: cuando un escritor que engendra fanatismo escribe como Beyle, sus admiradores incondicionales dan a entender que lo hace a propósito; que (continuando la comparación con Magdalena) las galas que le faltan las ha arrojado voluntariamente para ceñirse la pleita y retirarse a la cueva abierta en la roca. Por mí, no lo creo. Cada uno escribe como puede y lo mejor que puede: si Stendhal dispusiese de otra vestidura, la hubiese empleado, en vez de atenerse al estilo peculiar del Código. No lo creía tampoco Sainte Beuve; con su habitual penetración, pone el dedo en la llaga. «Balzac —escribe el crítico de los Lunes— encuentra deficiente el estilo en Beyle. Yo pienso lo mismo. Beyle dictaba y emborronaba como si hablase; y al querer corregir y retocar, hacía de nuevo la página, con igual descuido. Lo que no le salía bien desde un principio, ya no le salía nunca. Su estilo no transparenta su pensamiento. No es de aquellos que a la vez emiten la idea y su imagen; en quienes la emoción lírica, elocuente, nace y brota de un modo inspirado, con desarrollo armonioso y natural. El estudio tampoco podía en él remediar este defecto: no había conocido maestro, ni ese profesor de retórica que siempre conviene haber tenido, hasta para rebelarse contra él. El propio Beyle, a pesar de sus teorías, comprendía bien que algo le faltaba. Alardeando de despreciar el estilo, preocupábale el estilo infinitamente».

Entiéndase bien que ese algo que se echa de menos en Beyle, no es el follaje, la ramazón, la cabellera magdalénica del estilo; lo que Beyle, con fino gusto, reprobaba en Balzac. Beyle podría ser un escritor muy sencillo, de sencillez dórica, y un gran escritor, un clásico indiscutible. El defecto de Beyle radica más hondo: en la estructura, en la armazón. Beyle no tiene la «simplicidad agreste y burguesa» a que aspiraba; es árido, secatón y sordo —y a menudo no es ni claro ni natural—. La frondosidad y la asiática prodigalidad de Balzac traslucen mejor la intención y la idea, que el álgebra complicada y concisa de Beyle. Una lisa chapa de plomo encubre más las formas que una túnica recamada de arabescos y recargada de oro, pero al fin flotante.

Deficiencias y cualidades, tradición y originalidad, en Beyle, se perciben mejor en las novelas que en los estudios críticos. Su procedencia del siglo XVIII, su filiación que, saltando el romanticismo de escuela, le enlaza con Diderot y Voltaire, su sensualismo ideológico, su doctrina del ambiente, de las razas, los caracteres y los temperamentos, que le hace cabeza y padre de tan vasta descendencia de novelistas, historiadores e intelectuales —todo está concentrado en escasas novelas—. Examinémoslas sucintamente.

Armancia es la primera que publicó. En el prefacio de esta novela rara y poco extensa, que salió a luz en 1827, encontramos, al excusarse Beyle de propósitos satíricos y de clave, una declaración dogmática naturalista. «Los autores presentan al público un espejo. ¿Qué culpa tienen si ante el espejo pasa gente fea? ¿De qué opinión es un espejo?». Ahora bien, según Sainte Beuve (y esta aseveración debemos juzgarla exacta), Beyle no presentó tal espejo, porque, cayendo en el error frecuente en los novelistas que estudian el gran mundo, habló de él sin verlo de cerca; juzgándolo, por referencia, de oídas. Beyle, nos dice Sainte Beuve, frecuentaba otros salones más agradables, no los del arrabal de San Germán, que quiso retratar; y la parte descriptiva de Armancia peca por ahí. El asunto, en extremo escabroso, tuvo origen en una historieta mundana, asaz curiosa y que demuestra cómo la malignidad desfigura los hechos. A una gran señora, que recibía escogida sociedad y que escribió algunas tiernas y sentidas novelitas, la duquesa de Duras, se le ocurrió leer en su salón un relato titulado Oliverio. Nunca tal hiciera. Al correr la voz, se acreditó una versión de las más equívocas respecto al argumento. La novelita no vio la luz; pero Beyle, sobre el mismo tema, compuso Armancia, suponiendo que la autora era «una señora elegante»; y Latouche hizo más y peor: publicó bajo el velo del anónimo una novela titulada Oliverio, con el resbaladizo asunto supuesto, y con el firme propósito de que se creyese que aquella era la comentada obrita de la duquesa.

Rara vez, excepto en casos típicos como el del falso Osian, tienen éxito franco las supercherías y las picardigüelas literarias a que ciertos autores como Beyle y Latouche encuentran exquisito sabor, el placer de embromar con antifaz. Apenas se hizo caso de Armancia, novela por cierto mejor compuesta que las que su autor produjo después. La primera fue *Rojo y negro*, obra hoy tan ensalzada, donde tantas cosas ven sus apasionados, que la califican de «una de las Biblias del siglo XIX». Es, no cabe negarlo, libro que, con todos sus defectos, causa impresión fuerte y honda, si no la incurable intoxicación de que habla Bourget; diferénciase de la mayoría de las demás novelas, como el buitre de los estorninos. Antes que Nietzsche, Beyle nos muestra franqueada por las almas de presa la ideal demarcación que mantiene a otras almas más acá del mal y del bien.

Julián, el héroe, es tipo menos poético que René y Werther, y, sin embargo, por la exaltación de su egoísmo individualista, pertenece de derecho a la progenie del romanticismo —recuérdese que hemos dicho que los elementos de esta gran expansión de la personalidad vamos a encontrarlos en todas partes, hasta donde menos se pensaba, hasta en los cimientos de la escuela objetiva y naturalista—. Julián es un muchacho pobre, de oscuro nacimiento, de vasta instrucción, orgulloso, altanero, y, dígase de una vez, envidioso; en él por primera vez se eleva al arte la pasión de la envidia, hoy imperante, y no solo en literatura, sino en sociología, como no sería difícil demostrar. Al entrar con título de preceptor en una familia aristocrática, no piensa sino en vengarse secretamente de ser plebeyo y humilde, seducir fríamente a la señora de Renal, dominarla, afrentar a su marido y a la clase social a que ambos pertenecen. No es este móvil de represalias el único que guía las acciones de Julián: quiere venganza, pero también quiere, con rabia, ascender, llegar; la improvisada suerte de Napoleón, su poderío, su elevación casi milagrosa, se le han subido a la cabeza; esta sí que es verdadera intoxicación. Los grandes destinos influyen así sobre muchos destinos desconocidos, borrosos al parecer, intensos por dentro hasta un grado delirante. Julián Sorel se diferencia de los «fatales» del romanticismo en que estos luchaban consigo mismos, Julián con la sociedad entera; y aunque hay en él algo de Antony, parécese más a los *struggle for lifeurs* del día (a los del ideal de dominio, no de bienestar material, ni de refinamiento). Esto es lo que eleva el tipo y le da proporciones satánicas. La acuidad del análisis, lo implacable de la disección, aumentan el interés de esta novela, que leemos ya sublevados, ya subyugados; nunca indiferentes. En ella, aunque el estudio de la realidad exterior es fiel, lo eclipsa enteramente la labor del psicólogo, cumplida tan a conciencia, que Beyle es de los pocos escritores que no incurrieron en ridiculez contestando al que le interrogaba acerca de su profesión: «Soy observador del corazón humano». Observación anatómica, dolorosa, que le inspiraba estas palabras, dirigidas a su hermana Paulina, y que son una profesión de fe literaria: «Cuanto más ahondamos en nuestra alma, cuanto más nos atrevemos a expresar un pensamiento muy secreto, más temblamos al verlo escrito: parece extraño, y en esta extrañeza consiste su mérito. Por eso es original, y si además es verdadero, si las palabras reflejan bien lo sentido, es sublime». He subrayado la última cláusula, entendiendo que encierra el credo de Beyle.

Existe, sin embargo, en los movimientos del corazón, en ese secreto santuario del pensamiento, mucho que siempre resistirá al análisis y no podrá tener explicación satisfactoria. Esto lo advertimos en nosotros mismos: observamos que no podemos observar, que no acertamos a definir y depurar las causas oscuras ni aun de nuestra sensibilidad propia; menos de la ajena; y el que se empeña en explicarlo todo, va al automatismo: tal acusación se ha formulado, y no sin fundamento, contra Beyle. Lo que en Francia se ha solido decir de la escuela psicológica, fundada por Beyle sin duda alguna, es algo equivalente a lo que aquí llamaríamos buscarle el pelo al huevo. Después de que un disector, en el anfiteatro, ha registrado todo un organismo, sin perdonar tejido ni célula, le queda por averiguar —eterno misterio— el por qué se manifiestan las fuerzas vitales (sean lo que sean y tómese como se quiera esta denominación) al través de esos aparatos. Con mayor razón envuélvese en misterio el funcionalismo psicológico. En cada alma, los mismos móviles determinan movimientos diferentes. Es justo añadir que Stendhal, en este terreno, no se forjaba ilusiones: entendía bien la inmensa, la inextricable complicación del «corazón humano», y por eso sentaba como base el estudio del carácter, que no es otra cosa, en psicología, sino el individualismo. Por tal concepto, está plenamente dentro de la doctrina romántica Stendhal.

Por tal concepto, asimismo, cabe decir que Julián Sorel, el héroe de *Rojo y negro*, es un fatal más, un hermano de Antony y de Werther, y un nieto de Rousseau. En vez de amar ambiciona, pero ambiciona en amor también; su amor es una lucha para apoderarse de la voluntad ajena, fascinando rápidamente a la dulce señora de Renal, y sosteniendo un duelo a estocadas, como en tiempo de los Valois, con la orgullosa señorita de la Môle. No pudiendo conquistar y subyugar al mundo, como su modelo e ídolo Napoleón, conquista almas, porque cada alma es un mundo. Que el tipo de Julián es un hallazgo del genio, no puede negarse: antes que Nietzsche formulase sus discutidas teorías, Stendhal presentó, aislado y renociéndose fuera de la sociedad, al joven soñador del Franco Condado. «Para que un tipo de novela sea muy significativo —dice Bourget—, para que represente un gran número de seres semejantes, es necesario que una idea muy esencial a la época presida a su creación. Ahora bien: este sentimiento de la soledad del hombre superior —o que se cree tal— es el que nuestra democracia produce más fácilmente». Observación aguda y exacta. Bourget —que ha meditado tanto sobre *Rojo y negro*, y ha tratado de rehacer *Rojo y negro* en *El discípulo*— percibe cuán reñidos andan el individualismo y la igualdad y fraternidad. Nietzsche y Max Stirner vendrán a decir lo mismo, con mayor crudeza.

Individuos como César Borgia y como Julián Sorel, inteligentísimos, resueltos, sin otros escrúpulos que los que dicta el orgullo, capaces de todo, hambrientos de sensaciones terribles e intensas, hallan su fondo adecuado en épocas de acción y de lucha, y Stendhal decía bien al exclamar: «En tiempo del emperador, Julián hubiese sido un hombre muy honrado». Antes que Tolstoi y que tantos moralistas novísimos, Julián, ya condenado a muerte, bajo la garra de la sociedad triunfante, hace profesión de fe. «La ley es la que hace el delito... No hay derecho natural... Lo único natural es la fuerza.»

Más claramente aún que en *Rojo y negro*, se ve en las restantes novelas de Stendhal el lado romántico de ese ingenio: el culto al carácter y al color local, dogmas del romanticismo, a que Stendhal agregó la fidelidad y la exactitud del detalle, produciendo impresión realista, En *La cartuja de Parma* (que empieza muy bien) la descripción de la batalla de Waterloo es la verdad misma: después de tantas batallas referidas en estilo ampuloso, y como si el escritor las viese desde un globo, en conjunto, por primera vez Stendhal se atrevió a pintar la prosa de un combate, las sensaciones y los accidentes verdaderos; y como al héroe Fabricio del Dongo, nos entran tentaciones de preguntar: «Pero ¿he asistido a una batalla de veras?». Desde *Rojo y negro*, el ambiente que estudia Stendhal es el italiano; deja de ser un sutil Escoto de la psicología, y va hacia el contraste violento; sus novelas y narraciones pasan en Italia, en la Italia de gran claroscuro, estilo Ribera y Caravaggio: Italia, supersticiosa, sensual, apasionada, trágica, el país de la energía, así lo califica Beyle, que, según afirma, busca el asunto de sus novelas italianas en documentos auténticos, en papeles de familia, desempolvando archivos. En este género truculento, que adquiere mayor relieve por la misma sequedad y sobriedad con que narra Stendhal, parécenme de perlas *La abadesa de Castro* y las cortas narraciones, medalloncitos grabados en píetradura, que se titulan *Vittoria Accoramboni*, *La duquesa de Palliano*, *Vanina Vanini*, *Los Cenci*. La duquesa de Palliano, sobre todo, muestra tal carácter de realidad, explica tan bien ciertos aspectos de la vida y del espíritu bajo el Renacimiento, que cada vez que se lee aumenta el efecto que produce. Obsérvese que no es una novela, sino una anécdota histórica; Stendhal, en cuanto a la invención, poco o nada tuvo de novelista.

Ya lo notó el perspicaz Sainte Beuve: Stendal procedía de la crítica; era —como tantos novelistas actuales— un crítico que invade los dominios de la ficción. Lo primero que despertó en Stendhal fue el gusto, no solo el literario, sino el artístico: arrastrado por el torbellino de Napoleón, encontró en las incursiones por Europa ocasión propicia de educarlo, de comparar y juzgar. Más que los libros le interesaron los cuadros, la música, las costumbres. El primer ensayo crítico de Stendhal sobre Mozart y Haydin, publicado bajo otro pseudónimo, el de Luis-Alejandro-César Bombet, ha sido calificado de plagio, hábilmente disimulado, de un autor italiano, Carnani, y de otro alemán. Nadie, se acuerda hoy de estos autores, y el libro de Stendhal se lee mucho; lo cual prueba que, fiel a sus principios de energía, sumó al robo el asesinato.

En este libro, y en los demás de crítica artística y musical de Beyle, hay que reconocer dos méritos: la libertad e independencia de opiniones, que hace de él el soldado de descubierta, el «húsar romántico», y la aplicación casi continua de la genial idea que después se llamó método de Taine: los climas, el suelo, la raza y la historia, como explicación del arte. Más todavía que en las novelas, puede comprobarse en la crítica de Stendhal la extraña mezcla de ideas que hace de él el representante característico de la transición. Stendhal es como un hondo depósito de agua donde confluyeron manantiales diversísimos: unos formados por el deshielo en la montaña; otros, escandecidos de correr por la ardiente y árida llanura. Mezclados, pero nunca incorporados, encontramos en Stendhal el filosofismo del siglo XVIII; el sensualismo de Condillac y Cabanis; el epicureísmo; el espíritu romántico; el casi nonnato realismo; el psicologismo insospechado por su generación, y también el decadentismo católico, revelado en forma de culto «al catolicismo anterior a Lutero, tan espléndido, tan sereno, tan favorable al florecimiento de las bellas artes». Un rasgo se nota en Stendhal, que podríamos observar en Heine y en Byron: la repugnancia y el desdén hacia la patria territorial y el entusiasmo por la patria espiritual elegida. «Yo escribo —decía— en idioma francés, pero no en literatura francesa». Las mismas sátiras y burlas con que Heine fustigaba a su pedantesca Alemania y Byron a su brumosa y glacial Inglaterra, túvolas Stendal contra Francia, país donde encontraba apagado y falseado el sentimiento en Italia vigoroso y volcánico, y a la cual acusaba de no creer sino en la moda. En el terreno de la crítica literaria, Stendhal se mostró militante en favor del romanticismo; pero el hijo de la Enciclopedia apareció de relieve cuando se trató de definir el movimiento romántico, que no era, según Stendhal, sino «lo que causa mayor placer a los contemporáneos». Y es preciso reconocerlo: en crítica, Stendhal puede equivocarse, y de hecho se equivoca muchas veces; pero cuando acierta, tiene lucideces que no se olvidan. Para ejemplo, cito este párrafo: «Me escriben de París que han visto allí (Exposición de 1822) un millón de cuadros que representan asuntos de la Sagrada Escritura, pintados por pintores que no creen mucho, juzgados por gentes que creen menos, y, en fin, pagados por gentes que no creen nada. Después de esto, buscad el por qué de la decadencia del arte».

El libro *El amor*, de Stendhal, es de todas sus obras la que más requiere comentario y discusión de infinitos puntos de vista. Más serio que *El arte amatoria*, de Ovidio, y que la *Fisiología del matrimonio*, de Balzac; con la malicia experimental que falta a los *Remedios del amor*, de Feijoo; más vibrante y sentido que la *Fisiología del amor moderno*, de Bourget, *El amor*, de Stendhal, bastaría para realizar su aspiración de ser leído en 1900. En este libro, atractivo hasta lo sumo, la sugestión del asunto hizo que Stendhal, contra su costumbre, encontrase imágenes, y metido a pescador de perlas, recogió una magnífica: la célebre comparación del nacimiento del amor con la cristalización, palabra que hoy todos aplican como la aplicó Stendhal. «En las minas de sal de Saltzburgo, arrojan en las profundidades abandonadas de la mina una rama deshojada por el invierno. Dos o tres meses después, la sacan cubierta de cristalizaciones brillantes: las minúsculas ramillas, no más gruesas que la patita de un pájaro, se revisten de diamantes refulgentes y movibles. Ya nadie conoce la rama primitiva». «Así —añade Stendhal— va el alma revistiendo el sentimiento naciente de divinos encantos y mágicas creaciones; el origen del fenómeno está en el instinto natural; pero al intervenir el corazón y la fantasía, se crea la maravilla de la pasión, se viste la seca rama de diamantinos cristales». Hay quien tiene a Stendhal por sensualista también en el libro del Amor. No comprendo por qué; allí su ideología es a la vez más delicada y más verdadera que las de Schopenhauer y Nietzsche. Precursor igualmente de Taine en este libro, Stendhal estudia donosamente la influencia del clima en la pasión amorosa. Asunto es este del amor en que puede adivinarse el modo de sentir por la opinión que se profesa de la mujer, y Stendhal —que era todo un galantuomo, un cumplido caballero— la tenía tal, que todo lo dicho por él podrían firmarlo los más resueltos defensores de los derechos femeninos. Stuart Mill no va más allá, ni en fina ironía ni en noble apología, que el autor de Rojo y negro en los tres capítulos titulados De la educación de la mujer y Objeciones a la educación de la mujer. Por cierto que en el primero hay un curioso párrafo de historia política española, donde, a propósito del absolutismo masculino que deben sacudir las jóvenes, salen a relucir los nombres de Porlier, Quiroga y Riego.

Hay que terminar y apartarse, realizando un esfuerzo, de autor tan sugestivo, de tan gran excitador de ideas —la frase es de Sainte Beuve, no muy cariñoso con Stendhal, como se sabe, y hasta, según Bourget, «perfectamente inicuo» en este particular, pues llegó a decir que los elogios de Balzac a Beyle fueron el pago de un préstamo de dinero, y a comentarlo así: ¡Ce mélange de gloire el de gain m'importune!—. Sin ir tan lejos como los fanáticos para quienes Stendhal es una divinidad, o al menos un profeta, un Mahometo, por haber anunciado la ley santa de la energía; reconociendo las deficiencias de Stendhal, escritor e inventor, hay que saludarle, sin embargo, como a maestro de las generaciones contemporáneas; declarar que en muchos respectos se adelantó a su época; estimar su gallardo desprecio de la fama en vida, y, atribuyéndole la más fresca y viviente de sus comparaciones, decir que también él fue como la deshojada rama de las minas de Saltzburgo; oscuro al principio, sacáronle a luz después, y en sucesivas cristalizaciones ha ido revistiéndose de pedrería y de luces misteriosas.

III. La novela. Próspero Mérimée. Doble corriente épica: el historiador, el novelista, el cuentista. El realismo local. La novela regional en Mérimée

Algo impropiamente clasificado como discípulo de Beyle, Mérimée tiene de común con el autor de *Rojo y negro* la sustitución realista del color local, idealizado por el romanticismo, y el estudio sincero de los medios como factores psicológicos. Aparte de este terreno común, se diferencian con diferencia fundamental: Mérimée es sobre todo artista.

Próspero Mérimée nació en París, cuando el siglo XIX contaba tres años de fecha. Su padre y su madre eran pintores; además, en la línea materna se encuentran antecedentes literarios. El agua del bautismo no humedeció la frente de Mérimée, y uno de sus biógrafos observa con razón que cuando el autor de Colomba decía «nosotros los paganos», la expresión nada tenía de metafórica.

Quizás el no haberse cristianado sea lo más singular de la vida de Mérimée, pues con él empieza la generación de escritores sin biografía novelesca. También la poesía biográfica del romanticismo debía desaparecer al iniciarse el período de transición; como que esa poesía fue resultado de la exaltación individualista. Desde que Gautier proclamó el dogma de la impasibilidad, anatematizando el lirismo, los autores dejaron de confesarse con el público. Impúsose, al contrario, el aislamiento; se huyó del vulgo y se le ocultaron los sagrados misterios de la creación artística; se desdeñó su amor y su piedad; acaso se prefirió su indiferencia a su turbulento aplauso.

Aunque sin lances románticos, no por eso deja la vida de Mérimée de ser una de las más llenas que puede soñar el hombre para el desarrollo de facultades superiores. La resumiré antes de tratar de la obra literaria.

Mérimée fue un niño mimado en su casa y un mediano alumno mientras estuvo en el colegio de Enrique IV; en cambio, cuando se matriculó en la Facultad de Derecho, se dio al estudio con ardor, aprendiendo idiomas, impregnándose de lo que antaño se llamaban humanidades, y familiarizándose con la lengua y literatura españolas. Al mismo tiempo principió a frecuentar los salones del gran mundo y de las eminencias de las letras y las artes, muy brillantes bajo la Restauración, y adquirió esa erudición enciclopédica, esa tintura de todos los conocimientos que Balzac considera indispensable al novelista, trabando amistad con celebridades consagradas o nacientes —Chateaubriand, la Recamier, Delfina Gay, Thiers, Sainte-Beuve, Cousin, Remusat, Viollet le Duc, Courier, Stendhal—. En 1825 publica su primera obra, el Teatro de Clara Gazul; dos años después, La Guzla. Después un drama y una novela histórica, La Jaquería y la Crónica del tiempo de Carlos IX.

En 1829 ven la luz sus primeros cuentos, y entre ellos Tamango y Mateo Falcone. El público no le regateó su aprobación; la sociedad le acogió con los brazos abiertos. No era un literato de oficio, cual otros corifeos del romanticismo con quienes se reunía, sino un elegante aficionado, que aparentaba tomar las letras por distracción y solaz, formulando esa protesta irónica contra la pedantería profesional que entre nosotros ha solido formular don Juan Valera, personalidad que tiene con la de Mérimée ciertos puntos de contacto. Sus viajes a Inglaterra y sus tradiciones familiares alistaron a Mérimée entre los anglómanos; pero España, bajo el romanticismo, atraía tanto o más que la Gran Bretaña, y Mérimée nos visitó por primera vez en 1830, conociendo en Madrid a la familia de Montijo, con la cual le unió relación de amistad inalterable, sin que por entonces cupiese ni sospechar que las damas españolas, con el tiempo, darían a Francia emperatrices.

De regreso a la patria, Mérimée desempeñó un lucido puesto administrativo y continuó su vida mundana, disipada y aun calaveresca. Las cenas alegres y las fáciles aventuras le robaban el tiempo que había de dedicar al arte. Una solución de continuidad se abre entre la primer etapa literaria de Mérimée y la época en que vuelve a coger la pluma. Fue para él saludable en este sentido el cambio de empleo, que arrancándole a la holganza oficinesca y a la frivolidad cortesana, le obligó a recorrer, a título de inspector de los monumentos históricos, la tierra francesa de punta a cabo. El culto y el amor a las piedras viejas constituyeron, no lo olvidemos, una de las fuentes más puras del romanticismo. Un viaje a Córcega, hacia 1840, inspiró a Mérimée la primorosa y célebre novela Colomba. Poco después publicó Carmen, a tiempo que acababa de abrirle sus puertas la Academia. Carmen inicia otro interregno en la vida del escritor, el cual, por veinte años, abandonó el cuento y la novela, que le han valido la admiración de la posteridad.

De 1835 a 1850, Mérimée corrió mucho mundo, no solo por inspeccionar, salvar y restaurar monumentos, sino porque, como Stendhal, y como todos los que poseen delicado sentido observador y paladean los sabores finos y raros de la vida, era aficionadísimo a viajar; y aunque prendado de las comodidades de su casa, de su sillón y de sus gatos, no quería irse del mundo sin curiosearlo un poco. Paseó despacio por España, Inglaterra, Italia, Alemania, el Asia Menor, Grecia. Por comparación acrecentó el tesoro de sus conocimientos arqueológicos, y apreció mejor los monumentos franceses: con razón pudo decirse que, a no ser por Nuestra Señora de París de Hugo y los viajes de Mérimée, los gloriosos testimonios del pasado desaparecerían y el suelo se cubriría de edificios análogos al templo de la Magdalena.

Pero estas correrías orientan involuntariamente hacia el pasado, despiertan la afición a la historia, y los trabajos de Mérimée, en aquella época, cuando no artículos de arqueología, ensayos históricos fueron. En vez de novelas escribió la Conjuración de Catilina, preparó materiales para una Vida de César, asunto que era su obsesión, y adelantó la de don Pedro el Cruel, basada en la crónica de Ayala. Aspiraba a producir un libro definitivo, lo cual prueba que no creía haberlo escrito, a pesar de Colomba.

Apareció la *Vida de don Pedro el Cruel*, tan premeditada, y para la cual Mérimée había revuelto los archivos españoles en 1848, en plena revolución, entre las jornadas de febrero y las de junio, momento en que los libros tenían sin cuidado a la gente. La revolución que derribó a la Monarquía del justo medio fue antipática a Mérimée: caía un régimen bajo el cual había sido siempre halagado, un soberano que le distinguía.

Consideración es esta que, aun involuntariamente, pesa no poco en los juicios de un escritor acerca de historia contemporánea. Aunque indiferente a la política, Mérimée —dice su mejor biógrafo— creyó asistir a la descomposición de una sociedad. Por segunda vez, al término de su vida, había de experimentar, con mayor motivo, esta tétrica impresión.

En 1850 se representó una piececilla suya, que no agradó ni duró en el cartel. —¿Me silban? —exclamó al entrar en el teatro—. Voy a ayudarles—. Por aquel entonces acometió una empresa semejante a otras de Balzac, Zola y

Dumas padre —rehabilitar a un acusado, volver por la honra de un hombre a quien creía inocente—. El protegido de Mérimée era Libri, adicto al pasado Gobierno, y acusado de sustraer libros preciosos en las colecciones del Estado. De estos bibliórrapos hay cosecha en todas partes. De alguno sabemos en España, que si le nombrásemos, se haría cruces la gente. Mérimée abogó por Libri con empeño digno de mejor causa; pero no solo no consiguió exculparle, sino que se vio condenado a 1.000 francos de multa y quince días de cárcel. Llovieron sobre él tribulaciones. Perdió a su madre; una mujer muy amada, con quien llevaba quince años de consorcio de espíritu a espíritu, se desvió de él, y en el nuevo poder cesarista, fruto de la revolución, no encontró al pronto simpatías. De súbito, teatralmente, su suerte cambió: el capricho de amor propio y sensualidad de Napoleón III se convertía en pasión; la joven y brillante amiguita de Mérimée, su alumna, su corresponsal, Eugenia de Montijo, condesa de Teba, iba a sentarse en el solio.

Sin que abusase Mérimée de la excepcional situación que esta boda le creaba, sus últimos años, gracias a ella, corrieron entre satisfacciones y honores. No solamente la senaduría vitalicia le puso al abrigo de la necesidad, sino que la imperial pareja le trató como al más íntimo amigo y le asoció a su vida de fausto y goces, contando siempre con él para las fiestas y distracciones incesantes de París, Compiegne, Fontainebleau y Saint Cloud, como para la villeggiatura de Biarritz. La condesa de Montijo, su valedora apasionada y constante, quería más: empeñábase en buscarle esposa. No le era fácil a la anciana señora descubrir para Mérimée proporción tan ventajosa como la que había encontrado para su propia hija; y a pesar de discretas tentativas en los salones, solterón empedernido continuó el autor de La Guzla.

La impopularidad de Napoleón III refluyó en Mérimée. Los enemigos del régimen satirizaron al cortesano, y, hasta hubo quien dijo al bufón palaciego —sátira injusta, pues Merimée, hombre desinteresado, no fue un sabueso más de aquella curée del segundo Imperio que acabó tan trágicamente en el abismo de Sedán—. Mientras en Compiegne se representaban charadas y se remedaban galantemente las Cortes de amor de la Edad Media, Bismarck, en Berlín, consultaba con detenimiento el mapa de las fronteras para rectificarlo. Napoleón III, borrada ya la aureola de Crimea, abrumado por los errores de México y las anexiones imprudentes de Saboya y Niza; Napoleón III, a quien

Mérimée, antes no muy prevenido en su favor, había acabado por comparar a aquel Julio César cuya historia en colaboración escribían, se hundía cargado de responsabilidades, desmembrando la patria. La dinastía, alzada por la victoria, caía por la derrota; y si bien se considera, justicia fue muy ejemplar.

Luchaba entonces Mérimée, ya viejo, con la terca y cruel enfermedad que le llevó al sepulcro; tan ajeno a lo que se preparaba, que hablaba de la próxima guerra con dejos de buen humor. «No la habrá —decía— si a Bismarck no se le antoja». Las primeras derrotas le precipitaron de lo alto de sus ilusiones; y a pesar de su padecimiento, corrió a París a ponerse a las órdenes de la emperatriz regente, a la cual se presentó despojado de su envoltura de cortesano, de ingenio de cámara, y tan abatido, tan pronto a llorar como un niño, que Eugenia de Montijo vio en aquel amigo semblante el desastre irremisible. Tal vez sobre Mérimée joven no hubiesen producido esta impresión los sucesos; los años y los sufrimientos de su cuerpo desgastado por los goces, por las múltiples emociones de una existencia colmada y sabrosa, pero no tranquila, le habían preparado, a él, escéptico e impasible por escuela, a esta explosión final de sensibilidad, como la que pudiese sufrir un ujier de las Tullerías. Por eso leemos en carta a una de sus desconocidas (las hubo hasta el último instante en la vida de Mérimée), fechada el 18 de julio de 1870: «Es preciso encontrarse admirablemente de salud, tener nervios de un vigor especial, para que estos sucesos resbalen sin afectarnos. No necesito decirte lo que experimento».

La emperatriz, que, en cambio, estaba serena, a la altura de su cargo, aceptó tácitamente un servicio: Mérimée celebró una conferencia con Thiers para aplacarle y si era posible atraerle. A Thiers se le llamaba en las agonías dinásticas. Esta vez fue en vano: Thiers no había de sostener al Imperio, cuando justamente el propio Mérimée escribía a la desconocida esta frase: «Toda la sangre que corre y correrá, es en beneficio de la República». Al implorar a Thiers, Mérimée hallábase punto menos que espirante. Era un moribundo que rogaba por un muerto.

Después de que la emperatriz, no pudiendo hacer frente a la efervescencia popular, huyó de la capital francesa, Mérimée se dejó llevar a Cannes, adonde llegó semivivo, y donde exhaló el último aliento el 23 de septiembre del apocalíptico año de 1870, días después de la capitulación de Sedán.

Si reseñada esta vida, que bien podemos llamar, hasta donde cabe, dicho-sa; que es la de un refinado epicúreo intelectual a quien las circunstancias permitieron completa expansión de la personalidad, salvando solo las res-tricciones sociales —estudiamos las obras de Mérimée, veremos cuán estre-chamente relacionada estuvo en él la índole de la producción literaria con el dato biográfico—. Una opinión de tanto peso como la de Brunetière hace evolucionar a Mérimée desde el romanticismo al naturalismo. Inclinándome ante el gran crítico, diré que el naturalismo de Mérimée, si existió, fue antíte-sis del de Zola; que en el camino de la transición, Mérimée conservó siempre su peculiar manera de ser; varió sin cambiar; y que su paganismo, su escep-ticismo, su sentido aristocrático, le acompañaron en cada etapa fielmente.

Habiendo comenzado a escribir cuando estaba en su plenitud el romanti-cismo, Mérimée, en medio del vértigo, jamás perdió su sangre fría, su facultad analítica, pero nunca supo desechar la especie de timidez invencible, que es el verdadero fondo de su carácter. Es esta timidez orgullosa la que le induce al misterio y a la reserva; a envolverse en la capa glacial, que si no garantiza el sosiego interior, oculta a los profanos lo que debajo late. Individualista, ególatra, retraído, Mérimée teme al público sin estimarle. Lo que distinguió a los románticos fue que, semejantes a las efigies del Sagrado Corazón, no solo descubrieron el suyo ensangrentado y abrasado, sino que obstinadamente, con ambas manos, señalaron hacia él. A Mérimée le repugnaba entregarse al amor formidable y a la fiscalización ininteligente de la muchedumbre. Cuando se mezcló con la hueste romántica y bohemia, fue como una dama de alto copete a un baile público: con antifaz.

En efecto, de sus primeras obras, una aparece bajo el velo del pseudó-nimo; otra es verdadero pasticcio, del género de los poemas de Osián y nuestro canto guerrero de Altobiskar. El Teatro de Clara Gazul finge imitar el antiguo teatro español: era el hispanismo uno de los temas predilectos de la inspiración romántica; Víctor Hugo, el «grande de España» literario, no había acotado el terreno; se lo disputaban Musset, Gautier, otros hispani-zantes, el mismo Stendhal, que soñaba con España y no logró residir en ella, como deseaba, largo tiempo. ¿Acertó siquiera Mérimée a hispanizar bien en los dramas de la supuesta comedianta española? Dígalo el juicio de Sainte Beuve: «Cuando Mérimée publicó su Teatro de Clara Gazul, no había estado aún en España, y parece que después declaró que si la hubiese visto no lo publica. Sería lástima: perderíamos todos. Hay primeras inspiraciones que la observación no sustituye». No cabe insinuar con mayor finura que el Teatro de Clara Gazul será lo que se quiera, excepto español. Amigos entusiastas, y entre ellos Ampére, adjudicaron, con motivo de la superchería de Clara Gazul, el aplastante dictado de nuevo Shakespeare a Mérimée.

Más diestro en el arte singular de apropiarse el alma de un pueblo fue Mérimée en La Guzla. A pretexto de recoger las canciones populares de Iliria, y sin otra preparación que una lectura casi paradojal por lo insuficiente, escribió la serie de baladas que tituló La Guzla, y que engañó en el extranjero nada menos que a Goëthe y a Pouchkine. ¿Cómo va a parecernos singular el caso —aunque lo sea— a nosotros, que a la superchería de un estudiante debemos ese peregrino Canto de Altobiskar, por muchos eruditos modernos admirado y elevado a la altura de rapsodia homérica que encarna el genio de la raza vasca?

De estas obras juveniles de Mérimée, dice con razón Brunetière que, románticas por el colorido, pertenecen, antes que a la escuela de Chateaubriand, a la de Stendhal y Fauriel. La observación y la curiosidad folklórica, en ellas, llevan de la mano a la fantasía. Gradualmente, en Mérimée veremos a la erudición sobreponerse y triunfar, auxiliada por la natural inclinación al clasicismo. Pero estamos aún en los años de inspiración, de vigor: Mérimée va a producir lo que ha de salvarle del olvido.

No es todavía La Jacquerie, ni la inevitable novela walterescotiana titulada Crónica del tiempo de Carlos IX. Interesante, concisa, bien escrita, con un sentido de la historia que nadie puede negar, no figura, sin embargo, esta novela en la misma línea que Cinq Mars, de Vigny, y, naturalmente, se derrumba ante Nuestra Señora de París, de Víctor Hugo. La novela histórica, o solamente retrospectiva, ha de fundarse, quién lo niega, en el conocimiento más científico posible de las edades pasadas, pero ha de recibir vida de la fantasía poética y adivinadora. Esta ley no se desmiente ni en Quintín Durward, ni en *Salambó*, ni en La Novela de la momia, ni en Quo vadis, y es bueno recordarla, ahora que el fénix de la novela histórica y arqueológica parece renacer de sus cenizas.

La genialidad de Mérimée, su veta de oro, escasa y fina, se reveló en sus cuentos. Loa escritores palabreros no saben tornear el cuento; no aciertan a concentrar en cuatro o seis páginas la emoción suprema, la esencia dulce, amarga, embriagadora o quemante que la realidad destila. En el cuento es donde la clásica sencillez, la aguda observación y la estricta perfección de Mérimée se manifiestan como labor en hueco sobre lisa y dura ágata; y ni Maupassant, ni Daudet, ni Ivan Turguenef, con su sensibilidad más amplia, rica y voladora que la de Mérimée, pueden presentar nada que artísticamente considerado supere a Tamango, a Mateo Falcone, a La toma del reducto, en su género obras maestras.

Una diferencia existe entre estos cuentos y los de Turguenef, Maupassant y Daudet; y es que mientras los citados admirables cuentistas se empaparon de lo que les rodeaba, bañándose en su ambiente propio, Mérimée salió por lejanas tierras buscando el exótico, el más ajeno a su condición y estado de gentilhomme parisiense en el primer tercio del siglo XIX. «Agradábanle —nos dice de él Agustín Filon— los tipos excepcionales y las aventuras extraordinarias, los bandidos, los piratas, cuantos viven luchando con la sociedad, y la gente de sentimientos primitivos». Por esta afición, hasta el cuello dentro del romanticismo está Mérimée; pero mientras los románticos fantaseaban a Buq Jargal y a Hernani, Mérimée cavaba hondo en la verdad y aplicaba anticipadamente las nociones del sistema a que Taine dio cuerpo. Discípulo, en esto sí, de Stendhal, ascendiente de Taine en lo científico, lo es también, en el procedimiento artístico, de Loti, de Fromentin, de Bourget, y la sólida adquisición de la psicología según las razas y los países, es sin duda, en el orden mental, su mayor conquista.

Seis u ocho cuentos de Mérimée puede afirmarse que no envejecerán nunca. Son la cima del arte, y es de justicia proclamar la superioridad de Mérimée en tal respecto sobre Enrique Beyle. Cuando a lo intenso y encendido de la idea creadora se une la absoluta impecabilidad de la forma y la exquisita sobriedad en el material empleado; cuando el modo de narrar es tan feliz como interesante lo que se narra, a bajar la cabeza y descubrirse. No creo que ni los adoradores de Beyle, cuyo papel está hoy más en alza que el de Mérimée (aunque empieza a descender, por causas que aquí no investigo) niegan estas máximas. Sin duda, era doblemente genial Beyle, y era, sobre todo, sugestivo, excitador; tenía hallazgos, corrientes y orientaciones que a Mérimée le faltan; pero ¡cuán inferior como artista! Ni entre sus novelas veo una Colomba, ni entre sus rebañaduras de archivos italianos un Mateo Falcone. Dígase siempre la verdad, y no olvidemos que el arte no se reduce a pensar y sentir, sino que lleva en sí la imposición dogmática de la forma, veste áurea del pensamiento. Si, en efecto, La toma del reducto fue escrita después de una conversación con Stendhal, confesemos que Stendhal, saturado y embriagado de la epopeya napoleónica, no hubiese acertado a exprimir toda su épica poesía en breve copa griega.

Entrad en un museo de escultura y contemplad las estatuas. Algunas, semicolosales, no causan más impresión que la física, debida a su magnitud: un dedo pulgar enorme asusta y al mismo tiempo hace sonreír: algo tiene de caricaturesco. Llegaos después a la vitrina donde se encierran las medallas y las estatuillas. Considerad, por ejemplo, en la Nacional, un juguete helénico, un negro de bronce de una cuarta de altura. Ese negro, cuanto más le miráis, más crece; llega a parecer de tamaño natural. Sin ser grande es grandioso; no lo medís ya por sus dimensiones efectivas. Pues bien, suponed que ese negro, prodigio de verdad, es Tamango, el héroe del cuento de Mérimée.

El estudio de la psicología de razas y tierras en el arte, no tiene, que yo sepa, documento de mayor valor que la novela Colomba, obra maestra de Mérimée, infinitamente superior a Carmen, a pesar de que Mérimée se hallaba empapado de españolismo, y en cambio corto tiempo había permanecido en Córcega. No solamente el personaje de la heroína es de una originalidad y un romanticismo realista incomparables, sino que el de su hermano lo completa y realza. La ficción es dramática; la narración, animadísima; el colorido, intenso y justo. El pintor hace vivir en el lienzo dos tipos de raza que están hablando; pero ambos retratos van más allá del parecido pintoresco; expresan todo el pasado, prestan carne a la tradición. De Colomba a las Veledas, Atalas y Graziellas, a las figuras de pura filiación romántica, ¡qué distancia tan incalculable! Colomba es una mujer natural, no solamente por ciertos detalles familiares de su existencia —que también Lamartine atribuirá, más adelante, a la ideal pescadorcita del golfo partenopeo—, sino porque en ninguno de sus actos, aun los de más trágicas consecuencias, hay rasgo que desdiga de su condición, de su estado de cultura, de la verdadera naturaleza de una Colomba que respirase. La voceratriz corsa, la Euménide, es una mujer. Tampoco Orso se convierte en héroe novelesco a expensas de la realidad: como que es sujeto de no muy complicada psicología, normal en su sentir, a pesar de lo cual alcanza proporciones de dramática belleza sincera y humana, siendo superior a los Manfredos y los Hernanis.

Lejos de Córcega, roto el círculo de hechicería del ambiente, Orso es un militar honrado y pundonoroso, y en tiempo de paz hasta un ciudadano pacífico. Si no ha olvidado su agravio, si le duele aún el asesinato de su padre, al menos no quiere ser también asesino para cobrar la deuda. Pero la primer bocanada de aire de su isla ya hace tambalearse sus convicciones, abofeteándole con la burla de los isleños, con la mofadora canción de rimbecco, espuela del que descuida la venganza. Lentamente, cuanto le rodea le va transformando, convirtiéndole de civilizado en primitivo, despertando a la fiera que en nosotros duerme. Orso percibe la transformación: se da cuenta clara de que le precipitan al estado salvaje, a él, que ha entrevisto otros ideales, que aún conserva el reflejo de la gloria imperial; conoce que está influido por gente inferior; ve que su hermana es un ser impulsivo, una salvaje incapaz de reprimir sus instintos, una criminal generosa, pero criminal en suma... y, sin embargo, va dejándose arrastrar a la hora sangrienta y da muerte a los dos hijos del abogado Barricini, porque su raza se ha levantado en él, porque también es corso y la opinión de la aldea de Pietranera es la condensación de ese ambiente natal que condiciona para siempre nuestro espíritu.

En Colomba, y más marcadamente aún en Carmen, descubrimos, al lado del estudio local (en Carmen no inexacto, pero limitado a un aspecto parcial de la raza) algo que procede de Stendhal, el energismo. Los cuentos de Mérimée son en su mayor parte estrofas de un himno a la energía, excepto el irónico Abate Aubain, y el redentorista Guillot; y aun en estos, la tenacidad del disimulo y la intensidad psíquica de la pasión corresponden a la concepción activa de la vida. En Colomba la belleza derívase también de la fuerza de voluntad y deseo, de la energía intacta.

Mirada desde otro punto de vista, Colomba induce a reflexiones que modificarían opiniones admitidas sobre la novela local a regional. Cuando Colomba vio la luz, no se hablaba de novela regional ni por sueños. Lógicamente derivada de la evolución literaria se presentó esta, forma, y no lleva trazas de desaparecer; es hoy fenómeno general. En cada país, a veces en cada ciudad, van asomando pintores y narradores impregnados del sentimiento y de la apariencia exterior de aquel pedazo del planeta, y va erigiéndose en axioma indiscutido que para interpretar una región es preciso haber nacido en ella, amarla filialmente, hallarse embebido en sus costumbres, llevar en las suelas motas de su terruño. Si nos fijamos en Colomba, veremos que el procedimiento es absolutamente contrario. Mérimée llega a Córcega, la cruza, no la ama poco ni mucho; le parece un original país, que produce extraña impresión, y sobre esta base levanta la novela más regional, en el sentido alto y profundo de la palabra, de cuantas conozco. ¿Quién comparará el cuadro definitivo trazado por Mérimée con uno de esos perpetuos balbuceos laudatorios de un país y de una gente, el de Trueba, verbigracia, mera repetición de un tema amplificado y, por consiguiente, debilitado, representación en que salen, a manera de comparsas, los mismos tipos, iguales costumbres, idénticos efectos de cielos, montañas y praderías? Acaso la imaginación poética se excita con la sorpresa y con el hábito se embota; acaso el interés de una región lo percibe mejor de una vez, eléctricamente, un artista como Mérimée.

Después de Colomba y Carmen, Mérimée se despide, podemos decir, de la ficción; capta su pluma la historia, donde no tendrá tan felices aciertos. «Mérimée acabó bastante oscuramente por la historia», sentencia Brunetière. «Hay hombres», escribe a este propósito Filón, «a quienes casi humilla la popularidad del novelista, si no la realzan con alguna obra estimable del género serio. Se les ha elogiado tanto por lo que recrean, que ya esta alabanza se les figura irónica: les entra ambición de aburrir, ambición que pronto se satisface». Sin que precisamente sean prototipo de literatura aburrida las obras históricas de Mérimée, les faltan, no solo el color y el lirismo de Michelet, sino el arte de brujería de Thierry para resucitar edades pasadas. Chateaubriand y Walter Scott, los dos inspiradores de la historia moderna, los que demostraron en qué grado deben asociarse a ella la poesía y los elementos espirituales, deducidos de la realidad, no influyeron en Mérimée. El clasicismo, fuerte molde de su cultura, se sobrepuso a las revelaciones e inspiraciones románticas.

No sé si dije que la timidez era rasgo característico de Mérimée: conviene explicar en qué sentido empleo la palabra: Mérimée es tímido en letras; refrena con dura mano la fantasía; oculta como un delito la emoción; detesta las generalizaciones brillantes, no da puntada sin doble nudo. Su prudencia raya en miedo. Con tal sistema no se puede ser Thierry, porque bajo la exactitud documental de Thierry hay un desbordamiento imaginativo que a veces se transforma en lucidez visionaria. No otra cosa significan las palabras con que Sainte Beuve juzgó a Mérimée, historiador. Según el sagaz crítico, Mérimée se encontraba en el punto y sazón que el historiador requiere: versado en los idiomas, la etnografía, los monumentos, el espíritu de las razas, la sociedad y el hombre; pero faltábale un progreso, un paso decisivo: desconfiar menos, abandonarse al estro, osar todo lo que siente. Para apoyar dictamen tan justo, Sainte Beuve cita una frase de Luciano de Samosata sobre la historia: «Es preciso que un vientecillo poético hinche las velas del navío». El buen consejo de Luciano no había de seguirlo Mérimée jamás. Era tarde: Sainte Beuve hizo estas observaciones a propósito de la última obra de Mérimée, Los falsos Demetrios.

El vientecillo poético, de seguro, había dictado a Mérimée la elección de sus temas históricos. Lo mismo nuestro Justiciero, con su indomable y desbordada voluntad, con su vida terminada en la página sespiriana de Montiel, que el genial impostor o mártir que imperó en Rusia titulándose hijo de Ivan el terrible, son personajes en quienes la historia se convierte en novela y drama; las épocas perturbadas en que reinaron, nuestro siglo XIV, el XVII de Rusia, no podían ser más sugestivas. Mérimée comprendía cuantos recursos ofrecían a su pluma; el misterio, la anécdota histórica le atraían; pero resistió a su atractivo. El propósito de reprimir la imaginación influyó hasta sobre su estilo, que en la historia es frío, meticuloso, voluntariamente abstracto.

Hay dos aspectos de la labor literaria de Mérimée que no son muy conocidos, en España por lo menos. Apenas se recuerda que Mérimée fue el primero en revelar a Francia, y por consiguiente, al mundo, la hoy triunfante literatura rusa. Sus estudios sobre este asunto los inició Mérimée aprendiéndose el idioma, esa maravilla lingüística, la más armoniosa, fértil y descriptiva, en su oriental esplendor, de las lenguas actuales, superior al griego, en opinión de Mérimée, que añadía transportado: «Es un habla joven, y los pedantes aún no han tenido tiempo de estropearla». Dueño del tesoro, ocurriósele traducir, con una perfección ideal, no sé si diga mejorándolas, algunas novelitas de Pushkin, y consagrar un artículo crítico al gran poeta ruso. Siguieron a estas traducciones otras de Gogol; más tarde, el descubrimiento de Turguenef, protegido, lanzado por Mérimée en París, donde el novelista eslavo llegó a gozar de la misma popularidad que si fuese francés. A Mérimée debemos, pues, llamar padrino de esta literatura aclimatada ya en los países latinos, aunque no viese en ella tantas cosas como vio el vizconde de Voguié y ven muchos que aceptan su crítica. La «religión del sufrimiento humano», la humildad, la exaltación, el misticismo, riñen con todo lo que representa Mérimée, y ante esos méritos, el autor de Colomba se encogería de hombros y volvería el rostro hacia otro lado. El tolstoísmo (valga la frase), se da de cachetes con Mérimée. Como que el tolstoísmo es, si lo miramos despacio, otra transcripción romántica y antipagana de la queja universal, otro modo de enseñar llagas y plañir dolores, lo más repulsivo para quien profesaba la inmoralidad primitiva, la impasibilidad, la indiferencia aristocrática y el altivo aislamiento.

Un temperamento de escritor, un alma humana, pueden revelarse enteros lo mismo en un acto que en una preferencia estética. Ante la novela rusa, desciframos mejor la correcta y reprimida personalidad de Mérimée. Rusia fue para él lo mismo que España y Córcega: un país con mucha fisonomía, con bonita pátina, bárbaro, y por tanto, enérgico, sugestivo y hermoso. ¡Civilizar esos países! ¡Qué sacrilegio y qué vandalismo! Tanto valdría revestir de cemento una crestería gótica. Naturalezas como la de Tolstoi, que sienten hondamente la injusticia social, son sin remedio revolucionarias; naturalezas como la de Mérimée (anárquicas en el fondo), para quienes el hombre no es un hermano, ni un prójimo, cuya sensibilidad cuaja en forma estética, son a veces, en política, conservadoras. Mérimée lo era sin notarlo. Nuestra Revolución de 1868 le pareció nuestro Inri; en Francia calificó a la República de desorden organizado. ¡Qué diría si llega a presenciar las convulsiones de la Commune! ¡Qué si viese arder París, y en París su casa, y en su casa su preciosa biblioteca y sus manuscritos, entre los cuales supone Teófilo Gautier que podría existir alguna hermana de Colomba!

No me aparto del asunto al definir el género de sensibilidad de Mérimée. Vengo a parar a su Correspondencia, publicación póstuma, que le ha valido un reflorecimiento de fama y simpatía póstumas también. La Correspondencia de Mérimée, aparte de que revela a un maestro del género epistolar, descubre el funcionamiento de su sensibilidad privada, imposible de determinar por sus demás escritos, ni aun por la especie de confesión autobiográfica de la novelita El vaso etrusco; y el público, que a veces se prenda de los autores, como aquella estática monja se prendaba de Dios, por su humanidad, agradeció a Mérimée que se mostrase en sus cartas ya triste, ya afectuoso, ya abatido por la enfermedad, ya puerilmente encariñado con un gato o un libro, en postura negligente, en actitud sencilla. Bajo el sabio, el artista y el dandy, la Correspondencia descubrió al hombre.

¿Cómo era físicamente Mérimée? Taine lo retrata en el prefacio de las Cartas a una desconocida: alto, derecho, pálido, y a no ser por la luz de la sonrisa, de británico aspecto; con ese aire frío, reservado, distante, que aleja, la familiaridad. Su estado constante era la calma, natural o adquirida; su costumbre, dominarse y reconcentrarse, y esta manera de ser la arraigó el trato con gentes de alta posición, en esferas donde la exuberancia y la vehemencia son de mal gusto. Hasta cuando en confianza refería Mérimée algún chascarrillo, su voz era monótona y tranquila. Blaze de Bury, al describir la exterioridad de Mérimée, nos dice que en nada se parecía a un héroe de novela. Su cabeza de modelado vulgar, su expresión maliciosa y astuta, le asemejaban a un labriego, y, en efecto, así le muestra la litografía de Deveria; pero poseía la distinción adquirida, fino barniz brillante, que equivale a una coraza. Según Taine, la reserva a la defensiva de Mérimée se debió a una impresión de la niñez, a un chasco, que le hizo tomar por divisa: ¡Acuérdate de desconfiar! «Su sensibilidad —añade— estaba domeñada, pero existía, como caballo de pura sangre, fogoso y maestro, que obedece a la rienda...». Debió de contribuir la inclinación natural a que Mérimée se conformase a su divisa, tomada, como consta, de un texto griego, y que formaba el ex libris de su biblioteca.

Cuando la sensibilidad se repliega sin amortiguarse, es infalible que en una naturaleza estética, ávida de sensaciones, curiosa del sentimiento, su válvula de desahogo sea el amor. El amor, para caracteres como el de Stendhal, no solo encierra el atractivo que en él nota Bourget, de suprimir leyes y conveniencias sociales y retrotraer el alma al anhelo primitivo, indómito, estado el más favorable a la manifestación de la energía, sino que reúne el encanto de la vida secreta; es el asilo ignorado donde un hombre de la inteligencia y del refinamiento de Mérimée puede, sin exponerse a profanos roces, desceñirse un momento el duro arnés de la desconfianza eterna, cuyo peso, a la larga, abruma aún a los nacidos para llevarlo.

Pasada la primera juventud —y a decir verdad, hasta el último límite de la existencia—, Mérimée sostuvo dulces intrigas, ató lazos de seda y flores. Sus cartas de amor parecen (¿estarán expurgadas?) tan discretas y tan delicadamente galantes, como eran crudas y pecaminosas las que dirigía a Sainte Beuve y a otros corresponsales varones.

Componen el epistolario amoroso de Mérimée tres tomos de cartas, a Una desconocida y A otra desconocida. A veces, si no supiésemos que se trata de una correspondencia de amor, difícilmente creeríamos que las cartas a las incógnitas (a quienes escribió Mérimée simultáneamente durante cinco años, los postreros) van más allá de la amistosa comunicación. Sobre todo, en las de la segunda desconocida, abundan el galanteo frío y la chismografía política y social. Con esta desconocida, que según parece es conocidísima, como su predecesora (no rasguemos el velo) y de cuya hermana, según refiere el propio Mérimée, se enamoró en Pamplona el Tato, trabó relaciones Mérimée en una de aquellas cortes de amor, presididas por nuestra compatriota la emperatriz. Mérimée fue el secretario, su desconocida la presidenta, y con estos títulos correspondieron siempre; delicado discreteo, cortesano marivaudage, en nada parecido a lo que por amor suele entenderse. Acaso, aun en la misma intimidad sentimental, procediese Mérimée como Stendhal, que decía en su libro El amor: «Hago lo posible por ser seco. Impongo silencio a mi corazón, que cree tener mucho que decir. Siempre temo que cuando pienso notar una verdad, me he limitado a consignar un suspiro».

Y, sin embargo, para Stendhal como para Mérimée, fueron la sal de la existencia estas liaisons, que nos importan porque al uno le inspiraron un libro de psicología y al otro tres tomos, por lo menos, de epistolario. No los disfrutaríamos si Mérimée no hubiese conservado tal vitalidad de ilusión, a pesar de los sesenta y pico de años y el acuérdate de desconfiar; si no hubiese amado como un cadete, con impresionabilidad juvenil, a varias y a veces simultáneamente, con esa complejidad del sentimiento cuya relación con las civilizaciones avanzadas ha definido sagazmente Bourget. Para conocer a Mérimée y saber, según la frase de Filon, en cuántas cosas cree... un hombre que no cree en nada, es preciso leer su Correspondencia.

Es Mérimée, en resumen, la figura característica del período de transición; más que Stendhal, porque este se adelantó a su tiempo y saltó por cima de él. En Mérimée vemos al romántico casual, al clásico por temperamento y escuela, al realista sin doctrina y como por ley fatal de las cosas: todo sumado en eminente personalidad literaria, y demostrado en unas cuantas obras que nadie sobrepujará como arte de composición y factura. Para que la nueva era produzca algo equivalente, tendrán que aparecer Flaubert y Maupassant.

«Mérimée —reproduzco un párrafo de Sainte Beuve— me dijo un día una cosa muy exacta: —En lo poco que hago, me sonrojaría no dirigirme a los que valen más que yo, y no tratar de darles gusto».

He aquí el sello de este artista sincero y noble. Todos podemos errar, pero hay que aspirar a satisfacer a sus iguales o superiores, y no escribir para los inferiores en inteligencia; en una palabra, hay que apuntar alto y no bajo. Hoy nuestros escritores se dedican a lo último. «No me lea usted —dice Lamartine a quien le habla de Los Girondinos—. No escribo para usted, sino para los talleres, para el pueblo...».

En estas líneas se define una clasificación, y Mérimée queda en su lugar, en las cerradas filas del alta aristocracia.

IV. La novela. El lirismo evoluciona y predomina el elemento épico, histórico y social. El mundo que ha de retratar Balzac. Balzac. Su temperamento. Su vida

Antes de entrar en el estudio de la producción de Honorato de Balzac —a quien conviene mirar despacio—, insistamos en considerar algo más detenidamente su época, los treinta años que pasó al yunque, desde 1820, en que ven la luz sus primeras novelas, de las cuales no se confiesa autor, hasta 1850, en que termina la no muy larga existencia de este escritor titánico.

Cuando cumplía veinte años Balzac, la sociedad experimentaba cambios radicalísimos, y la generación nueva tenía que contar con una Francia nueva también. A aquel prestigioso Imperio que todo lo improvisaba; a aquella especie de magia de la acción, que sacaba de las últimas filas del pueblo a los héroes y a los poderosos de la tierra, siguió un largo período de quietud material; a las violentas rachas de fortuna, la lenta conquista de la riqueza o del nombre, la lucha por la vida en el seno de la paz. Engendrada en las horas de fiebre y vértigo del Imperio, la nueva generación (desequilibrada y genial desde el claustro materno, según opinan bastantes médicos y psicólogos) pidió al ensueño y al arte lo que ya no ofrecía la realidad, y bajo la estadiza Restauración y bajo la burguesa Monarquía de julio, el romanticismo fue otra conquista de Europa, con trompetas y tambores, a banderas desplegadas.

El Imperio se había apoyado en el ejército: los Borbones y los Orleanes suscitan distintas fuerzas, relegadas a segundo término durante la apoteosis del heroísmo militar. Prestaron su concurso a la Restauración los labriegos, los rentistas, el clero, la nobleza, y a Luis Felipe, la clase media dedicada a la industria, al comercio, a la enseñanza; clase media que, merced al sufragio restringido, monopolizaba el derecho electoral, y en la cual reclutaba sus huestes la Guardia nacional, por Balzac y por Gavarni satirizada y caricaturizada donosamente. El sistema obligaba a contar con el dinero, erigiendo la propiedad y la riqueza en columnas del régimen y del orden. Para concurrir a la obra política era necesario poseer, traficar; en esto venía a resolverse toda el áurea leyenda de Jena, Austerlitz y las Pirámides, y todo el empuje nivelador revolucionario. De 1815 a 1820 —dice un escritor político— las elecciones sufrían aún el influjo de opiniones y creencias; de 1830 a 40, las influyen corrientes de intereses.

Quedaban vigentes, del primer Imperio, las organizaciones administrativa y jurídica, financiera y militar, las relaciones con la Iglesia, reguladas por el Concordato, y los métodos de enseñanza: fuertes raíces del gran árbol caído, aún hoy no extirpadas en Europa. La centralización departamental y municipal, obra napoleónica, sirvió de base de gobierno a la Monarquía blanca lo mismo que al rey burgués, como sirve hoy a la República. Del Corso procedía también la poderosa organización policíaca, aquella secreta que la Restauración perfeccionó, y cuyos fastos sensacionales y manejos tenebrosos han inspirado bastantes páginas de Balzac.

Ningún período más favorable para estudiar la sociedad en su íntimo funcionalismo que aquel de 1818 a 1850, porque fue una época a la vez efervescente y estacionaria, de la cual hemos tenido aquí una reducción y parodia en la que siguió a la Restauración de Alfonso XII. Etapas preciosas (como las de convalecencia de graves enfermedades en el individuo) para afianzar la salud de un pueblo y criarle sangre purificada, pero que no suelen aprovecharse en eso, sino en dar suelta a los apetitos y egoísmos y vado a las corrupciones, en el afán de aprovechar las circunstancias que se despierta invenciblemente. Sosegada Europa, sentada Francia, que en treinta y cuatro años no movió su ejército sino para intervenciones altruistas como la de Grecia, políticas como la de Bélgica, o para las escaramuzas africanas, pudo afianzarse un régimen salubre, firme, duradero, a no haberse desencadenado las concupiscencias del modo que vemos retratado, con precisión micrográfica, en la inmensa Comedia de Balzac.

Favorecidas por la paz, ¿quién negará que las letras se desarrollaron ostentando magnificencia y variedad riquísima, aunque sin la unidad majestuosa de los llamados siglos de oro? He reseñado anteriormente la época romántica, ateniéndome a los nombres de resonancia universal; pero no cabía encerrar en los límites que me había impuesto el cuadro deslumbrador de un movimiento intelectual y artístico que abarca todos los aspectos del pensamiento y el sentimiento, y todas las direcciones de la inteligencia humana. Lo que resalta de tan brillante época son los Chateaubriand, los Lamartine, los Hugo, los Musset, las Staël y Sand; estos son el gallardete del mástil; pero ¡qué vasto palacio coronaban! En Francia no se dan aisladas apariciones, como la de Mickiewickz en Polonia y las de Pushkin y Gogol en Rusia: al contrario —y esto hay que tenerlo en cuenta para que la obra de Balzac sea bien comprendida—, la sociedad cría incesantemente y por camadas sus hombres representativos (varones o hembras). El índice de los nombres secundarios e ilustres confirma esta verdad. De todo hay cosecha; de poetas hay nube. Al lado de los últimos clásicos, como Soumet y Lebrun, Beranger y Delavigne, surgen los inquietos del Cenáculo: Deschamps, Sainte Beuve, Gautier, Arvers, Nerval, Augusto Barbier, Barthelemy. Al cundir el romanticismo en el fértil campo de cultura que le ofrecían las regiones, las comarcas distantes de la capital, por Balzac desentrañadas a fondo, aparecen los grandes hombres de provincia, idealmente caracterizados por Luciano de Rubempré: los Laprade, los Soulary, los Briceux, los Autran, los Hégesippe Moreau, y traen de la mano a las espiritadas literatas, Musas parisienses o departamentales: las Anais Ségalas, las Amable Tastu, las Ackermann, las Desbordes-Valmore; unas con talento y hasta inspiración notoria, otras solo con pretensiones; satélites todas de la luminosa esfera de Jorge Sand, que un tiempo fuera también otra madama de Bargetón, la incomprendida, el personaje adivinado y disecado por Balzac con seguro escalpelo. El poeta, la poetisa, en aquel momento, son, antes que fenómenos del orden literario, tipos del social. Pertenecen a la novela de análisis, que se incuba —trabajosa y difícilmente, fuerza es reconocerlo— en el cerebro del autor de *Ilusiones perdidas*. Poetas, críticos, periodistas —los Nathan, los Bixiou, los Lousteau, los Rubempré—, vistos entre bastidores, en la miseria de sus vanidades, en el encono de sus codicias, en la fermentación pútrida de sus venganzas y rencores, en la exaltación a veces tan generosa de su quimera—, se nos exhibirán en numerosas páginas de la *Comedia humana*.

La evolución de la novela antes de Balzac había sido hacia el lirismo. Las novelistas sentimentales, Cottin, Souza, Duras, Krudener, se formaron su especialidad de amores tiernos y fieles, de pasionalidades ardorosas, de inextinguibles dolores del corazón. Como el *Obermann* de Sénancourt, el *Adolfo* de Benjamin Constant hizo competencia al *Werther* de Goethe. La nota del lirismo la encontramos en Saintine, con *Picciola*; en Sandeau, con *Magdalena* y *La señorita de la Seigliére* —ejemplares de esa literatura «para las familias» que reclamaban los instintos conservadores de la burguesía triunfante—; y eran ramas del mismo tronco los brotes de «novela cristiana» iniciada por el vizconde de Walsh, el ultrarromántico autor de las *Cartas vendeanas*, y continuada por las sencillas narraciones del abate Devoille, el Flaviano de Guiraud, la Emilia Paula del abate Bareille, predecesores del cardenal Wiseman y su Fabiola, tan inferiores a Javier de Maistre, autor de dos joyas: *El leproso de la ciudad de Aosta* y *La joven siberiana*. Basta recordar alguna de estas novelas que voy citando, basta evocar también la memoria de la novela de aventuras y gasconadas de Dumas padre, para darse cuenta de la oposición entre tales elementos y el que Balzac traerá definitivamente con la novela épica. Sus predecesores, Stendhal y Mérimée, apenas habían apuntado este sentido; Mérimée, especialmente, es tan solo un realista romántico, que siente el medio ambiente exótico y no el que le rodea todos los días; y el madrugador Stendhal es el escrutador encarnizado de almas y cerebros, no el doctor en ciencia social, título para Balzac reservado.

Diríase, sin embargo, que era imposible traer una nueva fórmula después de un movimiento tan activo y brillante como el que precedió y rodeó a Balzac. Al lado de los novelistas descollaron los cuentistas, con Mérimée a la cabeza, y no sería justo olvidar a Carlos Nodier, a León Gozlán —llamado por Pablo Feval «el ingenio hecho carne»—; ni a Julio Janin, el constante enemigo del realismo, que satirizó en la extraña novela El asno muerto. La crónica moderna, delicada sátira de las costumbres, tenía por representante a Mar fisa, Madama de Girardin; el humorismo, el mariposeo, a Alfonso Karr, que aún hoy posee devotos lectores. El teatro, oscilando de la tragedia al drama romántico y de este otra vez a la tragedia, con Ponsard y Soumet, no había cesado de atraer hacia París la atención del mundo, y si ya las célebres actrices intérpretes de Hugo, Delavigne y Dumas, las Raquel, Georges, Mars y Dorval, no representaban ante un auditorio de reyes, lo hacían para un público apasionado y ansioso de emociones, en que el rey, por declaración propia, era un espectador más. La crítica moderna crecía y se remontaba al compás de la sobreproducción literaria: nacida bajo el Imperio, con Fontane y Joubert, dilataron sus dominios y conquistas Girardin, Villemain, Ampére, Julio Janin, Nisard, Gustavo Planche, Sainte Beuve. Los polemistas políticos, ya libres cuando los Orleanes suprimieron la censura y desencadenaron la prensa, agitaban el aire con sus luchas, que resonando fuera de Francia, sirvieron de modelo a las de otros países; *La Tribuna* parlamentaria y el púlpito también removían ideas, despertaban hondas inquietudes, y contribuían a formar aquella atmósfera vibrante, excitadora y preñada de futuras renovaciones que influye sobre Balzac y le inspira a veces.

Sin género de duda, lo visible de Francia son sus ruidos y sus escaramuzas intelectuales y políticas; pero en Francia estas funciones de pólvora no impiden que se trabaje tenaz y oscuramente. La tranquilidad de la restauración y las tendencias progresivas de los Orleanes favorecieron el incremento de los estudios clásicos, filológicos y arqueológicos; se ahondó en la historia literaria, documental, en el orientalismo y la egiptología, felizmente inaugurada por las indagaciones de Champollion. La Ecole des Chartes reanudó la paciente labor de los Benedictinos de San Mauro; los helenistas se sumieron en el fresco pozo de los estudios clásicos; y el cosmopolitismo y el espíritu hospitalario de Francia se revelaron en la ciencia, porque se consagró ardor y perseverancia a estudiar los monumentos literarios e históricos de pueblos hasta entonces desdeñados (excepto por los misioneros, que en esto son los precursores de la erudición contemporánea). A un tiempo mismo se descubría el vasto y arcaico continente de la literatura sánscrita y se reconocía el valor de los dialectos romances. Prosperaban, juntamente con estos trabajos de incalculable fruto, la filosofía y el derecho; recuérdense los intentos de restauración espiritualista de Maine de Biran y Royer Collard, el eclecticismo de Víctor Cousin y de sus discípulos Rémusat y Jouffroy, el nacimiento de la escuela positivista, con Augusto Comte; y en derecho y sociología, a Proudhon, a Cormenin, a De Gerando, a Rossi, a Laboulaye, a Michelet. He tenido ocasión, en esta serie, de reseñar la obra histórica del período romántico y de transición: es una de las ramas más cargadas de fruto, y en tal respecto, como en otros muchos de la producción intelectual, Francia tuvo poco que envidiar a Alemania, donde, si debe admirarse el especialismo, documentado y serio, no suelen los historiadores poseer la sugestión y el arte de un Thierry.

Lo que entonces se llamaba economía política y hoy suele llamarse ciencia social, tomó vuelo entre el fragor del combate ideológico y las nubes de fuego y oro de la utopía. Bastiat, Miguel Chevalier, Rossi, Proudhon con su anarquismo; San Simón y sus discípulos comunistas; Enfantin y Bazard con su mezcla de extravagancias y chispazos geniales; Fourier con su célebre falansterio; Cabet con su viaje a Icaria; Pedro Leroux y Luis Blanc con sus planes de organización del trabajo y sus talleres sociales, integran ese período de hervor cerebral que precede a las revoluciones y prepara, a más largo plazo, los golpes de Estado que las enfrenan; son los representantes de la inquietud más intensa y general, entre la aparente calma que tranquiliza a los burgueses, a los Birotteau, cuyo tipo dibujó Balzac magistralmente.

Aunque no comparemos su florecimiento al de los grandes períodos de Italia, España y Flandes, las Bellas Artes no decayeron entonces en Francia; el Imperio había creado, es cierto, el último estilo que podemos registrar en los anales artísticos, si prescindimos del modernista actual; ni la Restauración ni Luis Felipe tuvieron estilo propio; las Artes, sin embargo, no se paralizaron, y la arquitectura, y en especial la escultura y la pintura y el dibujo y la litografía y las innumerables ramificaciones artísticas de la industria estuvieron a la altura ateniense que en París han alcanzado y sostienen aún, para honor de la cultura latina. En música, si no pudo Francia competir victoriosamente con Italia y Alemania, las siguió de cerca; la ópera se convirtió, de solaz palaciego, en espectáculo nacional; y en la primera mitad del siglo, el arte musical francés inscribe, después del nombre de Boïeldieu, los de Herold, autor de Zampa; Halevy, de La Hebrea; Auber, de Fra Diavolo; Feliciano David, de Lalla Roukh, y el más grande y el menos comprendido de todos, Héctor Berlioz, que, como Stendhal, solo es reconocido en su pleno valor mucho después de muerto. En el espectáculo de la Ópera se concentra el hervidero del dandismo parisiense, aquellos pugilatos de elegancia y vanidad cuyo dramático fondo posee en Balzac su concienzudo historiador.

Donde con mayor empuje se revela la nueva Francia, es en el impulso científico: dos columnas de las ciencias exactas, físicas y naturales —la astronomía y las matemáticas— ascienden rápidamente desde 1830. La Física y la Química inscriben en sus anales nombres tan altos como los de Arago y Ampere, genialísimos inventores y descubridores, Chevreuil y Dumas. Ilustran la Filosofía y conocimiento de la naturaleza Lacepéde y Agassiz, Sainte-Claire Deville y Elías de Beaumont; propágase la afición a exploraciones y viajes científicos, y se inmortalizan los de los buques Urania y Astrolabio. Los anatómicos y los histólogos colocan a la Medicina francesa a una altura de la cual no ha descendido; figuran entre ellos Geoffroy Saint Hilaire, Cruveilhier y Raspail, fisiólogos como Magendie y Flourens y esa legión de facultativos eminentes, de ilustres cirujanos como Dupuytren y Delpech, donde encontró Balzac al protagonista de su Misa del ateo.

La ciencia invade la vida; tal es la evolución capital de todo el sentido reciente, de toda la marejada histórica. Napoleón, pensativo, había visto cruzar el primer barco de vapor; pocos años después pueblan el Océano, precediendo a los ferrocarriles que, vencedores, surcan la tierra. El gas ilumina las noches parisienses y convierte a París en metrópoli del placer y del cosmopolitismo: la industria pone al alcance de los más humildes ciudadanos comodidades, y hasta lujos que antes se desconocían; la sed de oro enfebriliza las venas: se forma la clase obrera, dispuesta a trabar su gigantesca lucha con el capitalismo, y se marca y profundiza esa división de clases, característica de la sociedad moderna, y que Balzac en su Comedia ha definido magistralmente.

Por reacción natural en pos de tantas alarmas y acontecimientos, la sociedad —tomada la palabra en su sentido más fútil (no tan fútil, sin embargo, que no influya activamente)—, la sociedad, decíamos, se reanima, los salones rebosan, y por consecuencia la mujer, elegante y elevada, es reina absoluta. El reinado de la mujer transforma las costumbres y acrece el ansia de goces, de dinero y posición. Los apetitos se despiertan como alanos hambrientos; va a empezar el alalí; el segundo Imperio tiene preparado el terreno, y Sedán, cuando llegue, no sorprenderá a nadie sino a los todavía soñadores. He aquí el elemento épico de Balzac, y por el cual este novelista puede decir, como dijo de sí propio, con singular perspicacia, Don Ramón de la Cruz, que escribe la historia de su tiempo. A pesar de las amplias concesiones a la ficción que Balzac no escatima; a pesar de su copiosa invención de novelador y hasta de visionario, las realidades de la primera mitad del siglo XIX están contenidas en *La comedia humana*, y el historiador que la desentrañe, desentrañará también sus consecuencias, percibirá el alcance de un cambio tan radical, y respetará el genio de quien supo comprenderla y salió del valle del lirismo subjetivo a los anchos campos de la epopeya, tal cual hoy puede ser. La generación romántica y la generación positivista, la poesía y la verdad encontraron en Balzac un pintor a la vez exacto y entusiasta (como debe ser el que transcribe lo material, y juntamente el espíritu de la historia). La complicación, la suntuosidad, la fuerza, el sordo estímulo, los gérmenes de descomposición, los restos de una Francia muy grandiosa que 1893 había destruido, la formación de otra Francia no consolidada aún a esta hora, ningún artista de la pluma los ha encerrado en el molde de su obra, más que Balzac. Y después de reconocer que así es en efecto, lo que digamos de tal obra y tal hombre, aunque lleve el sello de severidad que impone, en arte, la justa exigencia de perfección, no amenguará su gloria, fundada principalmente en el acierto felicísimo de ver la colectividad donde otros habían visto solo el individuo, y de verla con el vigor y el relieve individual, fuera del egoteísmo y la excepcionalidad romántica. Es seguro que Balzac está embebido de romanticismo —y sin embargo, el romanticismo recibió de este gran poeta épico mortal herida.

Lo que va a leerse acaso no parezca muy nuevo; pero válgame la aserción de uno de los biógrafos de Balzac, Gabriel Ferry, el cual aseguraba, ha pocos años, que la mayoría del público francés apenas si conoce de Balzac dos o tres libros y el sonido del nombre, siendo, por lo tanto, permitido creer que los lectores españoles aún conocerán menos.

Honorato de Balzac nació en Tours el año de 1799, de familia ni muy aristocrática ni opulenta; su padre era reflexivo, su madre imaginativa y activa —combinación que se refleja en el temperamento del hijo—. No fue Balzac un niño prodigioso como Víctor Hugo; al contrario: en el colegio —aturdido por una especie de congestión de ideas, ahíto de lecturas furtivas, mal acomodadas aún en su memorión— parecía un sonámbulo. La familia no le creía capaz de nada extraordinario, y si se le escapaba al muchacho una frase, su madre exclamaba riendo: «Ni tú mismo sabes lo que acabas de decir».

Cuando la familia se trasladó a París, contaba quince años Balzac. El futuro autor de *La comedia humana* tuvo ocasión de atender a las lecciones de Villemain, Guizot y Cousin, que le entusiasmaron. Los padres de Balzac sufrieron quebrantos en su fortuna; se recogieron al campo, y quisieron que entrase en el estudio de un notario su hijo; este se negó y se quedó en París, en la clásica boardilla bohemia del literato novel. Allí empezó el ejercicio violento de la voluntad de Balzac. Casi en la miseria, casi hambriento, escribía a su hermana Laura, su confidente, que desde un principio tuvo fe en él: «Voy a pedirle a Su Santidad la primer hornacina de mártir que quede vacante». Compuso una tragedia, la leyó a varios amigos, y el fallo fue que debía dedicarse a cualquier cosa —excepto a las letras—. No se desalentó: tenía resortes de acero, y falta le hacían, pues a nadie se le regateó tanto el triunfo, o, mejor dicho, se le negó hasta última hora, hasta la consagración por Taine. Otros escritores —Chateaubriand, Víctor Hugo, por ejemplo— fueron célebres desde su revelación. Balzac recorrió una senda de abrojos, escribió con ansia, unas veces por el arte y otras por vivir; como que se negó resueltamente a reconocer la paternidad de varios libros que no parecen suyos, aunque lo sean.

Los tanteos y desorientaciones de Balzac se explican. No había nacido ni para poeta lírico o dramático, ni para novelista romántico, que fue otra forma de poesía (recuérdense *Pablo y Virginia*, *Atala*, Valeria, Graziella), sino para novelista épico, género que no existía aún; y era esta vocación, mal definida, que no acertaba a concretar, la que le infundía ardiente admiración por la novela histórica de Walter Scott, haciéndole escribir a Laura: «Te recomiendo que leas Kenilworth: es la cosa más hermosa del mundo». Pensando así de Walter Scott, Balzac calificaba sus propios primeros ensayos de porquerías, y solo echaba tales abortos al mercado a fin de comer.

Entretanto, su instinto le guiaba confusamente a frecuentar algunos salones literarios, entre ellos el de Sofía Gay, donde entonces se hacía a todo trapo filhelenismo. Para satisfacer sus aficiones de observador, el menesteroso Balzac tenía que valerse de trazas parecidas a las que en alguna de sus novelas reseña. Allí se granjeó el entonces desconocido escritor esos primeros amigos literarios, que al llegar la hora de la victoria suelen convertirse en enemigos; y allí sufrió torturas de amor propio por cuestiones de indumentaria y posición, semejantes a las de su héroe Rubempré. Lamartine describió, a lo vivo, en esa etapa, el aspecto de Balzac, de tipo ordinario, de frac corto de mangas y camisa gorda y mal hecha. Cuando un provinciano, con este equipaje se cae bailando, como Balzac se cayó, la risa de las mujeres corea su desgracia. Martirizado en la vanidad, que radica cerca de la sensibilidad profunda, Balzac vio con lucidez la terrible energía de dos factores sociales a que los novelistas anteriores (excepto el abate Prévost) no habían solido otorgar toda su importancia: el dinero y las exterioridades del lujo. Sus estudios, en este respecto, son definitivos.

La imperiosa necesidad de dinero fue causa de que pensase, en mal hora, en negociar. La literatura tardaba en producir, y el padre hablaba otra vez de protocolos. También este episodio de su vivir aparece con sorprendente vigor reflejado en sus novelas; porque Balzac, el novelista épico, puso en la obra tanto de sí mismo como el más lírico —solo que lo puso al modo impersonal, tomándose por ejemplar de un estado y una época—. La biografía de Balzac, que no encierra acontecimientos dramáticos por fuera, está, sin embargo, llena de intensas emociones, que exageraba una sensibilidad fogosa; dramas interiores proyectados después en los vidrios de la mágica linterna que se llama *La comedia humana*, mediante ese don de generalizar lo particular, propio de los grandes creadores. Por eso no cabe prescindir de la biografía de Balzac, clave de su producción novelesca. Las angustias del vencimiento de pagarés, las torturas morales de la quiebra, los terrores de la ruina de César Birotteau, los padeció Balzac.

Decíamos que acometió diversas especulaciones, metiéndose en empresas editoriales, en negocios de imprenta y fundición, que no solo le salieron mal de remate, sino que le atollaron en deudas. Era Balzac delicado y probo; quiso pagar y se impuso una labor hercúlea, de buey uncido al arado día y noche. A veces sentía impulsos de arrojarse al Sena, y no lo hacía por no defraudar a sus acreedores. Tuvo temporadas de no salir a la calle por no gastar ropa. «Vivo —solía decir— como liebre corrida.» Para trabajar más, comía a las cinco, se acostaba a las seis, dormía hasta media noche y a esa hora se levantaba, y entre silencio y quietud escribía durante catorce o dieciséis no interrumpidas horas.

Esta labor violenta, necesariamente malsana, es otra circunstancia que conviene no olvidar para explicarse las imperfecciones de la obra de Balzac, sus excesos y sus defectos. No es criatura nacida normalmente, sino extraída con el fórceps, cuyas huellas se señalan en las carnes. Intoxicado de café, braceando en un mar de tinta, anhelando para llegar al número de cuartillas exigido por el editor, trazó Balzac (que no tenía la producción fácil) muchas páginas maravillosas, modeló vigorosamente ejemplares típicos de humanidad; pero la genial fundición trae escorias y rebarbas, como el modelado desproporciones y descuidos.

Fue curioso que donde Balzac puso la mano para pretender negociar con desdicha, viniese después otro especulador y se enriqueciese. Una de las empresas de Balzac merece contarse porque revela el poderío de su imaginación y la increíble fuerza de su voluntad. El episodio parece de novela y es auténtico —¿quién ignora que la realidad en sus combinaciones es más novelesca que la ficción?—. Era, pues, Balzac muy aficionado a la lectura de Tácito, y en Tácito había visto que en la isla de Cerdeña existían minas de plata, explotadas por los romanos en otro tiempo. Se le incrustó la noticia en el magín, y hallándose en Génova en 1837, tuvo ocasión de hablar de este asunto con cierto industrial, al cual dijo que siendo imperfectos los sistemas romanos de explotación, debían de quedar en las abandonadas minas abundantes residuos de mineral. El genovés convino y quedó en enviar a Balzac a París muestras de los residuos: si el negocio prometía, lo explotarían a medias. Pasó tiempo y nada enviaba el socio; pero Balzac, que no cesaba de soñar en sus ideales minas de Cerdeña, empeñó alhajuelas, pidió prestado y juntó fondos para el viaje. Cinco días en el cupé de una diligencia, alimentándose con leche por ahorrar; travesía molestísima de Tolón a Ajaccio; espera en Ajaccio de la chalupa de un pescador de coral, que gasta otros cinco días en trasladarle de Córcega a Cerdeña, con la incomodidad y suciedad que se presume; al llegar a Cerdeña, cuarentena por causa del cólera, teniendo por lazareto la misma chalupa, aguantando las rachas a vista del puerto; desembarco al cabo de otros cinco días, en medio de una horda, en un país entonces bárbaro e inhospitalario; expedición a lomos de un mal rocín a través de montes y breñas, vadeando ríos con el agua a la cintura, en busca del distrito de Argentara, donde estaba el tesoro: tal fue la tremenda odisea de Balzac. Y cuando rendido, pero no exánime, llega al distrito de tan significado nombre, encuentra que aquel negociante de Génova, a quien se había confiado, estaba explotando la mina por cuenta propia: en las escorias y plomos había plata por valor de un millón de francos. Con tal motivo, Balzac escribía a uno de sus amigos: «He estado en Cerdeña y no me he muerto: he encontrado el millón que soñaba... pero en manos de otro, desde tres días antes de llegar yo. He sentido como un desvanecimiento... y cuento acabado».

Así la posesión del cerebro analítico más observador de la amarga realidad es compatible con el candor, con esa instintiva y temible confianza en nuestros semejantes, el mayor peligro en la vida de relación humana. Acuérdate de desconfiar, había dicho otro gran novelista; Balzac lo olvidó —y le costó recibir lección tan dura—. Rastros de la aventura de Cerdeña y de las demás empresas de su autor encontramos en la obra. La novela que empezó a dar a Balzac algún renombre, la original *Piel de zapa*, traduce ese mismo fantástico sueño de oro, que llenó la existencia de un hombre por otra parte desinteresado y desprendido hasta lo sumo. En una sociedad donde aparentemente se luchaba por idealismos políticos y religiosos. Balzac adivinó la verdadera fuerza que movía los resortes, la cuestión económica imponiéndose ya a las restantes. Este problema, Balzac nos lo ha hecho tocar con la mano, ver con los ojos de la cara. Su historia entera es un comentario de esa ley: comparadla a la de Lamennais, turbada por los problemas de la conciencia; a la de Jorge Sand, agitada por los de la pasión; a la de Víctor Hugo, devorada por el ansia de popularidad y renombre, y veréis que en Balzac solo hay (aparte de un romántico amor tardío, también cohibido y malogrado por el maldito dinero) lo económico, que le atormenta doblemente, por lo mismo que no es Balzac un vulgar codicioso, sino un poeta que aspira al oro, porque el oro, como dijo Bécquer, sirve para hacer poesía. Hombre de su época, y siendo su época la del refinamiento y exaltación del goce por la riqueza, Balzac quería ser rico para realizar sueños hermosos. El estudio de la fuerza implacable del dinero ha dictado las páginas tan conmovedoras de *Eugenia Grandet*, las desgarradoras de *Papá Goriot*, las escritas con vitriolo de *La prima Bette*, las fantásticas de *La piel de zapa*. Será inútil que Zola escriba más adelante una novela toscamente titulada *El dinero*, pretendiendo agotar la materia: solo conseguirá demostrar que el recargo de notas es una cosa, y otra la lucidez para sorprender y captar el alma de una tesis. Lo que podríamos llamar la piedad y el terror económicos, nadie los ha sentido ni los ha hecho sentir como Balzac.

El cual, a pesar de todo, jamás hubiese sido rico, porque era caprichoso y fastuoso —aspecto de su personalidad que también resalta en sus libros—. Una de las cosas que en mayores apuros le pusieron fue la adquisición de cierta casa de campo cerca de París, llamada *Les Jardies*, adonde van ahora en piadosa peregrinación los admiradores de Balzac, y que yo he visitado. La casa era mezquina, en declive, sin arbolado la finca —pero Balzac se enamoró de tan desagradable oasis—. Por poseerlo volvió a entramparse cuando estaba ya casi desempeñado, y se pasó de claro en claro las noches trabajando como un negro. La manía de Balzac era reunir en tan mezquina residencia las mejores joyas artísticas, lo más exquisito en mobiliario y decoración. Nos dice León Gozlan que los proyectos de Balzac para *Les Jardies* eran infinitos, y que sobre la pared de cada aposento había escrito con carbón las riquezas de que pensaba dotarla; y durante muchos años pudo leerse sobre la paciente superficie del estuco: «Revestimiento de mármol de Paros... Techo pintado por Delacroix... Tapicería de Aubusson... Pavimento de mosaico de maderas preciosas...». Nunca pasó este programa de la fantasía a la realidad; pero Balzac, tan moderno en todo, lo fue también en esta necesidad del interior rico y poético —anhelo que no vio satisfecho sino a las puertas de la muerte.

La comedia humana no merecería su título profundo, a no palpitar en ella la otra fuerza elemental de la vida, el amor, o (si la palabra parece timbrada de romanticismo) el instinto de reproducción y sus consecuencias pasionales y sentimentales. Y, en efecto: así como lo encontramos en la biografía de Balzac, lo encontraremos en su obra. La mujer influyó decisivamente en la existencia de Balzac, por lo mismo que aquel hombre grueso, pequeño, de facha prosaica, a lo Gaudissart, era un sentimental, casi un platónico, y necesitaba a la mujer para la comunicación espiritual principalmente. Sus amistades, sus afectos, entre mujeres los eligió. Sin hablar de su madre, su hermana, la duquesa de Abrantes, la duquesa de Castries, Jorge Sand, la Carraud, madama de Berny, la condesa Hanska, fueron modelos de esa serie de mujeres encantadoras y tan sentidas y verdaderas, que desfilan por los cristales de *La comedia humana*. Madama de Berny es la heroína de *La azucena en el valle*;[6] Camila Maupin es Jorge Sand; la duquesa de Langeais

---

6   En España ha solido traducirse le *lys dans la vallée* por el lirio en el valle; pero *lys* es azucena, a no ser que sea propiamente *lys*, la flor que figura en las armas de los Borbones, y que en la Naturaleza es roja, a pesar de la frase usual «las blancas lises» que parece indicar confusión con la azucena. Existe una flor blanca, muy fragante, llamada en castellano lirio del valle o combalaria; pero Balzac, en francés, la hubiese llamado muguet, que es su nombre.

es la duquesa de Castries —una coqueta que desesperó a Balzac—; Madama Carraud es el tipo de la mujer incomprendida, tipo que debe incluirse entre las conquistas de Balzac y las notas características del romanticismo: el *Quijote* de este tipo específico lo escribió Flaubert en *Madame Bovary*. Acaso ningún novelista superará a Balzac en el sentido y percepción del eterno femenino, perspicacia no incompatible con la ilusión realmente cándida y delicada que demostró en materias amorosas. El autor de la *Fisiología del matrimonio* y de los *Cuentos de burlas o gorja*, fue muy rendido y finísimo amante, como lo demuestra la historia de sus largas relaciones con la condesa Hanska, aristócrata rusa, con puntas y ribetes intelectuales, admiradora de Balzac, al cual, en los principios de su amistad apasionada, inspiró la idea, no muy feliz, de la novela místico-espiritista Serafita. Bien puede asegurarse que esta pasión sincera y constante, y contraída en la madurez, no favoreció al atareado y siempre ahogado autor de *La comedia humana*. Acaso excitó su imaginación de artista, pero contribuyó poderosamente a destruir su organismo, ya tan gastado, por las emociones del orden moral que le produjo. Las frecuentes, interminables ausencias, los recelos continuos de perder un bien tan estimado, la esperanza de asegurarlo, el dolor de ver correr años sin conseguirlo, debieron de contribuir a causar a Balzac el padecimiento cardíaco que le llevó al sepulcro. Diecisiete años perseveró en un sentimiento solo interrumpido por la muerte, y en el cual había todas las ternuras de la amistad y todo el fuego del amor. He leído en algún biógrafo que la condesa no pagaba ni estimaba en su valor el apego absoluto y extremoso de Balzac.

No existe, entre las novelas que Balzac pudo escribir (con los elementos autobiográficos y los caracteres de autorretrato que se encuentran, por ejemplo, en Albert Savarus), ninguna tan triste, amarga y hecha para sancionar el concepto más pesimista, como la vida íntima del propio escritor. Causa una impresión de fatiga, desaliento y piedad infinita considerar la eterna, febril, gigantesca labor de Balzac, su aspiración exaltada a ganar el desahogo y el reposo para los últimos días de la existencia, y con el reposo un hogar y la dulce compañía de una mujer; pensar que quien así combatía y se afanaba sin tregua era el gran autor de tanto estudio maestro, de tanto perfecto análisis; y ver que, al poner la mano sobre el fantasma de su dicha, iba el fantasma a deshacerse en niebla de cementerio. En marzo de 1850, hecho un cadáver, se unió por fin Balzac a la condesa Hanska; en agosto falleció. Se representó en su destino el dramático asunto de *La piel de zapa*: al cumplirse el deseo, se acorta y contrae la tela del vivir, y con la última y suprema aspiración, desaparece...

Cuando apenas quedaba de *La piel de zapa* un retacillo imperceptible, Balzac lanzó a la obra de toda su existencia esa ojeada lúcida con que en la postrimería se contempla el pasado en su conjunto; y suplicante, lívido, humedecidas ya las sienes por el sudor de la agonía, pidió al médico que le asegurase seis meses, seis semanas, seis días para retocar *La comedia humana*, eliminar las páginas inferiores, sobrantes, acentuar las hermosas y superiores. Dícese que el médico movió la cabeza y que este movimiento fue el tiro que remató a Balzac. Sea verdad o no, la insensata súplica de Balzac patentiza que en el grave momento comprendió dos cosas: que su labor está llena de imperfecciones, que es recargada, excesiva como una pagoda asiática, y que, con todo eso, su labor es su gloria, y que los demás afanes que le torturaron —posición política, sillón no obtenido en la Academia, antigüedades preciosas, riqueza—, eran apariencias, ilusiones, engaños; que él era novelista, creador de un género, y que, por eso y solo por eso, al caer sobre la almohada su cabeza inerte, empezaba su victoria.

V. La novela. Balzac. La «Comedia humana»

El primer impulso de sorpresa que causa la labor de Balzac es del género cuantitativo, y parecería poco halagüeño para un escritor, si no fuese que tal asombro (en quien no se limita a mirar la fila de volúmenes alineados, sino que calcula su importancia) se convierte en admiración a la intensidad de la obra. La sensación peculiar de Balzac, en conjunto, es de hercúleo vigor, ejercitado con lo que él mismo llamaba «infernal coraje».

La segunda impresión es de algo dinámico, en perpetua actividad. Hay obras de arte que nos parecen fundidas en bronce o cuajadas en mármol. Las de Balzac, a la vuelta de más de medio siglo, dijérase que conservan la fiebre, la agitación fecunda del acto creador, y también de la continua transformación que sufrieron bajo la pluma del que las escribió, o descontento y anhelante de mejorar lo producido, o dudoso en la concepción del plan general que hervía a borbotones en su mente y que definió tan tarde.

Los que vinieron después de Balzac —por ejemplo, Zola— encontraron trazadas las líneas de la obra épica y serial. La ambición de escribir con vistas al mundo entero tenía ya precedentes. Balzac, que abrió el camino (y probablemente lo cerró, o al menos lo obstruyó con su formidable personalidad), no supo en los primeros momentos, y acaso hasta los últimos, adónde se dirigía. Sus tanteos, sus corazonadas, sus presentimientos, sus intuiciones, su tenaz porfía, sin un instante de desaliento y descanso, son un caso de valentía y ejercicio de voluntad, en que la raza latina (y no hay que decir si Balzac es latino) afrenta a la sajona.

Nunca cesó Balzac de refundir, reducir, amplificar, suprimir capítulos, agregar páginas y partes enteras, anunciar novelas que jamás vieron la luz, proyectar otras que nunca escribió, rectificar la clasificación de sus libros; y Carlos de Louvenjoul, el paciente y documentado autor de la Historia de las obras de Balzac, nos dice: «Especialmente sus primeros escritos, han sido rehechos varias veces, y la versión definitiva es completamente diversa, como forma, de la versión original. Cuando acertó con el plan de *La comedia humana*, cambió y modificó también casi todos los nombres de los personajes, fuesen reales o imaginarios, de modo que encajasen mejor en el gigantesco monumento, y hasta la muerte prosiguió Balzac esta faena revisionista, siendo imposible indicar todas las variantes».

Las juvenilia de Balzac no figuran en la edición definitiva de sus obras, y en realidad no lo merecen. Son novelas publicadas bajo pseudónimos diversos, a impulsos de la necesidad, y en las cuales se ve el propósito de imitar a Walter Scott; esta poderosa influencia del novelista escocés sobre Balzac, que, como veremos, fue duradera y alcanzó a *La comedia humana*, orientó desde luego al imitador en un sentido del cual realmente ya no vuelve a desviarse: el histórico. En 1822, cuando Balzac, dejándose de tragedias, empieza a urdir novelas, el romanticismo, siguiendo las huellas de Chateaubriand en Los mártires, se impregna del sentimiento de lo histórico, se empapa en la pintoresca belleza del pasado, y tal movimiento, que transforma el lirismo y lo convierte insensiblemente en elemento épico, se refleja, no solo en los libros de los historiadores propiamente dichos, sino en la pintura, en la escultura, en el mobiliario y en la literatura de imaginación: a la cabeza, Walter Scott, adorado y reverenciado como un ídolo, desempeña ese papel tan característico de guiar a una generación literaria hacia un punto dado, para que al fin llegue a otro—. Detrás de Walter Scott escribió Víctor Hugo Han de Islandia y Nuestra Señora de París, y ¡oh mal empleada constancia!, continuó escribiendo, pasada la moda, Noventa y tres; detrás de Walter Scott fueron Vigny con Cinq Mars, Mérimée con la Crónica de Carlos IX, y hasta el propio Dumas con sus célebres Mosqueteros; mas también Balzac hubo de seguirle, primero en sus flojas novelas repudiadas, después en otras más fuertes, como Catalina de Médicis; y siempre dirigido por la idea romántico-histórica, llegó a darle verdadero cuerpo y sangre en la totalidad de *La comedia humana*, donde se disuelve el romanticismo.

Aunque Balzac repudie sus juvenilia, esas narraciones llevan la marca formal del autor. No es lo mejor de Balzac la forma, pero es inconfundible, y las primeras páginas descriptivas de *Don Gigadas* podrían ser el exordio de *Los labriegos*, una de las mejores creaciones de Balzac. El escritor —en Balzac de segunda, así lo entienden muchos críticos— no adquirirá cualidades relevantes de estilo ni al yunque de la producción y de la corrección continua. El que va a destacarse no es el escritor, sino el historiador —un historiador muy distinto del que trazó las páginas de *Quintín Durward* e *Ivanhoe*.

Balzac había principiado a publicar libros veinte años antes de que saliese a luz el prólogo de *La comedia humana*, el cual precede solo ocho años a la muerte del autor. Corrían impresas ya *Los chuanes*, la *Fisiología del matrimonio*, *La paz del hogar*, *La doble familia*, *La mujer a los treinta*, *La piel de zapa*, *El coronel Chabert*, *El cura de Tours*, *La abandonada*, *Luis Lambert*, la *Historia de los trece*, *El médico de aldea*, *Eugenia Grandet*, *Papá Goriot*, *La azucena en el valle*, *La solterona*, *Ilusiones perdidas*, *César Birotteau*, *La casa de Nuncingen*, *El cura de aldea*, *Beatriz*, *La musa del departamento*, *Un asunto tenebroso*, *El hogar de un solterón*, *Úrsula Mironet*, *Alberto Savarus*; enumeración incompleta que basta para explicar hasta qué punto la *Comedia humana*, aun cuando careciese de programa entregado al público, estaba en pie, con la relación de solidaridad que engrana los resortes de tan asombroso mecanismo. Desde que el programa aparece, en julio de 1842, se agregan a la labor ya realizada algunas páginas de las más salientes, como *Los labriegos*, *Los parientes pobres*, *El diputado de Arcis*, *Modesta Mignon*, *Honorina*, *Madama de la Chanterie*; pero quedan en proyecto, detenidas por la mano esqueletada que para el reloj cuando quiere, una tercera parte de los *Estudios* que habían de formar el conjunto, especialmente los *Estudios de la vida militar*, las *Escenas de la vida política* y los *Estudios filosóficos*. Comprende el programa de la *Comedia humana*, además de estos estudios, los de costumbres, vida privada, vida de provincia, vida parisiense, vida rural, y como remate o corona del enorme edificio, los *Estudios analíticos*, de los cuales solo poseemos uno, que por cierto no me resuelvo a incluir entre lo mejor de la obra, a saber: la *Fisiología del matrimonio*.

El prefacio de la *Comedia humana* es un documento que por sí solo bastaría para fijar los principales caracteres de la transición literaria de lo lírico a lo épico, del romanticismo al naturalismo. Compárese al célebre prefacio-manifiesto de Cromwell, de Víctor Hugo, ese agudo grito de rebeldía, esa reclamación vibrante de la libertad absoluta y anárquica del genio, con el Prefacio de Balzac, que es todo él un acto de sumisión del genio al método, a la observación y a las leyes científicas, físicas y naturales que rigen lo creado y se imponen a la criatura. En el manifiesto de Víctor Hugo, dijérase que a la humanidad le han salido en los hombros unas alas de cera, con las cuales intenta acercarse al Sol. En el manifiesto de Balzac no hay vuelo: hay la actitud de afirmar las plantas de los pies en la tierra; el estudio del hombre parte de la noción de las especies animales. Víctor Hugo no ve más que a sí mismo, el genio. Balzac ve cuanto está a su alrededor, y nos dice: «La sociedad se parece a la naturaleza, y determina en el hombre, según los medios, tantas variedades como especies zoológicas se conocen».

He aquí patente la evolución de lo individual a lo general, de la poesía a la ciencia. Los maestros que invoca Balzac son Geoffroy Saint Hilaire y Lamarck, como hoy invocó Brunetière, tan católico, a Carlos Darwin. Su aspiración es representar en libros el conjunto de la antropología social, según Buffon representó el de la zoología. La deficiencia de la historia es referir sucesos sin demostrar el mecanismo de móviles y causas, lo cual no puede hacerse sin estudiar la vida privada, la vida íntima de cada período. El ardiente deseo de remediar esta deficiencia acucia a Balzac, y confiesa que al pronto ignoraba cómo pudiera hacerse, toda vez que los mejores novelistas, hasta entonces, solo retratan una faz de la vida, solo crean dos o tres personajes; verdad que estos personajes ficticios tienen existencia más auténtica y duradera que los seres materialmente reales. Leyendo, sin embargo, a Walter Scott, halla Balzac reunidos el drama, el diálogo, el retrato, el paisaje, la descripción, lo maravilloso y lo verdadero; únicamente nota que falta la coordinación sistemática de tantos elementos. Quien coordine los elementos de la vida podrá realizar lo que no realizó el escocés... La sociedad francesa será el historiador, Balzac el cronista, y se habrá escrito, siquiera una vez, la historia verídica de las costumbres de una época.

Todavía le parece poco a Balzac. El historiador está obligado a desentrañar el oculto sentido de tantos hechos, para calificarlo y juzgarlo. Retratada así la sociedad, lleva consigo la razón de su propio movimiento. En armonía con esta necesidad, Balzac expone sus ideas y sus principios políticos y religiosos, de los cuales hablaremos. El prefacio de *La comedia humana* es curioso, porque demuestra cómo Balzac se daba exacta cuenta del mundo que ha creado, y que ansía completar si, colmando, el deseo de sus editores, le concede Dios larva vida. «Mi obra —dice— tiene su geografía como tiene su genealogía y sus familias, sus lugares y sus objetos, sus personas y sus hechos; como tiene su heráldica, sus nobles y sus burgueses, sus artesanos y sus labriegos, sus políticos y sus pisaverdes, su ejército, su universo, en resumen». Compendio de la existencia humana, las escenas de la vida privada representan la niñez y la adolescencia; las de la vida de provincia, las pasiones, los cálculos, el interés y la ambición; las de la vida parisiense, los vicios y el desenfreno, el sumo bien y el sumo mal; las de la vida política, las personalidades excepcionales que están fuera de la ley común; las de la vida militar, los períodos de anormalidad; las de la vida rural, el reposo vespertino (y dicho sea entre paréntesis, y a propósito del reposo, quizás en ninguna de sus obras desenvolvió Balzac dramas tan violentos como en las tres narraciones que forman el grupo aldeano). Tal fue el vastísimo plan de Balzac, y si no consiguió darle cima, tampoco ha venido después nadie que lo consiguiese.

Recordemos un instante la obra serial de Zola, los *Rougon Macquart*, no en páginas aisladas, sino en conjunto, y digamos sinceramente que Balzac todavía es el único creador de la única *Comedia humana*.

La idea épica de *La comedia humana*, más o menos concreta, es, sin embargo, antigua como las literaturas. Los vastos y ramificados poemas indios, por ejemplo, el *Mahabarata*, encierran una representación total, histórica, de la sociedad y las costumbres de su tiempo. Dejado aparte su sagrado carácter, otro tanto puede decirse de la Biblia. La *Odisea* y la *Ilíada* contienen el cuadro de una época, y en la *Odisea* especialmente hay una fiel transcripción de costumbres. En la *Eneida* tampoco falta este elemento social. La Edad Media recogió esa aspiración totalista, como recogió cuantas había legado la antigüedad; y las Sumas, predecesoras de las Enciclopedias, responden al mismo afán de abarcar en conjunto y organizar en sistema lo que cabe saber y conocer de la vida y del universo. Igual propósito inspira al Alighieri, y por algo se dijo que Balzac bebió su inspiración, y hasta buscó su título en *La divina comedia*, a la cual llamó su propio autor «el poema sacro en que colaboraron la tierra y el cielo», y donde se encuentra la representación cabal de la Edad Media, y especialmente del siglo XIII, con sus luchas, sus odios, sus utopías, sus ideas filosóficas y sociales, sus conflictos históricos, su arte, su misticismo, sus dramas de amor y sangre —lo que realmente tuvo a su alrededor el poeta, el ambiente que respiró.

Para llevar a cabo este género de empresas no basta proponérselas reflexivamente. Si alcanzasen el propósito y la paciencia, hubiésemos tenido muy diversos ejemplares de *Divina comedia* y *Comedia humana*. Hay en la obra de Balzac un cálculo y método que, a pesar de mil caprichos y digresiones, podríamos llamar severo; hay una demostración de tenacidad inquebrantable, que será siempre asombro de la crítica; pero lo que principalmente hay, y lo que no podía dejar de haber, es una disposición genial para aprovechar y transformar los datos adquiridos mediante aquella lucidez casi morbosa que él expresaba diciendo: «Desde niño poseo una sensibilidad para la percepción de lo externo, que me penetra a cada instante como un cuchillo agudo en el corazón».

Empezando por reconocer que el escritor más objetivo, más impersonal, más histórico, más enemigo del individualismo —son las señas de Balzac—, no es nunca sino un individuo genial, es decir, un ser de excepción, comprenderemos lo baldío de ciertas discusiones, en que se aquilata si lo que Balzac llama estudios son, en efecto, estudios, esfuerzos de aplicación para recoger materiales y anotar hechos, y si la sociedad que aparece en *La comedia humana* se parecía, rasgo por rasgo, al retrato que dibuja Balzac. Seguramente Balzac no miente cuando hace profesión de seguir un método científico, cuando invoca los nombres de Lamarck y de Geoffroy Saint Hilaire. No menos seguramente, Balzac no es, ni por asomos, lo que se dice un hombre de ciencia, y no existe contradicción entre esta verdad y el título que suele prodigársele de doctor en ciencias sociales. Para el literato, seguir un método científico significa la adaptación o la conformidad de su idea directriz con lo que la ciencia, en su actual desenvolvimiento, tiene indagado y reconocido; esto es lo que podemos llamar conocimiento suficiente; pero no es el conocimiento profundo y ordenado de la materia científica.[7] No necesita el novelista meterse en el laboratorio o encanecer sobre los libros especiales de una rama de la ciencia, para inyectar suero científico a su obra.

Es preciso recordar otra vez el nombre de Dante, clérigo grande, docto en muchísimas materias, pero docto a lo artista. Hasta diré que existe incompatibilidad entre la sabiduría especial y concentrada y el arte creador, y si Goëthe y Dante fueron manantiales de sabiduría, no hubiesen podido ser

---

7   También sería hacer crítica cominera, la más estéril de todas, el fijarse despacio en las deficiencias de información de Balzac. Las que primero me saltan a la vista son las referentes a España. A pesar de su amistad con Martínez de la Rosa, Balzac no se enteró mejor que los restantes escritores franceses, y uno de sus personajes españoles, verbigracia, lleva el divertido nombre de Don Hijos.

pozos y producir el *Fausto* y la *Divina comedia*. Los grandes artífices de vida y humanidad, como Balzac, Shakespeare y Cervantes, saben siempre muchísimo y de muchísimas cosas; pero el diablo que sepa cómo las saben, y no importa nada que las sepan truncada y hasta en parte erróneamente (así las supo el asendereado y lego autor del *Quijote*). A todos ellos se les podría aplicar lo que Chasles dijo de Balzac, con extraordinaria exactitud: «Repiten continuamente que Balzac es un observador, un analítico; era más o era menos: era un vidente».

Y si no lo fuese, ¿qué reflexión, qué meditación, qué labor de buey uncido al arado alcanzaría para escribir un solo grupo de *La comedia humana*? Con razón dice de él Sainte Beuve que poseía la intuición psicológica, aunque le faltó añadir (el ilustre crítico de los *Lunes* no fue ni aun equitativo con Balzac) que también poseía la psicología, y en altísimo grado. Y añade Sainte Beuve, como a pesar suyo: «Lo que Balzac no veía a la primer ojeada no solía verlo después; la reflexión ya no se lo devolvía. Pero ¡qué de cosas sabía ver y devorar de una sola ojeada! Venía, charlaba; él, tan embriagado en su obra y, en apariencia, tan lleno de sí mismo, sabía preguntar, escuchar con provecho, y hasta cuando no escuchaba, cuando parecía no ver más que a su idea y a sí mismo, salía llevándose cuanto necesitaba, y os asombraba al describirlo después». He aquí el carácter, el sello de la poderosa y rápida asimilación, que no es fruto de ninguna gimnasia racional, que es gracia de naturaleza. Y acaso existe una oposición absoluta entre este don de devorar maravillosamente las cosas y el esfuerzo bovino de aprenderlas para no poseerlas.

Tal es el punto de vista en que conviene situarnos para decir si es o no exacta y verdadera la pintura que hace Balzac de la sociedad de su época en *La comedia humana*. Eterna discusión que surge cada vez que aparece un pintor de costumbres. No hace muchos días he leído que don Ramón de la Cruz (el que con alarde gracioso y no del todo infundado se preciaba de escribir la historia de su tiempo) no nos dejó fiel reproducción de la España manolesca. De Pereda he oído repetidas veces que había hecho la Montaña a su gusto; y de Mérimée, que inventó a Córcega. Los tres ejemplos citados son de escritores localistas. Balzac abarcó amplísimo espacio; por de pronto, su patria entera. Además, Balzac, como buen vidente, no sería nunca el realista concienzudo que recibe impresión fuerte de los objetos exteriores, y la refleja. Aquella sensibilidad aguda y afilada como daga buida, que le hería continuamente el corazón, le permite ahondar en el alma de una época y en el alma humana de todas las épocas, en lo cual está el secreto del alcance y virtud de los grandes videntes, Shakespeare, Dante, Cervantes.

El criterio que debemos aplicar para juzgar de la exactitud con que Balzac reprodujo la fisonomía de su época, y para decidir también si cumplió su programa de escribir la historia del sentimiento fibra por fibra y la historia social en todas sus partes, es justamente prescindir de si hay en *La comedia humana* algo que no es fiel y nimia reproducción de determinado aspecto de aquella época sugestiva, agitada y crítica de 1793 a 1850, sino atenerse a la impresión de verdad general que se desprende del conjunto, sobre todo de los caracteres y los tipos de humanidad, que hoy encontramos como entonces, descontada la diferencia de ambiente y circunstancias. Es precisamente lo curioso de *La comedia humana*, que lleva fecha y no la lleva; que es el Imperio, la Restauración y los Orleans, pero encierra un sinnúmero de páginas de completa actualidad, porque son naturales, analíticas, y estudian pasiones y flaquezas de entonces, hoy y siempre. La vida militar, la vida literaria, la vida política, la vida íntima de un período, pueden, sin duda, diferenciarse de las de otro período, con diferencias típicas bien marcadas; un costilla de hierro de Cromwell, rezador, austero e iconoclasta, no es un granadero de Napoleón; las duquesas y vizcondesas literarias, marisabidillas, de Balzac, no son las damas automovilistas y americanizadas de ahora; y un encanto peculiar de Balzac acaso sea ese privilegio de energía en la transcripción, que nos permite imaginar que hemos vivido en la sociedad de la Restauración y Luis Felipe, que hemos frecuentado las casas, los bailes, los sitios todos adonde nos conduce el novelista. Sus novelas son fragmentos de historia, infinitamente más históricos que los anales que hayan podido quedarnos de ese tiempo. Brunetière afirma que las novelas de menos valor histórico son las que llevan al frente el rótulo de históricas, y que un tipo militar estudiado por Balzac nos enseña más respecto a esa fase de la historia de Francia que todos los documentos del archivo del Ministerio de la Guerra.

No lamenta, por cierto, el eminente y seguro crítico francés —de quien difiero en varias apreciaciones, aunque no en esta— que Balzac no haya tenido tiempo o fuerzas bastantes para llenar del todo su programa de *La comedia humana*. Era probable que desnaturalizase la idea al pretender darle mayor precisión y rigor de lo necesario, al hacerla más artificial, transformándola en lógica y geométrica. Siempre existía ese peligro, y, como hemos notado, la reflexión, el cálculo, el plan y método que pide la labor científica, no son prendas seguras de felicidad en la artística —aunque al tratarse de Balzac no sea el arte, o mejor dicho, la belleza, sino la verdad, lo que resalta—. Puede resentirse de la idea reflexiva una concepción tan ardiente, tan viviente como la que Balzac trasladó al papel; pero es lo más probable que el arranque creador triunfase por último, y que la Comedia se completase sin perder esa espontaneidad y esa ebullición calenturienta de vida, «sorda, inconsciente, incoercible» que late en toda la obra.

Me apresuro, sin embargo, a declarar que *La comedia humana*, al lado de la impresión de realidad histórica que produce, causa otra que encuentro expresada por Sainte Beuve, cuando dice: «Balzac; no contento con observar y adivinar, no pocas veces inventaba y soñaba». Sí, hay en *La comedia humana* buen contingente de sueños y aun de visiones; pero he aquí cómo me explico este elemento, que, bien mirado, forma parte de la realidad, puesto que en lo íntimo de nuestro ser lo llevamos, y con nosotros va desde la cuna a la huesa. No es Balzac, no es propiamente el autor quien sueña con los místicos y los teósofos; es su misma época —y así cumple Balzac el deber del retratista— la que sueña en sus libros. Pueden incluirse, en este sentido, los sueños y las visiones de Balzac, en el número de aquellos documentos humanos por él aportados y cuya cantidad admiraba a Taine. Eran los cuartos oscuros del enorme edificio irregular que erigió. Como sucede a la mayor parte de los creadores, Balzac se equivocaba respecto al alcance de su genio, y lo confundía con la voluntad reflexiva. Hay un párrafo curioso puesto por Davin en boca de Balzac, y mejor se dijera, puesto por Balzac en pluma de Davin.[8] Lo extracto: «No basta ser un hombre; hay que ser un sistema. Walter Scott labró sillares; pero ¿dónde está el monumento? Vemos los seductores efectos del análisis, y no vemos la síntesis... El genio no es completo sino cuando une a la facultad de crear la de coordinar sus creaciones... No basta observar y pintar; hay que hacerlo con algún fin... Si queréis arraigar como un cedro en nuestra literatura de movediza arena, sed Walter

---

8   Félix Davin, a quien Balzac dictaba o inspiraba los prefacios explicativos de sus obra.

Scott, y arquitecto además... Vivir en literatura hoy, es menos cuestión de talento que cuestión de tiempo. Y antes de que os pongáis en comunicación con la parte sana del público que juzgue vuestra valerosa empresa, habrá que beber diez años en la copa de angustia, aguantar burlas, sufrir injusticias, porque el escrutinio en que vote la gente ilustrada se hace bola tras bola». Años después, Emilio Zola manifestará su propósito de ir echando a la calle libros y libros, para que cuando formen un montón muy alto se detenga la multitud sin remedio y se entere de que están allí —al contrario de aquellos románticos a quienes hacía inmortales un tomito de versos...—. Es la idea reflexiva, la aplicación del concepto de fuerza y trabajo, que transforma a materia aplicando leyes científicas a la creación de arte. Es la estética del positivismo, fórmula nueva de Balzac.

VI. La novela. Balzac. La personalidad literaria

Indicado ya el plan y sentido de *La comedia humana*, es tiempo de considerar el valer propio de su autor, la esencia de su personalidad literaria, sus condiciones y cualidades peculiares de literato y de artista.

Desde luego se advierte que la observación, en Balzac, no tiene afinidades con lo que más adelante llamarán observación los naturalistas de escuela. La observación en Balzac es aquel don natural de devorar las cosas, y a pesar de su riqueza pasmosa de referencias y detalles, datos y hechos menudos (que existían como existen las cosas familiares y verdaderas, a las cuales nadie presta atención hasta que el arte las pone de manifiesto); a pesar del admirable axioma que Balzac formula —«antes todo era relieve, ahora se trabaja ahondando»— ello es que no nos figuramos al autor de *La comedia humana* tomando notas en una cartera, clasificándolas, formando un prolijo expediente antes de escribir una novela, como hizo después Zola al recoger y querer realizar por cuenta propia la idea de *La comedia humana*. Ni aun le comprendemos extractando un libro, por más que su obra demuestre con evidencia copia de lectura y conozcamos sus etapas de encerrona en bibliotecas.

Lo que le concedemos es vista de ojos, trato de gentes, conversación, práctica del vivir, lección de cosas incesante, recibida al pasar por distintos medios y varias profesiones, en estados si no de miseria, por lo menos de apuro y combate encarnizado. Balzac no podía contarse entre los legos, pero se cuenta en la escasa falange de los hombres que con su ardiente mentalidad dominan completamente a su cultura y en ningún caso son dominados por ella. Como en todo individuo de excepción, en Balzac no es lo adquirido, es lo natural, lo que hace el gasto, lo que vale, lo que se impone. Por eso muchos opinan que no es Alejandro Dumas padre, sino Balzac, quien debió ser calificado por Michelet de «fuerza de la naturaleza». Si en toda la literatura del mundo se hubiese perdido el don de la espontaneidad, a Balzac sería preciso acudir para encontrarlo, a pesar de lo tenazmente que mascaba sus obras.

Tenemos que adherirnos a la opinión de Sainte Beuve; según él, en semejante complexión de escritor, la parte de inventiva tiene que ser más considerable aún que la de observación y estudio. La inventiva, en an novelista como Balzac, que no emplea los procedimientos hasta él empleados, que es objetivo y épico, no se reduce a discurrir una fábula cuando la realidad no se la proporciona hecha; en Balzac, como en Cervantes, la inventiva va al fondo de los pensamientos, de los sentimientos, de los intereses humanos, y se confunde con la adivinación y la segunda vista, y a veces, por la, misma acuidad de la visión, llega hasta la alucinación, forzando y extremando el sentido arcano y oculto de las apariencias vulgares.

La inventiva inferior del novelista es la de la fábula, de lo que se llama el asunto o argumento, y no sería difícil probar que el asunto de las mejores novelas ha sido tratado en otras detestables, así como los argumentos de los dramas de Shakespeare se encuentran en mediocres y olvidadas producciones teatrales anteriores. Todo va en la personalidad del autor.

El mérito de Balzac no estribaba en la fábula, ni sus novelas de argumento complicado y sensacional son las mejores. Lo que distingue a Balzac es que, así como Rousseau y Bernardino de Saint Pierre trajeron a la novela el paisaje, Balzac trajo los objetos y el dinero. Antes de Balzac, dice acertadamente un crítico, no hay novelas vestidas ni amuebladas, y yo agregaría: ni novelas en que los héroes dependan de la bolsa (a excepción quizás de *Gil Blas* y *Manon Lescaut*). La novela se había considerado género de mero entretenimiento, como han seguido considerándola todavía en nuestros días algunos escritores clásicos (citaré, entre nosotros, a don Juan Valera); por lo tanto, no se escribía para escudriñar la vida social, ni para disecar el corazón humano fibra por fibra, sino para narrar un episodio, generalmente amoroso, generalmente de juventud —recuérdese la mayoría de las novelas románticas, y dígase si fueron otra cosa— (excepto las de aventuras). En esa cualidad secundaria de la invención del asunto, Balzac quedaría por bajo de Alejandro Dumas padre, y hasta del autor de *Las memorias del diablo*, a quien Julio Janin, apaleador concienzudo de Balzac, anteponía a éste por «el movimiento y los incidentes variados». Así es que, al hablar de la invención en Balzac, me refiero principalmente a la invención de caracteres, presentados en un medio real, rigurosamente histórico en los grandes rasgos, y de una exactitud geográfica que recuerda la de Dante. Esa invención de caracteres es la creación de seres vivos «haciendo competencia al registro civil».

Sin duda los caracteres presentados por Balzac existen, y a no ser así no valdrían cosa; pero el novelista no pudo observarlos todos en su inacabable serie, ni retratarse en todos, como diz que se retrata en *Alberto Savarus*. En sus novelas —él mismo nos lo afirma—, a pesar de la fidelidad en reproducir las costumbres, no hay clave; apenas si la malignidad señaló dos o tres figuras que pudiesen corresponder a personas de carne y hueso, famosas en los anales de la sociedad parisiense o de las letras, como la Camila Maupin, que en lo físico recuerda a la actriz Georges y en lo moral tiene rasgos de Jorge Sand. Es evidente, pues, que los caracteres de Balzac son inventados, creados, pero creados sobre la vida, con pasta de verdad interna y externa, y he aquí una de las enormes superioridades de Balzac respecto, no solo de Walter Scott, Jorge Sand y los novelistas de aventuras y lances, sino del ilustre Flaubert, que solo creó dos o tres caracteres marcados con el sello vital, y de Zola, que no creó caracteres, sino tipos, lo cual es muy diverso, y conduce fatalmente a generalizar, a caer en la abstracción y en la mentira.

No solo es Balzac un inventor de caracteres, sino que —y no puedo menos de nombrar a Shakespeare, en quien observo otro tanto—, a pesar de su adhesión a lo real, es un idealizador del carácter; es decir, que entre sus caracteres abundan los individuos extraordinarios, dotados de tal fuerza de individuación (en diversos sentidos), que nunca podrían confundirse con ese vulgo medio cuya pintura prefirió, veinte o treinta años después de Balzac, la escuela naturalista. Brunetière asegura, con razón, que no es en *Rojo y negro*, de Stendhal, donde hay que buscar los profesores de energía, y —añadiría yo— los cerebros de complicadas ruedas, sino en diversas obras de Balzac, a pesar de las profesiones de fe democráticas (democráticas en arte) que podemos encontrar en su teoría. Lo verdaderamente democrático en arte no consiste en tomar por modelo a una labriega o una criada de servir mejor que a una señora; lo democrático es retratar la verdad, si se quiere, pero la verdad insignificante. Una criada de servir, entendida como la Rabouilleuse de un *Un menaje de soltero*, o como la Cochet de *Los labriegos*, deja de ser carácter vulgar y sin sentido.

Entre los personajes de Balzac, que forman un mundo, hay algunos estudiados con tal ahínco y relieve, que la vida intensa del alma humana está en ellos en acto continuo. Con igual penetración ha creado los caracteres masculinos que los femeninos, particularidad propia del gran inventor de caracteres, pues hay novelistas y dramaturgos de alta fama, cuyas mujeres son totalmente convencionales. Y es otra cualidad de Balzac: imprime sello de carácter hasta a los personajes meramente episódicos, que no hacen sino cruzar por la escena y resaltan un minuto, cómo pueden resaltar los protagonistas, de quienes habla extensamente. No es el menor encanto de Balzac ese don del apunte, del boceto, de la mancha intensa, propio de los pintores geniales.

El vigor psicológico de ciertos caracteres de Balzac llega a revestir proporciones imponentes, que recuerdan el mar en días de tormenta, la emoción terrorífica de aquello cuyos límites no discernimos. Véase la terrible figura de Felipe Bridau (*Un hogar de soltero*). Felipe Bridau es el estudio más completo de una psicología modificada por el medio y la concurrencia vital: es el hombre de presa, que pudo ser héroe y paró en bandido, pero bandido social, que elude las responsabilidades ante la ley. Demuestra Felipe Bridau que la guerra, al establecer estados anormales, anormaliza también los caracteres y los prepara a mantener en la paz el mismo estado belicoso, pero sin la generosa y franca exposición al peligro y sin la aureola de la gloria. Abismos de psicología son Papá Goriot, Luciano de Rubempré, el padre de *Eugenia Grandet*, el abate Troubert, Marneffe, Crevel, César Birotteau, Beatriz; la prima Bette, *Eugenia Grandet*, Úrsula Mirouet, la duquesa de Langeais, *La musa del departamento*, Baltasar Claes, ¡y tanta y tanta figura de segundo término, en que la indicación, por lo firme y segura, equivale al estudio detenido y concentrado!

Dícese comúnmente que Balzac fue novelista épico; creo llegado el momento de notar que en Balzac, al lado del positivismo histórico, hay una propensión constante a dramatizar la epopeya. Su vasta obra hubiera debido llamarse, más que *Comedia humana*, *Drama humano*. En efecto, hasta lo cómico de Balzac es cómico dramático. Se ha dicho de Balzac que, así como no tiene distinción ni elegancia, no tiene chiste, ni humorismo, ni *esprit*; y acaso sea cierto, si consideramos el chiste, el *esprit* y el donaire como algo que provoca, no a meditación, sino a solaz y risa. Los tipos de Balzac encierran un sentido cómico demasiado hondo: son crueles, son amargos, como amargas son la vida y la realidad. Balzac no es de los que divierten, en el sentido inferior y trillado de la palabra. La malignidad de Julio Janin, al poner en la misma línea a Paul de Kock y a Balzac, pudo ir más allá, y anteponer al chocarrero autor de Gustavo el calavera; seguramente ha arrancado más carcajadas, y los mozalbetes le prefieren. Balzac veía el drama, la comedia dolorosa, a lo Molière; nunca el sainete, ni aun cuando retrata tipos tan grotescos como el ínclito Gaudissart.

Pero cuando digo que veía el drama, conviene añadir que era el drama natural, por decirlo así, que encierra toda vida, aunque algunas veces llegase a la exageración de los caracteres dramáticos, como en la *Historia de los trece* y *La última encarnación de Vautrin*. Es curioso que el novelista, a quien se rechaza del teatro considerándole incapaz de un éxito alumbrado por candilejas, sea el hombre más inclinado a dramatizar y a sugerir la preocupación dramática, hasta sobre la base de insignificantes asuntos. Y es que Balzac posee, al lado de aquella «viva sensibilidad» que le acuchillaba el corazón, una imaginación fogosa, plástica, volcánica y sin freno, no al estilo de Dumas ni de Sue, pero no menor ni menos rica. Dícese que era premioso y difícil en la labor literaria, pero yo creo que el exceso de ideas y planes y materia ígnea en su cerebro es la causa de esta especie de dificultad, parecida al tartamudeo de los que hablan emocionados, con atropello de conceptos y períodos. Si su premiosidad naciese de aridez, no se explicarían sus incesantes variaciones y refundiciones del texto. No hubo, al contrario, novelista más abundante, más ahogado en sobreproducción, y pudo decir de sí mismo lo que otro ilustre novelista contemporáneo: «En mí es una secreción la novela».

Lo dramatizado en Balzac —hasta cuando la imaginación y no la realidad es la que suministra el terror dramático, sin cuidarse de la verosimilitud— es siempre fuerte y ejerce sugestión, mayor que la ejercida por otros escritores, excepto por Edgardo Poe y Hoffmann. Compárese, por ejemplo, la ejecución de Milady en *Los tres mosqueteros*, y el castigo de la coqueta duquesa en la *Historia de los trece*, o la degollación del bretón delator en *Los chuanes*. Y la inclinación a dramatizar y el poder dramático de Balzac se demuestran, tanto o más que en los sucesos que refiere, en las descripciones, penetradas de una especie de fatalidad, de un sentido de misterio, vibrantes de emoción secreta, indefinible, que nos anuncia algo próximo a suceder o que ha sucedido ya, y cuya huella conservan los objetos. Las descripciones de Balzac son efectivamente largas, minuciosas, a toques lentos como los cuadros de la escuela holandesa; pero es que en la descripción está ya el drama asomando y como insinuándose en nuestra mente. Alguna de estas magistrales descripciones guarda con el asunto la misma conexión que la sinfonía o el preludio con la partitura. Balzac no describe jamás por describir, porque un lugar o un paisaje encantaron sus sentidos y solicitaron su pluma. Al describir, lo que hace es situar en el medio ambiente el drama, dentro de la verdad psíquica que presta significación a los hechos materiales. Los objetos tienen su lenguaje, y este lenguaje lo ha interpretado como nadie el vidente Balzac. La escuela, más adelante, llegará a desquiciar, exagerándola, esta relación profunda de nuestro espíritu con lo que nos rodea, y las tres descripciones consecutivas de París en Una página de amor, aunque trozos de muy bella factura, no nos producirán el efecto revelador y dramático de la descripción de la villita de Guérande en Beatriz, o la selva de Aigues en *Los labriegos*, que son, más que descripciones, pedazos de alma anticipados y entregados a nuestra avidez psicológica. Hay que saber leer estas descripciones; si las saltásemos, llevados del vulgar afán de ver «lo que sucede», realmente habríamos perdido el tuétano de la obra de Balzac. Debo decir, porque a ello obliga la sinceridad, que a veces Balzac se enreda en esta parte de su labor, no mide las proporciones (ya se sabe cuán de prisa trabajaba; para abreviar hay que tener tiempo) y llega tarde a lo que propiamente se conoce por drama y acción. Así le sucede, verbigracia, en la novela *Los labriegos*, en la cual el suceso dramático, el asesinato del guarda Michaud, ocupa tres páginas y viene precedido de una interminable serie de estudios de ambiente y medios, grabados muchos de ellos al aguafuerte con el sentido humorístico más encantador —como, por ejemplo, las páginas del timo de la nutria—, pero que, reducidos a la mitad, bastaban para armonizar los elementos de ficción y observación.

Hay que resignarse: Balzac debe leerse a veces, como se lee a los historiadores, a Macaulay o a Suetonio, con la diferencia de que la preparación lenta de su lectura hace estallar más vivamente la emoción dramática. Si falta el drama en los sucesos, está delicadamente envuelto en la psicología, como pasa en *César Birotteau*, asunto esencialmente burgués y vulgar, que la fuerza analítica de Balzac eleva a las proporciones de conflicto terrible, lucha épica de los intereses materiales en la sociedad contemporánea.

El estilo en Balzac forma parte de los procedimientos nuevos y especiales que el gran innovador aporta al género. Desde luego, es un estilo muy distinto del que empleaban los románticos, y en el cual se nota la huella que imprime la poesía lírica. En la novela romántica (salvo excepciones, como Adolfo, que está escrito de un modo seco y sencillo) abunda siempre la retórica, y esto cabe decirlo, en primer término, de las novelas de Jorge Sand, escritas con láctea fluidez, pero escritas en prosa poética. Cualquiera de los que precedieron a Balzac, y también de los que le siguieron (Flaubert, Zola, Daudet), se ha preocupado más de lo verbal y formal que el creador de la *Comedia humana*. Es seguro que el estilo, aisladamente, no importó a Balzac: lo miró como medio de decir lo que quiere, o de insinuarlo con ese calor interior, esa vibración y estremecimiento de vida que es preciso reconocerle. Balzac, no cabe duda, sea por instinto o sea por reflexión y estudio, y lo primero me parece evidente, sabe su idioma tanto como el que más, según afirma Taine; lo sabe desde sus primeros orígenes y verdores y retoñares literarios, y basta abrir los *Cuentos de gorja* (*Contes drolatiques*) para cerciorarse de ello. Pero no se forma un estilo literario por conocer a fondo el idioma, y hay ignorantes de todo elemento gramatical y retórico que son extraordinarios estilistas naturales. Evidentemente, Balzac, aparte de los juegos retozones de los Cuentos, en la labor de la *Comedia humana* no aspira a hacer estilo, ni aun arte riguroso, sino que, como dijo felizmente Brunetière, el arte de Balzac es su naturaleza y su temperamento.

Acerca del estilo de Balzac encuentro dos opiniones opuestas, y las dos de monta: la de Brunetière y la de Sainte Beuve. Sainte Beuve lo definió como una eflorescencia que hace temblar la página; como un estilo cosquilleador y disolvente, enervado, rosado, jaspeado de todos los matices, deliciosamente corrompido, asiático y flexible como el cuerpo de un mimo antiguo, que adopta cualquier postura. Sainte Beuve no es nada tierno para Balzac (dícese que le guardaba rencor por haber rehecho, en *La azucena del valle*, la novela Volupté), y, no obstante, su definición acusa un estilo de escritor peritísimo y refinado, mientras Brunetière entiende que la definición repugna al verdadero modo de ser de Balzac: «Como escritor —dice— no es de primer orden; ni siquiera cabe decir que recibió del cielo, al nacer, prendas de estilista, y en este respecto no podemos ni compararle con algunos de sus contemporáneos, como Víctor Hugo y Jorge Sand». El detallado análisis que sigue a este fallo nos muestra a Balzac expresándose frecuentemente en galimatías, corrigiéndose para estropearse más, no escribiendo ni con casticismo, ni con pureza, ni con claridad; pero dado que Balzac no se propone la realización de la belleza, sino la representación de la vida, animando y vivificando, mediante un talismán secreto suyo, todo cuanto ha querido representar, no conviene decir que escribió mal ni bien, sino que escribió como es debido. La revolución que hace Balzac en literatura no es de forma, sino de fondo; inferior en lo verbal, su grandeza en lo substancial es la que le ha valido subir tan alto después de su muerte. Y en efecto, yo debo reconocer, a pesar de mi afición invencible a la belleza del estilo, que la vida es un don todavía más rico y precioso, y que los autores solo admirables por la forma caen en olvido antes que aquellos capaces de insuflar a su obra aliento vital. Es la fábula de Pigmalión, aplicable al arte siempre. Sin duda, saludamos al gran estilista en Teófilo Gautier, pero está muy olvidado ya; lo único que le salva es una idea: su teoría del arte por el arte. Y a Flaubert, admirable cincelador, no es el estilo, es la observación de la vida expresada con el estilo, lo que le sitúa entre los maestros.

En cuanto al estilo de Balzac, o mejor dicho, a su forma literaria, no cabe en la definición de Sainte Beuve. El estilo de Balzac es tan enérgico por dentro, que hace tolerar y hasta beber con gusto las digresiones y las descripciones detalladas. Entre el estilo brotan, traídos por la misma fuerza del asunto, párrafos de una belleza de realidad que sobrecoge; frescos y retratos que parecen de Goya. La comparación de Balzac con Goya se me ha venido frecuentemente a la pluma. Son dos «pintores universales» históricos, de la historia de su tiempo; son juntamente dos alucinados que van infinitamente más allá del realismo vulgarista, servil y fiel como un perro; son dos temperamentos desatados, en los cuales la vida es la cualidad maestra, a la vez que el modelo y el asunto; son dos retratistas de la mujer, del misterio femenino, de las elegancias y corrupciones de una época, dos agudos psicólogos sociales; son dos creadores en perpetua erupción de volcán, arrojando ya llama, ya lava, ya humo, ya escoria, desiguales en su producción, y condenados a no hacer obra parcial que pueda llamarse definitiva y perfecta, debiendo buscarse la perfección y lo decisivo de su labor en el conjunto, no en un trozo aislado. Son, por último, dos que se cuidan más del ser que del bien y de la perfección, imitando en esto a la naturaleza, según la afirmación de Leopardi. De los dos puede decirse que trazaron la historia contemporánea, y que dentro de su patria descubrieron la vida local, y aun la vida regional.

Este aspecto de Balzac no hay que echarlo en olvido: es un novelista que sale de París y recorre los departamentos, estudiándolos con una justicia y una precisión que no han superado después los localistas especiales, encerrados, como nuestro Pereda, en su huerto. Y es que Balzac no es un costumbrista, sino un historiador analítico de las costumbres, y quisiera hacer resaltar la diferencia. Un costumbrista (Trueba, Fernán, Pereda) es siempre un poeta apologista (poeta de mayor o menor altura) de una comarca. Balzac estudia la provincia sin ternura, con el amor acre y viril del pintor al modelo, que quiere retratar si cabe hasta la medula, pero sin idealizarlo. Y la España local de Goya, que no está favorecida, se asemeja en esto a la Francia local de Balzac, admirable parte de su labor, que por sí sola bastaría para ganarle la inmortalidad. Si hubiera dos Balzac; el de los estudios de provincia y el de los de París, los dos serían colosos.

Clasificar a Balzac, incluirle no en una escuela, sino en una tendencia general literaria, no puede hacerse sin distingos y restricciones. Naturalista, lo es, aunque, sin duda, ni la retórica, ni la filosofía, ni los cánones de la escuela que de él procede sean los mismos que él profesaba: a su tiempo veremos la diferencia. Realista es también, por la noción de la importancia de ciertos resortes que la novela antes había desdeñado, por la acción de esas mil cosas íntimas, menudas, si se quiere, que tanto influyen en el desarrollo de la vida humana. Y romántico, lo es en gran parte, no solo porque queda en él enorme cantidad de levadura romántica, sino porque su obra está asentada y arraigada en época y terreno ultrarrománticos, y el ambiente le obliga a no prescindir del romanticismo, aunque le impulsen las nuevas corrientes objetivas y positivas. Considerando esta heterogeneidad de la obra de Balzac, es exacto lo que de ella dice Emilio Zola al comparar la *Comedia humana* a una torre de Babel, que el arquitecto ni tuvo ni hubiese tenido nunca tiempo de terminar: «El obrero ha empleado cuantos materiales

90

encontró a mano: yeso, cemento, piedra, mármol, y hasta arena y barro de los fosos». La sensación de inarmonía, de desequilibrio, de barroquismo que causa la *Comedia humana* a los que más la admiramos, es lo característico de la obra de transición, en la cual, que su autor quiera o no quiera, al servir de puente entre dos épocas literarias, la tierra y la arena de las dos orillas se ha de mezclar al ludir del agua, y no han de poder ocultarse los materiales que confluyen y representan lo presente y lo pasado.

VII. La novela. Balzac. Sus ideas políticas, sociales y religiosas. Su influencia

Cuando se erige un monumento, todo lo imperfecto que se quiera, pero de la magnitud que es imposible negar a la *Comedia humana*, no puede sernos indiferente el concepto del mundo, de la sociedad, de la naturaleza y de lo que a la naturaleza no puede reducirse, que tenga su autor. Balzac no es un artista tan solo, ni acaso es en primer término un artista; reproduce lo visto y observado (no siempre, como sabemos), pero analíticamente, que es una forma de meditación. En todo gran observador, a quien no le bastan formas y superficies, hay un moralista involuntario. En Balzac, el moralista era voluntario, y hemos visto la gradación que se imponía y que imponía al plan de la *Comedia humana*: primero pintar, luego contemplar el cuadro, después deducir lo que de él se desprende.

No basta, sin embargo, el propósito de contemplar el mundo con ojos de moralista. Es preciso que detrás de esos ojos haya un cerebro poderoso y fuerte. Víctor Hugo tuvo, como nadie, intenciones de juzgar al universo —creencias, ideas religiosas, instituciones políticas—, sin que sus vuelos apocalípticos en verso y prosa hayan contribuido nunca a iluminar la mente humana. Zola, al final de su carrera, demostró (si le negásemos las filosóficas) pretensiones sociales, que no son para tomadas en serio. De Jorge Sand pudo decirse otro tanto.

En general, la literatura romántica, desde su segundo período, venía agitando problemas de conciencia, de acción social, casi siempre —nótese esta particularidad—, en el sentido de protesta y rebeldía contra la sociedad tal cual la encontraban constituida, hasta llegar al lindero de la perfecta utopía, de la reclamación de todas las libertades, igualdades y expansiones humanas. Recuérdense las tesis de Jorge Sand, sus reivindicaciones sucesivas de la libertad en amor, de la abolición de las diferencias de clase, del matrimonio, sus himnos al pueblo, su vaga fraternidad, su ideal de bondad y de paz entre los hombres —todo el material que, usado y deslucido, recogió Zola para refrescarlo en sus Evangelios—. Recuérdense las tendencias del *Judío errante* y los *Misterios de París*, y no se recuerde, porque hoy nadie lo ha leído, el a su hora célebre Viaje a Icaria, de Cabet que, como antaño el

Telémaco (solo que con sentido exactamente contrario), es, en forma novelesca, un tratado de filosofía y economía política y social. Fijémonos en que toda esta literatura de tesis, reformista y demoledora, forma una cadena no interrumpida, desde el *Último día de un condenado a muerte* hasta *Trabajo* de Zola. He aquí cómo podríamos discutir la afirmación de un insigne crítico, que suponía que la novela no volvió a ser, después de Balzac, lo que era antes. La novela social a lo Sue, a lo Cabet, no murió; tiene siete vidas. Lo que hizo Balzac fue sentenciarla a inferioridad eterna.

Balzac —se me dirá— también elaboraba ideas, y también se cuenta en el número de los novelistas sociales. Exacto, y nadie negará que *El médico de aldea* es novela de tesis. Solo que, al mismo tiempo, es novela de observación y verdad, y la tesis social, en esta como en las demás obras de Balzac, nunca llega a convertirse en utopía. Las ideas sociales y políticas de Balzac pueden ser reformadoras en algún sentido, sin dejar de ser monárquicas y autoritarias; pero la realidad le tuvo sobrado embebido y macerado en su jugo amargo y tónico para que se perdiese en Icarias y falansterios, en los sueños de edad de oro y en las nivelaciones por el amor. Ni aun cuando inventa puede inventar Balzac así; sus invenciones abultan o exageran la verdad, mas no forman un mundo quimérico, sin raíces de verdad exacta. La base de Balzac es positiva, científica, naturalista, hasta en política: su política es social, precisamente porque acepta la sociedad tal cual existe, con posibilidades de evolución y cambio, con la imposibilidad de transformaciones rápidas y absolutas. Merece notarse: los novelistas de tesis política y social son los que demostraron una incapacidad radical para entender la política, mientras Balzac, que piense como piense no prescinde de la realidad, es el único profundo político, el único que «no vive fuera del mundo», el único que se da cuenta del complicado mecanismo, de las mil fuerzas y acciones que integran una sociedad, y que la hacen estable y firme, a pesar de las mismas revoluciones y en medio de ellas, pudiéndose asegurar que una revolución jamás destruye sino lo que socialmente estaba destruido ya, y siendo la sociedad, y no el sueño aislado de un individuo, lo que actúa hasta en los procesos de disolución y renovación.

La afiliación de Balzac parece clara: en el prólogo de la *Comedia humana*, él mismo nos dice: «escribo a la luz de dos verdades eternas, la Religión y la Monarquía». Hay, sin embargo, quien, no solo fundándose en su manera de vivir y en ciertas páginas libertinas que escribió, le niega la fe religiosa, sino que le discute la ortodoxia de sus principios, basándose en el estudio total de la *Comedia humana*. Unos le consideran determinista y materialista; otros le califican de anarquista antisocial, y no hablemos de los que le tienen por un corruptor.

Sin propósito de vindicación apologética; solo por ver con mis propios ojos, diré lo que pienso de las opiniones y creencias de Balzac. Desde luego descarto toda sospecha de simulación hipócrita. Para lograr masa de lectores, se escribe *El judío errante*, atribuyendo a los jesuitas crímenes sin cuento; no se escribe *La comedia humana* haciendo profesión de catolicismo. Ninguna ventaja práctica debía prometerse Balzac de tal protesta.[9] Para explicar sus opiniones —como si las opiniones necesitasen explicarse—, se dice que le atrajo al partido realista la influencia de la aristocrática extranjera, que acabó por ser su esposa, pero mucho antes de conocer a la condesa Hanska, realista y católico se declaraba Balzac. No veo qué cálculo pudiera impulsarle a ello, toda vez que ni siquiera fiaba a la política su medro y su porvenir, que siempre esperó de la literatura y de una laboriosidad enorme. Sus veleidades de político activo, el querer ser Diputado, fueron cortas, un episodio sin importancia. No cabe, pues, admitir en Balzac, en este terreno, ni pose, ni siquiera cierta gasconada, inherente a su carácter.

Es preciso, sin duda, conceder que Balzac no se asemeja a los escritores oficialmente católicos de nuestra época, ni tampoco a los convertidos y místicos, como Verlaine y Huysmanns, ni a los de la melancolía cristiana, como Lamartine, ni aun a los inquietos teólogos y sociólogos buscadores de verdad, como Brunetière. Y, sin embargo, la lectura atenta de *La comedia humana* descubre un espíritu honda y naturalmente católico.

Ya adivino lo que se me argüirá. El argumento más resobado y endeble, pero más efectista, es que no se puede ser católico y firmar la *Fisiología del matrimonio*, las Miseriucas de la vida conyugal, los Cuentos de gorja y ciertas páginas de muy subido color que andan esparcidas por la Comedia.

---

9   A los Borbones los defendió calurosamente de los ataques de la prensa, cuando ya estaban caídos y desterrados otra vez en 1831. Balzac, que hizo campañas periodísticas, tuvo siempre en contra a la prensa, y fuese por falta de tiempo o por convicción de que a la larga el trabajo se impone, no trató de hacérsela propicia.

La *Fisiología del matrimonio*, que ha servido de modelo a la otra obra muy semejante y muy cruda, de Pablo Bourget, hoy católico militante, es un libro-humorada, un libro romántico en el fondo. Los Cuentos de gorja son un alarde gramatical y lingüístico y un brote de esa gauloiserie de sal gorda que asoma, en Balzac de vez en cuando y que descubre el temperamento sanguíneo (la indelicadeza, han dicho muchos críticos) del escritor. En otros tiempos, el siglo de Tirso y Lope, el de Shakespeare y Cervantes, los verdores y las osadías de pluma no se consideraban incompatibles con el catolicismo natural. Serán pecados; pero ni son impiedades, ni son herejías.

El análisis encarnizado, anatómico, lúcido, de la miseria humana —que vale tanto como decir de la vida humana— es, en cambio, tarea y obra de escritor católico, no materialista, sino pesimista, necesariamente pesimista. Dimana del dogma del pecado original y la caída, de la corrupción de nuestra naturaleza, de la certidumbre de que nos rodea el mal y nos persigue eternamente el dolor, y estas grandes, irrebatibles verdades teológicas se imponen al que quiere estudiar, desde dentro y hacia fuera, las arcanidades de la psicología. El error psicológico es el optimismo, la creencia en la bondad humana, y de este error nacen la soberbia, la fe en el propio dictamen, la rebeldía a la autoridad, las teorías de laxitud e impunidad en lo penal, la consagración de todos los instintos, y, como consecuencia, la licitud de todos los apetitos. El heresiarca de esta herejía fue Rousseau (no ignoramos con qué gracia le satirizaba Voltaire), y le siguieron Víctor Hugo y Jorge Sand; en nuestros tiempos, Tolstoi.[10] Los que, como un tiempo Shakespeare, como Cervantes,[11] como Balzac, como Flaubert, echan la sonda hasta los abismos del alma humana, sacan consecuencias acordes con el pesimismo religioso, y no sonará a irreverencia si digo que algunas novelas de Balzac podrían llevar al frente, como las Doloras de Campoamor, máximas de la Imitación de Cristo.

Tomemos, por ejemplo, a Shakespeare. Cualquiera que fuese la confesión de que formase parte el autor, la obra es católica. No lo es solo por ciertos fragmentos de Hamleto que se citan siempre, sino por su concepción vasta y honda de la humanidad, más libre que la protestante, más amplia y sagaz que la racionalista, y hasta por ciertas formas de grotesco y cómico, que

---

10   No olvido que Tolstoy, a pesar de su humanitarismo, es, en el terreno positivo, pesimista. Por eso fue tan admirable psicólogo, en medio de sus ensueños y quimeras sociales.

11   Recuérdese el asombroso episodio de Ginés de Pasamonte y la libertad de los galeotes.

son esencialmente católicas, góticas y medioevales. Los grandes satíricos pesimistas han solido tener otra faz mística: de esta combinación, nosotros presentamos por ejemplar a don Francisco de Quevedo, tremendo escritor de gorja (idónde se quedan los Cuentos reprochados a Balzac, dónde la *Fisiología del matrimonio!*).

No me canso de repetirlo: Balzac no tiene afinidades ni con un devoto, ni con un asceta, ni con místico de ninguna especie; y, sin embargo, su genio analítico está condicionado por el fondo católico de su concepción de la vida. En esta parte disiento enteramente de Brunetière, que no encuentra relación entre las ideas religiosas y sociales del novelista y su obra, a pesar de reconocer que Balzac se adelantó a Ketteler y a Manning en la teoría de la democracia social cristiana.

Lleva razón Brunetière cuando dice que las opiniones políticas y religiosas de Balzac no son fruto de detenido estudio. Pero ¿hay algo en la obra de Balzac que sea fruto de detenido estudio? No olvidemos que es el vidente, el devorante. Si he sabido inculcar mi parecer en esta cuestión, habré logrado que se entienda cómo no está el catolicismo de Balzac en los pasajes donde explícitamente lo proclama, sino en la índole de su concepto de la humanidad, y las consecuencias que de él se deducen lógicamente. Al decir que Balzac es el padre del naturalismo, proclamado por Zola y la falange entera de Medan, necesito disipar el equívoco que resultaría de identificar el pesimismo religioso de la psicología de Balzac con el pesimismo materialista de la escuela. Nueva ocasión habrá de tratar este punto.

Por eso no se advierte en Balzac aquella estrechez asfixiante que más tarde se le echó a la escuela en cara. Balzac pudo abarcar a la sociedad y al hombre «en todos sus órganos», y supo adivinar «las próximas modificaciones sociales». Lo que tiene Balzac de sabor amargo, y a veces de contradictorio, es la amargura y la contradicción de la vida misma, que él no disfraza como la disfrazan los novelistas de tesis —como la disfrazó a menudo el propio Zola, antes ya de los Evangelios—. Todo es vida en Balzac, y no le podemos acusar de nada de que la vida no sea culpable. Pesimista como fue, no hizo selección de notas pesimistas para acumularlas: su psicología es tan negra como la vida, ni más ni menos. Así pudo defendérsele de la tacha de inmoralidad, preguntando sencillamente ¿si es que la representación de la vida, verdadero fin del arte, ha de ser más moral que la vida misma?

Adversario del individualismo romántico —no sé cómo ha podido llamársele anarquista—, Balzac es un novelista social. Una de sus opiniones favoritas —lo dice en carta a Zulma Carraud— es la necesidad estricta del régimen autoritario. «Al pueblo», escribe, «debe ilustrársele; pero manteniéndole bajo el más fuerte yugo, suprimiendo cuanto le provoque a turbulencia. Conviene un Gobierno lo más firme posible».

Estas máximas adquieren valor en la pluma de Balzac, por estar de acuerdo con las que se desprenden de su estudio de las clases sociales, hecho a lo vivo, sobre la carne que sangra. Es más sombrío y violento el de Zola en el *Assommoir*, la Terre y Pot Bouille; pero el de Balzac, por lo franco y desinteresado, todavía persuade mejor de la necesidad de reforzar, y no de relajar, los vínculos que sustentan la mecánica social, armazón cuyos defectos son evidentes, pero cuya utilidad es más evidente todavía. Consecuente en su pensar —no obstante el caos de su producción, el continuo hervor de su fantasía excitada—, Balzac se manifiesta reiteradamente hostil al sufragio universal, la instrucción laica, el movimiento democrático, el avance del socialismo. No era absolutista, sino partidario del régimen constitucional bajo la Monarquía legítima.

Uno de los críticos de Balzac le niega la condición de novelista social, porque Balzac no se atribuye una misión moral y reformadora. Es confundir la oratoria de meeting y el sermón con la novela social. La representación fiel y enérgica y valiente de los estados sociales es el mejor acicate para las reformas justas posibles. Las otras cabalmente son antisociales. Y como hemos de reincidir en esta cuestión de la novela social, que es uno de los caracteres típicos de la transición, bástenos por ahora notar cuánto va de la novela social de Balzac al Judío errante o a Los miserables. Y si alguien lo duda, plantéese únicamente este problema: si para conocer en espíritu y verdad la época, los hombres, la política, el pensamiento, la sociología y la psicología, desde el primer Imperio hasta que adviene el segundo, hay que acudir a Sue y Víctor Hugo o al autor de *La comedia humana*.

La influencia del enorme monumento, del «mayor archivo de documentos sobre la naturaleza humana», la encontraremos por dondequiera: va a ser el fenómeno característico, decisivo, de las nuevas formas de arte, y aun de cierto movimiento más bien científico que artístico, determinado igualmente por la evolución literaria. Esta influencia llega al grado máximo después de la muerte del novelista, ocurrida en la plenitud de su labor y cuando no había podido realizar sino parte de sus propósitos. En vida, Balzac no se destacó cuanto debía destacarse, sobre todo en Francia. Su influjo creció lentamente, y no tuvo la falange de discípulos que vemos seguir la estela de Walter Scott. Sainte Beuve habla de la rápida fama que adquirió Balzac, especialmente en el extranjero: en Venecia, donde señoras de la sociedad adoptaron los nombres de sus heroínas; en Hungría y Polonia, en Rusia sobre todo. Esto se llama, en justos términos, moda, y es distinto de la influencia. La influencia no salta a los ojos como el éxito aparatoso y espumeante. De moda estuvieron, con Balzac, otros escritores, incluso, a su hora, Federico Soulié, y no abrieron surco, y queda de ellos polvo y ceniza. La influencia de Balzac se reconoce, no solo en los novelistas que le siguieron, sino en los críticos: Taine, que tanto le debe; Sainte Beuve, cuyo método es el mismo de Balzac, cuyos maravillosos retratos psico-físicos parecen en ocasiones páginas sueltas de *La comedia humana*. Reconozco que tales coincidencias no se deben solo a la influencia de un escritor, por decisiva que sea: hay corrientes que impulsan a toda una generación, mejor dicho, a las avanzadas de una generación, puesto que el romanticismo siguió defendiéndose mientras Balzac preparaba la era naturalista. «Hay —dice Brunetière— más relación de lo que parece entre *La comedia humana* y Port Royal, de Sainte Beuve; son, en las letras francesas del siglo XIX, dos monumentos de igual género de originalidad. Sainte Beuve es más literato, Balzac es más contemporáneo; el crítico, a cada momento, se siente contenido y paralizado por escrúpulos de que el novelista no se preocupa; sus mentalidades son diversas, pero sus curiosidades análogas —curiosidades de fisiólogo y médico—... Ambos persiguen, por los mismos medios, la representación y reproducción de la vida».

Tal va a ser el programa, la bandera de la renovación. No es solo la novela, es —como hemos visto, y bien fácilmente se explica— la crítica, el cuento, el teatro, la historia, el periodismo, y hasta ciertas formas y manifestaciones de la poesía, lo que va a seguir los derroteros de *La comedia humana*. Según el eminente crítico —cuyo magistral estudio sobre Balzac hay que leer, hasta para disentir de algunas de sus opiniones— en el teatro, tanto o más que en la novela, resalta la influencia dominadora de Balzac; y yo añadiría que esta influencia, innegable en Dumas hijo y Augier, y hasta en el mañoso Sardou, que si no reproduce la vida, la parodia, persiste hoy, cuando parece que declina en la novela; y que el neo-idealismo y el neo-romanticismo, esos aparecidos contemporáneos, luchan sin fruto por hincar el diente en el teatro moderno, cada vez más empeñado en asemejarse a la vida y en reproducirla y estudiarla, en reflejar las costumbres, en justificar la acción por el ambiente y el atavismo; en aplicar, dígase de una vez, el naturalismo analítico de Balzac. A distancia, no creerán inspirarse en el autor de *La comedia humana* dramaturgos, no solo como Becque y Portoriche, sino como Ibsen, y, sin embargo, si el influjo de Balzac modificó la fórmula dramática definitivamente en su época, es que ya el teatro no puede volver hacia sus antiguos moldes y recetas pueriles y artificiosas. «Si se me pregunta —cito a Brunetière— cómo el influjo de Balzac se deja sentir primero en el teatro, cuando parece que debiera notarse en la novela ante todo, daré esta razón: si los contemporáneos de Balzac no puede decirse que le «desconocieron», ello es que no «reconocieron» inmediatamente cuánto diferían sus novelas de las de Jorge Sand, Alejandro Dumas, Eugenio Sue o Próspero Mérimée...». Mientras en la novela fueron coetáneas de Balzac otras influencias poderosas entonces, el teatro, más flojo y débil, se prestó mejor a sufrir la transformación.

Pudiera afirmarse que los «discípulos» oficiales de Balzac, Carlos de Bernard a la cabeza, son los que menos testimonio dan de influjo tan dinámico, pero tan subterráneo. Es la fatalidad de los imitadores directos: no chupan la esencia, no pasan de arañar la superficie, de aspectos parciales y quizás inferiores de la obra imitada. Compárense *Los labriegos*, de Balzac, y El hidalgo campesino, la novela más recomendable de Carlos de Bernard. Es lo curioso que la novela de Carlos de Bernard está mejor compuesta, más limada, y proporcionada que la de Balzac; y desde el punto de vista de las reglas clásicas, se podía anteponer la labor del discípulo a la del maestro —cosa que no dejaron de hacer los críticos—. Lo que falta a los imitadores de Balzac, es lo que a la yegua de Rolando: el don de la vida. Por intenso que haya sido el influjo de Balzac, no suscitó a nadie (a no ser que incluyamos, con justicia, en la lista de los influidos a León Tolstoi), que pueda ponerse a su lado. Su influjo se repartió, se insinuó, se ejerció sobre diversos géneros, y nos saldrá al paso incesantemente; porque, habiendo creado Balzac para todos esos géneros nuevas exigencias, nuevas necesidades, nuevas condiciones sine qua non, aparecen transformados desde *La comedia humana*, y no en la forma, sino en lo interno de su modalidad artística y técnica. «Lo que Balzac no consiguió realizar —escribe Emilio Zola— lo dejó indicado; de suerte que se le imita sin querer, hasta cuando creemos emanciparnos de su dominio». Sin querer es como se ha imitado, principalmente, a Balzac —y es el género de influjo seguro, duradero, en cierto sentido perenne—. Con la misma lucidez añade Zola, sobre Balzac, esta definitiva sentencia: «El tiempo es quien clasificará a los hombres, y el criterio de clasificación es el influjo que ejercen sobre lo venidero».

VIII. La novela social durante la transición. Del lirismo anárquico al humanitarismo: Jorge Sand. El pesimismo socialista: Soulié. Eugenio Sue. La sátira y el buen sentido: Reybaud

En el proceso de disolución de sus elementos, el romanticismo transforma el lírico e individual en objetivo. Donde mejor se comprueba la transformación, es en la novela.

Durante el período de esplendor del romanticismo, sus mejores novelas (exceptuando las de Víctor Hugo) son líricas: se llaman *Adolfo*, *René*, *Obermann*, *Lelia*, *Valentina*, y proceden de *La nueva Eloísa*, de Rousseau. El arrollador influjo de Walter Scott va encaminando a la novela hacia el terreno épico, y ya Alejandro Dumas, a la vez que produce el drama lírico por excelencia, Antony, rinde tributo en otras obras teatrales y en la novela a una dirección que es preciso llamar histórica, a pesar de su carácter fantástico y romancesco. Pero las preocupaciones político-sociales se infiltran en la novela ya, y durante el período de transición, el romanticismo se defiende en esa posición nueva, donde la imaginación encuentra espacio y altura.

Durante el período que abarca la transición, Víctor Hugo no escribe novela. Había sufrido también el ascendiente de Walter Scott, ídolo de su juventud; pero otros modelos se le impondrán, que lo confiese o no; cuando vuelva Víctor Hugo a cultivar la ficción novelesca, pisará las huellas de Jorge Sand y de Eugenio Sue. La pasión intensa con que Walter Scott escudriña y hace revivir, a veces prolijamente, el pasado, y que añaden a su obra romántica buena dosis de realismo, faltó a Víctor Hugo, que no tenía paciencia para evocar la historia, ni espíritu crítico para desentrañarla.

Al hablar de la novela social, conviene recordar una vez más *El último día de un reo de muerte*; su fecha es 1829, pleno romanticismo. Impresiones que afectaron a la sensibilidad de Víctor Hugo ante las ejecuciones, la guillotina y los suplicios cruentos (que duraron en Francia hasta muy entrado el siglo XIX), le dictaron ese opúsculo alucinador y admirable, en el cual la concisión, en su autor sorprendente, acrecienta la sugestión de lo horrible.

Aquel librito tiene dos significaciones: es el precursor de la novela social, que no aparece hasta diez años después, y es también el primer indicio de las tendencias de irresponsabilidad, de la lenidad jurídica, uno de los gérmenes de disolución más activos de la organización social presente, que ataca en lo íntimo de su ser.

Por lírica que fuese la novela romántica del primer período, sabemos que no dejaba de envolver algo que al través del individuo afectaba a la sociedad entera: reivindicaciones colectivas de independencia, los fueros de la pasión contra la legalidad. Iniciadas por madama de Staël en *Delfina*, estas reivindicaciones encontraron una brava amazona en Jorge Sand. Aunque afirme que escribe sin propósito de teorizar y solo de idealizar, es evidente que las creaciones de su primera manera hacen propaganda; atacan el matrimonio y la constitución de la familia, que sustituyen con la libre unión de almas y cuerpos; a su tiempo lo hemos observado, y no hay para qué insistir ahora.

El tránsito o, mejor dicho, la conversión de Jorge Sand a su segunda manera, nos la refiere ella misma en sus Memorias, documento que conviene consultar, porque, aun cuando deje en la sombra mucho de la biografía verdadera, permite adivinarla. En Jorge Sand, si no es exacto lo que se ha dicho malignamente de que «el estilo es el hombre», toda vez que justamente posee un estilo personal y propio y muy bello, por lo menos las ideas son reflejo de los sentimientos, y si la primer manera es un lirismo de mujer nerviosa, que ansiaba volar más allá de su estrecho horizonte, y una ardiente reclamación de libertad, la segunda es un caso de proselitismo, en que amigos más o menos queridos la captan su pluma.

El camino de Damasco para Jorge Sand fue su encuentro con el famoso abogado Michel, de Bourges, el Everardo de las *Cartas de un viajero*. La escena se desarrolló en las solitarias calles de Bourges —donde todavía se alzan las vetustas mansiones del Renacimiento—, de noche y a la luz de la Luna. El fogoso apóstol predica, y Jorge Sand escucha, llena de confusión y de emoción. «Mis amigos —dice la novelista— me habían citado ante el tribunal de Michel para que confesase mi escepticismo, mi orgullo, mi indiferencia hacia mis semejantes, los pobres humanos. Aquella magnífica arenga echaba abajo mis teorías de libertad individual. Aquel ardoroso espíritu había resuelto apoderarse del mío, y he aquí lo que poco después me escribía, en cartas inflamadas de celo: —El daño de tu inteligencia nace de las penas de tu corazón. El amor, tal cual lo has entendido, es una pasión egoísta: no lo reconcentres en una sola criatura: extiéndelo a la humanidad que sufre y está humillada: nadie, ninguno lo merece aisladamente, y todos juntos lo reclaman en nombre del eterno Autor de lo creado».

¿Qué le falta a esta exhortación para ser la misma que un padre de la Iglesia o un demacrado asceta de la Tebaida dirigiría a una pecadora, a Santa Pelagia o a la Egipciaca? ¿Qué le falta? Salir de unos labios purificados por la santidad. La intención era política; la conversión, política también, sin fuego religioso. Y ni siquiera completa. En las mismas *Cartas de un viajero* se revelan las dudas de Jorge Sand, la protesta involuntaria, natural, del artista y del poeta que no quiere dejarse arrebatar su yo. Las feroces locuras de su maestro y apóstol, que quería arrasar el Louvre, sembrar de sal el recinto de París, proscribir el arte y la belleza (ideal que con el tiempo estuvo a pique de realizar la Commune) sublevaron a la neófita, que por poco manda a paseo al evangelizante. Sin embargo, la inquietud religiosa —palabras textuales— y el altruismo, se habían despertado en Jorge Sand. «Yo iba entonces —escribe— en busca de la verdad divina y la verdad social reunidas en una sola. Gracias a Michel, comprendí que estas dos verdades son indivisibles y se completan; pero todavía espesa neblina, me velaba la claridad». Para disipar la neblina acercose Jorge Sand al visionario Lammenais, cuyas Palabras de un creyente habían sido calificadas por un obispo de Apocalipsis del diablo. Lammenais enseñó a Jorge Sand un método especial de filosofía religiosa, y el ápice de sus doctrinas se resumió en esta sentencia: «La sociedad humana se funda en el don místico, a sea en el sacrificio del hombre al hombre; el sacrificio es la eterna base social». Austera lección y doctrina, que Lammenais completaba afirmando que el engaño más peligroso es hacer de la felicidad objeto y fin de la vida terrestre. Estos principios, de tuétano cristiano, contrastaban con los del furioso Michel, que desarrollaba ante Jorge Sand la perspectiva de una degollina general, seguida de un regreso a la edad de oro, idílica y venturosa: el oscuro ensueño de la Revolución sangrienta del 93.

Michel, Lammenais, Pedro Leroux fueron las tres voces que repitió el eco sonoro del alma de Jorge Sand. Una mujer tan femenina, era presa fácil para los pseudo-cristos.

Vuelvo al aspecto literario de la cuestión, notando cómo al evolucionar Jorge Sand hacia su segunda manera, evoluciona también el romanticismo, y su ideal individualista, autocéntrico, cede el paso a un sueño colectivista, al culto de la humanidad sin trabas y venturosa. La cuestión social, hoy situada en el terreno científico, se agitaba confusamente en el poético; y Jorge Sand, con todo el ardor de su corazón fundente, se lanzó a escribir novela socialista.

Es el momento de decadencia de su arte; no cabe duda. Los críticos franceses no se atreven a decirlo explícitamente; no veo por qué se haya de callar. Reconoce Caro, entusiasta biógrafo de Jorge Sand, que abundan en esas novelas «trozos enteros teñidos de mortal languidez», lo cual quiere decir que no hay modo de leerlas. Y, por desgracia, no fue breve el período socialista de Jorge Sand; como que duró de ocho a diez años, y produjo *El compañero del giro por Francia*, *El molinero de Angibault*, *El pecado del señor Antonio*, *Consuelo*, *La condesa de Rudolstadt*, *Horacio* —entre lo más conocido—. No faltan primores descriptivos, pero sobran enfadosas disgresiones, sermones prolijos y personajes quiméricos, como el de aquella aristocrática señorita Iseo, comunista y masona, que se empeña en conceder su mano a un hombre del pueblo, a fin de ser pueblo también. A ratos, eran tan fastidiosas —no encuentro otra palabra— las novelas de Jorge Sand en aquel período, que sus amigos y admiradores, desconsolados, la creían náufraga en el golfo de la pesadez. Algunos fragmentos magistrales —verbigracia, la descripción de la vivienda semiarruinada del hidalgo obrero, en *El pecado del señor Antonio*— no compensaban los defectos inherentes a la índole de la obra. La misma Jorge Sand, con su ingenuidad de costumbre, se dio a investigar por qué sus novelas contenían páginas tan insoportables, y declaró que Buloz, el director de la *Revista de Ambos Mundos*, la rogaba que suprimiese tanto misticismo —la palabra viene subrayada—. «Por lo demás —añade—, los lectores de la Revista estaban conformes con el director, y entendían que yo me volvía a cada paso más insufrible, y que salía de los dominios del arte, al empeñarme en comunicar a mis lectores la obsesión de mi cerebro». Estaban en lo cierto los lectores de la *Revista de Ambos Mundos*; y solo le queda a Jorge Sand, y no es poco, la prez de haberse adelantado a la pléyade de novelistas rusos e ingleses, en cuyas obras palpita el redentorismo humanitario. No afirmo yo que Jorge Elliot, que Tolstoi, que Dostoyewsky se inspiren en Jorge Sand; lo indudable es que vienen en pos de ella y que proclaman algo análogo, aunque de un modo más artístico y real; y la fantástica Iseo de Villepreux es la precursora de las señoritas rusas místicas y nihilistas, deseosas de «ir al pueblo», de bajar hasta los abismos de la degradación y la miseria, para ejercer el amor y la piedad y desahogar el ansia de sacrificio.

La novela socialista la escribió Jorge Sand con el sentimiento, sin preocuparse de la lógica y la razón. No solamente le falta sistema, sino que ni ella misma sospecha cuáles son sus principios políticos y sociales. Todo lo arregla con el amor, la fraternidad, la piedad, la bondad, la supresión del dinero, la apoteosis de la pobreza. A poco más, asomarían en ella caracteres de franciscanismo, porque todo lo violento la subleva, y aborrece el despojo, el derramamiento de sangre, los motines y asonadas, en suma, cuanto no sea dulzura y bondad. Nadie ignora cómo protestó y se retiró a su aldea, ante los desmanes de la revolución de 1848.

Una de las señales de la condición esencialmente femenina de Jorge Sand es su teoría de la nivelación social y reparación de injusticias y desigualdades por el amor y el matrimonio.

«Así como hay igualdad ante Dios, habrá igualdad ante el amor, que es obra suya —escribe Máximo du Camp—, y veremos a las nobles heroínas Valentina de Raimbault, Marcela de Blanchemont, Iseo de Villepreux y tantas otras, buscando su ideal tras la zamarra del aldeano o la blusa del obrero. Así se realizan los desposorios de las almas, de un extremo a otro de la escala social, en las novelas de Jorge Sand, que se complace, en los juegos de su fantasía, en nivelar las condiciones y preparar la fusión de las castas y las jerarquías por el lazo amoroso».

Hace ya algunos años que, en un drama calurosamente aplaudido por el público, desarrolló aquí Pérez Galdós la misma tesis: el drama se titulaba *La de San Quintín*, y el asunto era una duquesa que otorga amor y mano a un obrero.

El crítico antes citado, Máximo du Camp, se pregunta a sí mismo: ¿qué hay de verdad en tal idea? Duda que me parece exceso de modestia intelectual, pues quien no haya perdido el seso dirá que en tal idea solo podemos ver un caso excepcionalísimo o una poética falsedad. Si se afirma que la venda del amor cubre a veces las desigualdades sociales, esa es una verdad anterior a todo sistema comunista. Mas no por eso se derogan las leyes de la jerarquía social; siempre las desigualdades, especialmente las de educación, alzarán valla entre los corazones. Ya que he citado el drama de Galdós, téngase presente que en él la aristócrata es una duquesa arruinada y en cierto modo excluida de la sociedad por falta de medios de alternar en ella, y el obrero un joven muy fino e instruido, lo cual suprime toda diferencia esencial. Iguales concesiones a la verosimilitud hizo Jorge Sand para que su hipótesis de la nivelación por el amor no apareciese hasta repulsiva.

Cuestiones son estas, al parecer, ajenas a las letras; pero no pueden omitirse tratándose de escritores como Jorge Sand, en quienes la idealidad social se refleja y se agiganta.

Lo curioso y lo que prueba que Jorge Sand procedía de completa buena fe en la creación de este género de novela predicadora, simbólica y redentora, es que, aun creyéndose obligada por sus deberes hacia la humanidad a escribirla, no solo se daba cuenta, como sabemos, de su aburrimiento, sino que para descansar y respirar tal vez, ensayaba otro género y, según dice su biógrafo Caro, «alzaba un momento la losa de plomo».

Entre *El molinero de Angibault* y *El pecado del señor Antonio*, que se cuentan en el número de sus novelas más caracterizadamente socialistas, se inscribe el primor de *La charca del diablo*; una perla. ¿Por qué una perla? Porque la novelista se dejó llevar un instante hacia la verdad poética que la rodeaba. «¡Oh, inesperada dicha! —exclama el biógrafo antes citado—. En estas privilegiadas páginas ni una sola palabra de política ni de utopía...» Aunque todavía remanecerá la novela social en Jorge Sand, con *La charca del diablo* se inicia su tercer manera, la mejor sin duda.

Resumiendo la obra social de Jorge Sand, podemos reducirla a la siembra, por medio de la ficción, de unas cuantas ideas que no por carecer de fundamento en el orden político y económico dejaron de ejercitar acción perturbadora, mejor acaso que si las apoyase un reflexivo estudio, o al menos la ironía cortante de *Cándido* y *Micromegas*. Lo ilógico no repugna a las multitudes y lo absurdo tampoco. Absurdas, no pueden serlo en mayor grado esas novelas. *Indiana* combinando el suicidio con sir Ralph; *Valentina*, seducida por un aldeano; *Lelia*, donde todo es simbólico, y en que la heroína, enamorada de un poeta, por desprecio de la materia, le arroja en brazos de una cortesana; *Jacobo*, donde el marido, al comprender que por la mala

106

organización del matrimonio estorba a su mujer y a su amante, se quita de en medio, renuncia a vivir para dejarles tranquilos, se quedan tamañas ante Ángel, el protagonista de *Spiridion*, buscando en una tumba la revelación de una religión nueva, que es la de Lammenais y Leroux; Consuelo, condesa, de Rudolstadt, anunciando el Evangelio de la francmasonería por el mundo adelante, y ni aun por fines políticos, sino en virtud de iniciaciones teosóficas; los obreros Pedro y Amaury, disertando como filósofos, oradores y poetas y trastornando la cabeza a damas aristocráticas; Marcela de Blanckemont y su enamorado, arruinándose primero voluntariamente antes de unirse, porque no es posible tener un alma elevada siendo rico y porque así preparan el advenimiento de una iglesia comunista, en que todos los hombres son hermanos; el marqués de Boisguibault, perdonando añejos agravios y hasta instituyendo heredera a la hija del señor Antonio, que los encarna, a trueque de que funden con sus riquezas una asociación comunista... gentes son que parecen bajadas de la Luna. Se me dirá que recientemente hemos aceptado y admirado y sentido —aun los que no pensamos como él— a los príncipes que Tolstoi nos presenta repartiendo sus bienes y marchando a Siberia en pos de una meretriz, para compartir su desventurada suerte y ofrecerla su mano. Acaso el problema se reduzca a conseguir persuadirnos, no de que un tipo psicológico existe, sino de que puede existir e interesar. No dilucidemos si son efectos del talento que para lograrlo posee el novelista; bástenos saber que mientras Resurrección será siempre una de las grandes novelas de nuestro siglo, las sociales de Jorge Sand (¿quién sabe si inspiradora en parte de Resurrección?) no han dejado sino un rastro de tedio.

El juicio más exacto de Jorge Sand, en este respecto, lo ha formulado Sainte Beuve. «Es —dice— un gran pintor de naturaleza y paisaje; pero, como novelista, sus caracteres, al principio bien sorprendidos y delineados, tienden pronto a cierto ideal de la escuela de Rousseau, que raya en sistemático. Sus personajes no viven siempre: hay un momento en que se convierten en tipos. Jorge Sand quiere realizar la naturaleza humana, distendiéndola y violentándola para engrandecerla. La culpa mayor se la carga a la sociedad, y deprime a clases enteras, para ensalzar a individuos, que no pasan de abstracciones. En suma, la seguridad magistral de sus descripciones, falta en sus caracteres.»

Antes de llegar a Eugenio Sue, conviene recordar a aquel prolífico Federico Soulié, en cuyas *Memorias del Diablo* se inspiraron *Los misterios de París*. Federico Soulié, que, en su no muy larga vida, produjo un sinnúmero de obras dramáticas, novelas y artículos, fue clasificado por Víctor Hugo, al pronunciar la alocución sobre su tumba, entre los autores honrados y concienzudos que no olvidan que en el escritor hay un magistrado, y en el poeta un sacerdote. Por esta clasificación comprenderemos que Soulié era un adepto de la novela social y política.

La idea desarrollada por Soulié —y que no le pertenece del todo— en *Las memorias del Diablo*, es más vigorosa que ninguna de las que sugirió a Jorge Sand el credo de sus amigos políticos. Dejando a un lado lo circunstancial, Soulié va al fondo de la vida, y, el libro es del número de esos en que una idea genial, profunda, no necesitaría sino un excepcional talento de observador y de narrador para dar por fruto una obra maestra.

En realidad, la idea de Soulié es la misma de *La comedia humana*, de Balzac; desentrañar el carácter secreto de la sociedad humana, bajo las apariencias y la capa de una avanzada civilización. El barón de Ronquerolles pide al diablo que le descubra la ciencia del bien y de mal, que desnude ante él las almas de sus contemporáneos, que salga a luz su verdadera historia; y como Asmodeo en *El diablo cojuelo* —modelo de Soulié—, Satanás se presta a mostrar la verdad, y aparecen cosas tremendas, toda especie de delitos y crímenes, un desate de horrores morales y de espantables tragedias ocultas. La obra aspiraba a censurar el estado social, pero iba más allá, como va Balzac también; era la humanidad corrompida, esclava del pecado. Y, adviértase: el estado enfermizo de un público gastado, que pide sensaciones y picantes y excitantes; el estado al cual se han atribuido antaño ciertos éxitos del naturalismo y se atribuyen hoy los de la novela erótica y la novela policiaca, lo denuncia Soulié en su época al publicar, en 1838, *Las memorias del diablo*, tronando contra las predilecciones de los lectores, contra la necesidad de aplicar corrosivos y ácidos a su sensibilidad callosa o gangrenada, y llamando a París tonel de las Danaides, donde se disuelven las ilusiones de la juventud. Este olvidado novelón, un momento célebre, precede a los sociales de Sue y también a los de Hugo.

Al hablar de Eugenio Sue, uno de los excluidos de la crítica (al menos la crítica de pretensiones estéticas), no puedo menos de recordar que, un día, rivalizó con Balzac, y hasta se consideró superior a él por la fuerza creadora. Y si tal pretensión nos parece, en la actualidad, una insensatez, por mi parte no considero justo el completo menosprecio bajo el cual yace enterrado este autor. Últimamente, sin embargo, un antropólogo ilustre ha rehabilitado algún tanto a Sue, alabando, en sus novelas, el estudio de los tipos criminales, que parecen vistos al través de las más recientes investigaciones de la ciencia.

De todas suertes, con Sue no se cuenta: yace arrumbado en el cajón de sastre de los *Diccionarios enciclopédicos*. Es un episodio estruendoso y efímero de la historia literaria. Lejos está el tiempo en que Sainte Beuve le comparaba con el autor de *La comedia humana*, en inventiva, en fecundidad, en arte de composición, aun reconociendo que Sue no escribía «ni tan bien, ni tan mal como Balzac, ni con tanta sutileza en lo malo». El olfato sutil del crítico, su instinto opuesto a todo lo declamatorio y falso, su buen gusto, para decirlo de una vez, le dictaron después estas palabras: «Sue incurre en el error de no entregarse a sus propios instintos, y de consultar los sistemas que están de moda, profesándolos en sus últimas novelas, cosa que Balzac no hizo nunca, intransigente a fuer de verdadero artista».

En efecto, Sue viste con arreglo a uno de los figurines de su tiempo; el figurín socialista, humanitario y democrático, y su lema es esta frase de *Martín el Expósito*:

«¡Oh, miseria, miseria! ¿Serás siempre fuente de todo mal en el mundo? ¿Nunca llegará el día de la reparación y de la dicha para todos?».

No era, sin embargo, Eugenio Sue uno de esos hombres que, salidos del pueblo y luchando desde la niñez con la adversidad, como Luis Veuillot, llevan en el alma el sueño de un desquite. Lo mismo Jorge Sand que Sue, de acuerdo para encontrar que la sociedad está muy mal construida y es preciso quemarla o desbaratarla, pertenecen al número de los que encontraron, al nacer, puesto su cubierto, y de plata fina. La propaganda socialista de Sue hubo de extrañar a los que le conocían, y no se explicaban cómo podía describir las últimas capas sociales un muchacho tan elegante y pulcro. Era, en efecto, Eugenio Sue lo que hoy llamaríamos un gomoso. Hijo de un médico, a quien dio cierto renombre una discusión con Cabanis acerca de la persistencia de la vida en la cabeza guillotinada, el novelista fue apadrinado en la pila por la emperatriz Josefina y el príncipe Eugenio; estudió mal y a trompicones la medicina, y mientras le creían dedicado a preparaciones anatómicas, realmente se consagraba a beberse el rancio Tokay y el Joanisberg que su padre guardaba como un tesoro.

En sus años juveniles no aspiró Sue a la gloria; se contentaba, como tantos personajes de Balzac, con un tilbury y un groom, y se los procuraba recurriendo a los usureros. La primer idea literaria de Sue, las Cartas del hombre mosca, nació de los apuros en que le ponían sus gustos mundanos y la tacañería paternal. En castigo de sus calaveradas le obligaron a embarcarse, y dos veces hizo el viaje a las Antillas, encontrándose en la batalla de Navarino, que fue el moderno Lepanto. De esta etapa proceden las novelas marítimas, lo mejor que escribió Sue y lo que constituyó su ínsula, el terreno propio que descubrió y acotó, y por las cuales se le llamó el Cooper francés. Con Sue, por primera vez, la novela francesa se hacía a la mar. Sin embargo, en estas novelas, que pudieran ser reflejo franco de impresiones personales, asoma el pesimista amargo, que, como Soulié en *Las memorias del diablo*, al descubrir el fondo de las acciones humanas, encuentra la mentira y el crimen. El negro Atar-Gull, que ha ejercitado con su amo una venganza espantosa por espacio de largos años, recibe, de la sociedad engañada, el premio Montyon; el inepto capitán de la Salamandra, que hubiese perdido el barco si otro no lo salvase, es recompensado como digno marino, mientras el salvador es fusilado; y el ex-pirata Kernock muere en opinión de varón religioso y grave.

Rico al heredar, Sue no renunció a las letras, donde tanto le había sonreído la fortuna. Vivió a su gusto, satisfizo sus caprichos de refinamiento. Él fue el primero, nos dice Dumas, que amuebló sus habitaciones por un estilo generalizado después; el primero que recogió esas zarandajas bonitas llamadas bibelots, vidrios de colores, porcelanas de China y Sajonia, muebles tallados del Renacimiento, platos repujados y armas ricas. Al mismo tiempo mostraba tendencias parecidas a las que manifestaron aquí Espronceda y sus amigos los del Parnasillo romántico. Asociado a una trinca de buen humor, recorría de noche las calles de París, haciendo diabluras a los ciudadanos pacíficos, particularmente especieros y porteros, profesiones muy satirizadas por los

110

melenudos. De estas pesadas chanzas hay reminiscencias en la humorística lucha del portero Pipelet y el pintor Cabrión en *Los misterios de París*; y, en el lenguaje familiar, un portero sigue llamándose un pipelet.

Como se ve, no daba indicios por entonces Sue de redentor socialista. Y efectivamente, tardó bastante en emprender esa senda. Entre las novelas marítimas y la aparición de *Los misterios de París*, se intercalan bastantes obras de otro género, muy celebradas y famosas, porque Sue, en vida, tuvo siempre de su parte al público.

Son narraciones novelescas fundadas en anécdotas y leyendas, como las aventuras del marqués de Letoriére, o las de una especie de Artagnan, el caballero de Croustillac, que salva al duque de Montmouth en plena selva virgen americana, o sombríos dramas de familia, como Matilde, o episodios realmente históricos, como Latreaumont, en que la historia es tratada con igual desenfado que hubiese hecho Dumas. El apogeo de la popularidad, el género más conforme a su naturaleza, lo encontró Sue cuando publicó *Los misterios de París*.

Ante todo observemos que Sue no es un novelista idealista como Jorge Sand. Los diferencia profundamente, no solo su concepto de la vida, tan pesimista en Sue como optimista y cándido en la autora de Mauprat, sino su estética. Sue se inclina al realismo; las pretensiones y aspiraciones que públicamente confiesa son descubrir la verdad sin miramientos ni reticencias; pintar la vida real, con su séquito de males y vicios, no rehuir la crudeza, no velar, no esconder nada humano. No se diferencia mucho este programa del de las escuelas, no diré realistas, sino naturalistas, que han venido después. Y al exponer la teoría de que los pecados capitales son «admirables medios de acción, de felicidad y de riqueza», Sue no hace sino adelantarse a lo que dicen actualmente los amoralistas de profesión, los que cifran la belleza en «el libre juego de los instintos» y en la glorificación de la energía.

En aquel período, la revolución latía en todas partes, no ya una revolución puramente política, como la de 1793, sino social y económica. Así como aquella se había incubado en la Enciclopedia, en los escritos de los filósofos, la de 1848, históricamente menos efectista, pero de consecuencias más graves en realidad, vino preparándose también con la literatura, con la obra de tantos escritores brillantes y célebres como siguieron las teorías comunistas y colectivistas.

La ebullición del romanticismo social producía los neocristianos, Saint Simon y sus discípulos Enfantin y Bazard, que pretendían que toda la historia de la humanidad se reduce a la explotación del hombre por el hombre; que el capital es el enemigo, que hay que destruir el capital —todo envuelto en fórmulas religiosas, como una herejía mística de la Edad Media—; Fourier y su falansterio, la propiedad abolida, las uniones libres, los niños educados en común y la esperanza de que el hombre, con tal régimen de vida, adquiriese nuevos órganos de los sentidos, un ojo nuevo; Cabet, con su Icaria ideal, no aboliendo la familia, algo es algo, pero poniendo en común todo lo demás, realizando el socialismo de Estado hasta sus últimas consecuencias.

También Leroux, el amigo de Jorge Sand, es un místico, y mientras ellos se pierden en ensueños de colectivismo, Proudhon funda el anarquismo. No solo la agitación económica se apoya en la literatura, sino que es literatura, retórica, otra fiebre romántica, una efervescencia cerebral. Adviene el tiempo en que un literato puede encontrar en las masas (si no la consagración para la inmortalidad, que esa siempre la discernirá la minoría superior e inteligente, desdeñosa de lo que no es arte verdadero), al menos otra cosa que halaga y fascina: la popularidad, la fama estrepitosa, la venta de centenares de miles de ejemplares, la devoción irrazonada y por lo mismo más vehemente de las muchedumbres. Y Sue publica *Los misterios de París*, mientras va acercándose el día en que Víctor Hugo publique Los miserables, que a su vez, y por iguales estímulos, irán preparando el nacimiento de *Los evangelios*, de Zola.

En *Los misterios de París* hay un príncipe, Rodolfo de Gerolstein, que bien pudiera ser padre de la estirpe de los príncipes humanitarios de la novela Tolstoiana. Concedamos a Sue esta gloria, ya que no podemos asentir a la opinión de la prensa obrera de su época, que proclamó que Los misterios eran del número de las obras maestras, sublimes, de la literatura universal. Es fuerza reconocer también que las narraciones de Sue no trasmanan aburrimiento, como las de Jorge Sand. Al contrario, aunque folletinesco y de segundo orden, hay en ellas vivo interés.

Esta cualidad, seguramente inferior desde el punto de vista del arte, no todos la poseen; no todos logran que se vuelva la hoja con impaciencia, y yo diría que en tal concepto, Víctor Hugo, en sus novelas humanitarias y revolucionarias, no ha llegado a Sue; menos aún logró acercársele Zola, cuyos Evangelios son lingotes de plomo. En cambio, Pablo Féval, con sus Misterios de Londres, publicados poco después que los de París, pudo ser para Sue, en el folletín, un rival temible.

Eran aquellos los tiempos áureos del género. El pueblo leía con avidez las obras de imaginación, lo cual nos parece prodigioso, hoy que solo lee la mesocracia, y las masas se limitan al gazofilacio del periódico diario y político. Se comentaba con entusiasmo el que Sue, semejante a su príncipe Rodolfo, Sue, elegante, rico, dandy, hubiese descendido a los antros de París, a las tabernas y chiscones y bujíos donde hierven la miseria, el vicio y el crimen, para recoger la jerga popular y pintar esos tipos de malhechores y de prostitutas que hormiguean en tantos capítulos de la obra. El cuadro pintado a brochazos, aunque no sin efectista realce, y en el cual hay trozos de observación, se tomó por estudio grave, definitivo. Era quizás la primera vez que un novelista, profesionalmente, salía a caza del documento humano. Además, alardeaba de hacerlo en bien de los oprimidos, para dar al pueblo una lección útil y enseñarle a conocerse. Ante el entusiasmo que suscitaba Sue, nadie pensaría en demostrar que la verdad, donde había que buscarla, era en Balzac, que no alardeaba de mezclarse con el pueblo ni con el hampa. ¿Qué mucho que los obreros divinizasen a Sue, cuando hemos visto a Sainte Beuve con la manzana en la mano, dudando si entregarla a él o a Balzac?

La enorme resonancia del nombre de Sue llegó al paroxismo con la publicación del libelo fantasmagórico-terrorífico titulado *El judío errante*. Creo recordar que a Pablo Féval le llevaron, antes que a Eugenio Sue, un fajo de papeles relativos a la Compañía de Jesús, proponiéndole una fuerte cantidad por escribir algo semejante al Judío; y como Féval rechazase la venal tarea, Sué se encargó de desempeñarla. No veo en esta noticia sino una inverosimilitud; la de los datos entregados con el dinero. ¿Datos? ¿Para qué? La fábula del Judío es inventada de cabo a rabo.

Y, si no lo fuese, si se mantuviese en los límites de lo verosímil, ya que no de lo auténtico, no hubiese producido el efecto que produjo, no hubiese parecido una formidable máquina de guerra contra el catolicismo, y en especial contra los jesuitas. Todavía, en mi niñez, oí hablar de *El judío errante*, con una especie de terror, a las gentes timoratas. Si el buen sentido fuese un don general, el Judío no hubiese causado el menor estrago. ¿Qué género de consecuencias adversas a cosa alguna podían sacarse de una obra tan manifiestamente descabellada? Un bosquejo de su argumento basta para demostrarlo.

Aceptando la conseja del *Judío errante*, aquel Ashavero condenado a no morir nunca y vagar siempre, sin detenerse, al través del mundo, supone el autor que a los descendiente de este judío les ha de corresponder fabulosa fortuna, que se les entregará en una fecha señalada y ya próxima. Los jesuitas, ni cortos ni perezosos, han tramado secreta conjuración para apoderarse del capital, y persiguen de muerte, por todos los medios, a los Rennepont, que así se apellida la familia. Con ayuda del puñal, del veneno, del cólera morbo, de todas las plagas y asechanzas, el socius Rodin, que espera, con el inmenso caudal, llegar nada menos que al papado, vendimia a los Rennepont; pero no le sale la cuenta, porque el viejo Samuel, depositario de los papeles que garantizan la posesión del tesoro, los reduce a cenizas. Muertos todos sus descendientes, *El judío errante* y su compañera de maldición, Herodias, pueden morir a su vez, lo cual hacen gustosísimos.

No ha llegado todavía la humanidad a la edad de la razón, y es probable que no llegue nunca: el efecto del Judío lo prueba. Las aventuras y desventuras de las hermanas Blanca y Rosa; el trágico fin de la elegante Adriana de Cardoville y del enamorado príncipe Djalma, y demás interesantes víctimas de Rodín y de los hombres negros, conmovieron, arrancaron lagrimones, y son acaso, todavía, una de las oscuras fuentes de donde surte el persistente e irrazonado odio hacia los hijos de San Ignacio, que he comprobado en personas bien ajenas a la política.

A vueltas de tan mal gusto y tanta inventiva gruesa y burda —mucho más gruesa que la de *Los misterios*, que con relación a esta otra novela son labor delicada— hay en *El judío* páginas que revelan al escritor y al pintor colorista que es Sue. Acaso la mejor es la que describe la siesta del príncipe Djalma y la abrumadora y espléndida naturaleza de la India. De sus viajes Sue había traído este don de pintar tierras y gentes lejanas, con tonos impresionantes.

Desde la cima adonde había llegado, Sue podía ya escribir sin tasa, seguro de una ovación mundial. Cuando, dos años después de haber visto la luz *El judío* en 1847, publica *Martín el Expósito*, los periódicos se lo disputan, y aquí, en España, queda un curioso testimonio de este furor por las publicaciones de Sue: el artículo de don Modesto Lafuente en su *Teatro social*, con la graciosa rosa náutica de periódicos que insertan el folletín y el comentario: «De cualquier lado que sople el viento, tiene que soplar un *Martín el Expósito*», y la divertida viñeta de la fábrica de traducciones que Eugenio Sue, mirando por encima del Pirineo, ve desde París.

Martín el Expósito es la más antisocial quizás de las novelas de Sue; *Los siete pecados capitales* pertenecen, como sabemos, a la escuela inmoralista, que santifica las pasiones considerándolas como formas de la expansión humana; y, siguiendo la misma veta, vienen después *Los misterios del pueblo*, historia de una familia obrera al través de las edades. Los tiempos habían cambiado durante la publicación de esta especie de epopeya democrática en varios tomos. La resonancia y popularidad de sus novelas tendenciosas habían valido a Sue que el partido obrero le eligiese para la Asamblea legislativa; Sue no carecía de ambición política, lo mismo que Víctor Hugo; pero hizo breve carrera; vino el 2 de diciembre, el segundo Imperio, y tuvo que expatriarse, fijando su residencia en Annecy. *Los misterios del pueblo* fueron denunciados y condenados por los Tribunales de justicia; y es lo peor que ni la persecución ni el destierro engrandecieron a Sue; no halló un pedestal como el que Hugo se alzó en su islote. El ocaso de la fama y del ingenio vinieron juntos. Y, sin embargo, no se dormía sobre los laureles: los cinco años que duró su destierro, hasta su muerte, publicó obras ya sin realce, tan lánguidas como Gilberto y Gilberta.

Quizás no sea indigno de mención Emilio Souvestre, que ha escrito novelas socialistas, por ejemplo, la titulada Rico y pobre, con fondo conservador; y seguramente no debe prescindirse de Reybaud, escritor de singulares destinos, que, como el abate Prévost y Fontenelle, produjo infinidad de libros, y se salvó del olvido por uno solo: Jerónimo Paturot en busca de una posición social.

Reybaud, nacido en Marsella, hombre de experiencia política, había expuesto en la *Revista de Ambos Mundos* los sistemas comunistas y colectivistas, bajo el epígrafe de Estudios sobre los reformadores modernos, obra laureada y recompensada con el premio Montyon. La reacción del buen sentido francés cristalizó en él en forma satírica, y produjo ese libro tan genuinamente galo, que, no obstante, logró, fuera de Francia, éxito menos ruidoso pero más duradero que el de los voluminosos alegatos de Sue. De vez en cuando, lectores ocasionales, que se han deleitado mucho con Jerónimo Paturot, me preguntan con timidez si es una obra de valía; y yo les contesto, porque el librito es de oro.

Para que un libro, que satiriza determinado momento de una sociedad, conserve el don de agradar a gentes que no conocieron esa sociedad ni acaso forman de ella juicio por datos históricos, es preciso que el autor haya estado inspirado.

Si se inclina un poco Reybaud a lo vulgar, sus héroes, Jerónimo y Malvina, serán sencillamente personajes de Paul de Kock; si se remonta, lo serán de Eugenio Sue. La sátira social de Reybaud ha evitado estos dos escollos. Es imposible desplegar mayor donaire en la sencillez. Nótese que esta sátira de un régimen deja muy mal parado al romanticismo; y así tenía que suceder, tratándose de un escritor castizo, dotado del humorismo nacional, y cuyos númenes son la sensatez, la claridad, la moderación y un grano de sal irónica. La forma de Reybaud es sucinta, incisiva, sin galimatías ni digresiones; su vena, cáustica y mordaz. No diré que Jerónimo Paturot llegue a la altura de Gil Blas, pero es de su raza, de la estirpe de esos buscavidas aventureros, descentrados, que al cruzar todos los medios sociales, abarcan en su historia la de una generación.

He dicho que el destino de Reybaud es singular, debido a una sola obra. Realmente, dos de las suyas salieron a flote: Jerónimo Paturot en busca de la mejor República aún se lee con gusto, a pesar de que aquellos sucesos políticos han criado moho.

Por mucho que concedamos a la imaginación, que tiene grandes derechos, elevados privilegios, reinos inexplorados que revelar, después de releer *Valentina* o *El judío errante*, nadie se maravillará de que nos encontremos a gusto en compañía de Paturot, de la sensata Malvina, de Óscar, el pintamonas romántico, y que la linda sátira nos parezca un oasis donde descansar de tanto delirio.

116

IX. La novela. El idealismo sano y sentimental. Como se deriva del romanticismo. Lamartine. Saintine. Julio Sandeau. Octavio Feuillet. Cherbuliez

Mientras escribía Balzac *La comedia humana*, sabemos que se interrumpió la producción novelesca del romanticismo, aun cuando se había evolucionado hacia el socialismo y el folletín. Pero no se trata ahora de novela romántica propiamente dicha, sino a lo sumo, de un subgénero, la novela idealista y moral, que, durante la transición combatió, en parte contra el romanticismo, en parte contra la invasión del realismo, precursor del naturalismo.

Como otros muchos, este subgénero está contenido en el romanticismo, y ya desde sus orígenes.

Aunque *Pablo y Virginia* desarrolle gérmenes anárquicos por la condena de la sociedad organizada y la exaltación de la naturaleza, no deja de pertenecer al género idealista y moral. Después del nombre de Bernardino de Saint Pierre, conviene inscribir, entre los patronos y fundadores de la novela idealista, el glorioso de Lamartine. En él podemos comprobar la transformación; porque el romanticismo más genuino se une a la pureza más cristiana, a la castidad y sensibilidad más exquisitas. Si es cierto que en Rafael se advierte un vago fondo de sensualismo panteísta, ni aun esa tacha cabe poner a Genoveva y al Picapedrero de Saint Point. Todas las novelas de Lamartine, son obra de poeta, poemas en prosa, así como las de Víctor Hugo frecuentemente son proclamas políticas, y bien puede afirmarse que la escuela idealista, menos poética y más social, no ha de producir, dentro del género, nada que pueda superar, ni aun quizás igualar, a Graziella y a Fior d'Aliza.

La diferencia está en que la escuela idealista, por cima de la poesía, pondrá el fin moral. Lamartine, que es tan puro, moraliza poco. Su enseñanza, si es que alguna pretende encerrar, es meramente poética, sentimental, superior; una enseñanza alada. No así los novelistas de la virtud y del deber social, que, en substancia, son utilitarios.

Ya, en 1823, un novelista gana el premio Montyon, ofrecido por un célebre filántropo a la obra literaria que se considerase más provechosa a la sociedad. Tal fue el caso de Saintine, con su novela Picciola. Además, y por igual concepto, se le condecoró con la Legión de Honor.

Picciola es la historia de los sentimientos que engendra en el alma de un prisionero la vista de una florecilla que nace en el patio de su cárcel. Es el prisionero un hombre que, libre, colmado de los dones de la fortuna, se aburría; cuando su suerte cambia y le sepultan en un calabozo, la vista de la humilde florecilla le conduce a volverse a la Providencia, de la cual se había olvidado en sus días prósperos. La idea era de Tertuliano, pero Saintine supo desarrollarla con emoción persuasiva, y ganó la fama y las cuarenta consecutivas ediciones que de la obra se hicieron. Publicó Saintine después bastantes libros, sin el éxito de Picciola; pero en uno de ellos, el titulado ¡Solo! (cuya lectura se recomendó a los niños), trazó el programa y encarnó el símbolo de la nueva novela idealista social. Conviene fijarse en que tal programa abre zanja muy honda entre Saintine y los de la generación romántica, aunque bien pudiera el romanticismo reclamar para sí a Picciola.

¡Solo!, es la misma historia de Robinson, referida para sacar consecuencias asaz distintas. El pobre marinero Alejandro Selkirk, abandonado en una isla desierta, en vez de averiguar que el hombre se basta a sí propio, y que su energía le sacará siempre de apuros, aprende, al contrario, que no hay nada más antihumano que el aislamiento, y, lejos de sus semejantes, se embrutece. «El ser aislado» —declara Saintine— «es algo imperfecto; el hombre se completa con el hombre. Nuestra fuerza nace de la sociedad. La independencia absoluta, para el individuo, es sentimiento artificial; solo es poderosa y natural en las naciones. Creamos en el matrimonio, en la familia, en la Patria...». A cien leguas nos hemos ido del individualismo romántico, de la rebelión antropocéntrica; la escuela del deber está fundada.

Sin conceder más que mención rápida a dos secundarios, Luis Ulbach y Mario Uchard, nos fijaremos en un escritor que representa bien el subgénero, Julio Sandeau. Las razones que mueven la pluma de Julio Sandeau en su propaganda moralizadora son asaz naturales: brotan del sentimiento, a manera de sangre de antigua herida. Fue Julio Sandeau el primer amigo íntimo de Jorge Sand, y juntos colaboraron en una novelita sin resonancia. Jorge Sand, con frase delicada, respetuosa hacia la ilusión muerta, lamentó la ruptura de una amistad que juzgó llamada a ser inalterable; pero sin duda Sandeau quedó lastimado y ofendido, y mientras *Lelia* asciende a la cumbre de la fama, él dirige su labor literaria contra las tendencias de la insurrección lírica, proclamada por la baronesa Dudevant. La propaganda de Sandeau será a favor del hogar, del cariño, del culto de los lares domésticos, de la honrada severidad del deber aceptado. Armándose con estas ideas, que un chispeante escritor calificó de «quijada de jumento», combatía Sandeau a la vez el romanticismo anárquico cuando declinaba y el realismo cuando nacía.

Mariana, tenida por la obra maestra de Sandeau, parece reproducir la historia íntima de Jorge Sand, su fuga del hogar doméstico, los ensueños y los desencantos de sus aventuras pasionales; diríase que al frente de esa obra pudo escribir el autor la frase de Espronceda sobre el *Canto a Teresa*: «Es un desahogo de mi corazón».

Sin embargo, si el lirismo de *Lelia* se oponía a la marcha ordenada de la sociedad, si minaba los cimientos de la familia, el oculto dolor del alma, tal vez ulcerada y rencorosa, de Sandeau, le dictaba opiniones al diapasón de las aspiraciones generales, a la reacción antirromántica. Jorge Sand representaba el desorden; Sandeau, lo normal, el criterio de la inmensa mayoría, la moral social aceptada y consagrada por la religión, y cuando la religión faltase, por lo natural de los afectos humanos.

Otra obra que parece inspirada también en los añejos resquemores de Sandeau es la titulada Fernando, severísima condenación del adulterio y exposición de sus consecuencias fatales, con una venganza conyugal más lenta y hábilmente combinada, pero no menos implacable que la de cualquier esposo calderoniano. Lo que Jorge Sand elevaba a la categoría de sagrado y divino, Sandeau lo clasificaba entre las infecciones sociales que importa combatir, aplicando, si es preciso, el fuego purificador.

Lo mismo que Mariana, fueron acogidas con aplauso y simpatía otras obras de Sandeau, como *La señorita de La Seigliére*, *Blasones y talegas* y *Magdalena*. Su público (no un público restringido, sino muy numeroso) le seguía con la fidelidad que luego le veremos tributar a Feuillet; de sus obras multiplicábanse las ediciones, se traducían, se aplaudían adaptadas al teatro, y la gente seria las introducía en su hogar, a la vez que la Academia las coronaba. En medio de tantos halagos de la suerte, Sandeau era el primer novelista que ingresaba en la Academia; y se sentaba entre los inmortales, representando a un género hasta entonces excluido. Con razón dijo Sainte Beuve, refiriéndose a este suceso, que si Sandeau había tenido en su vida muchos éxitos, ninguno como este, no obtenido antaño por Lesage ni por el abate Prévost —los autores de *Gil Blas* y de *Manon Lescaut*—, y rehusado en nuestros días a Balzac... La literatura novelesca moral abrió aquellas puertas, cerradas para el genio.

A pesar de la respetabilidad y nombre adquiridos por Sandeau, el corifeo y maestro de la novela moralizante, y el más alto dentro de ella, es, sin duda, Octavio Feuillet.

Feuillet era consciente en su papel de jefe de una escuela opuesta a la literatura cruda y materialista; pero, al mismo tiempo, era un literato con inclinaciones estéticas, que no sacrificaba su gusto al de la multitud, ansiosa de que la virtud, al final, reciba su recompensa, y el vicio su castigo. Feuillet sentía el deseo, no tanto de perfección, como de diversificación, una de las maneras que tiene la vida de llamar a sí al arte; existía en él estímulo provechoso de orgullo artístico y, con tales condiciones, no podía ser un vulgar fabricante de literatura azul.

No sería ni exacto ni justo repetir, con un crítico maligno, que el núcleo de las admiradoras de Feuillet se reclutaba entre las duquesas. He conocido yo aquí, en España, partidarios acérrimos de Feuillet, y han sido y continúan siendo vertidas al castellano sus obras, como también suele aún subir a escena la adaptación teatral de *La novela de un joven pobre*, «el mayor éxito de lágrimas de su tiempo». Seguramente innumerables lectores, de los dos sexos, le pusieron por encima de Balzac y de Flaubert, fundándose, no en que les hubiese interesado la lectura, haciéndoles volver hojas y aun saltarlas, para conocer el desenlace —como se diría de un Ponsón du Terrail o de un Gaboriau—, sino en consideraciones de orden más elevado, pues no cabe, mírasele como se le mire, situar a Feuillet fuera del arte; de cierto arte, del suyo, lo cual ya no es poco.

Al margen del arte, sin embargo, le relegaron los más notables críticos de su época: Sainte Beuve, Lemaître, Schérer, Anatolio France. Y otros hicieron más y peor: no contar con él, o consagrarle una mención benévola y breve.

Su único vindicador, Brunetière, se pregunta la causa de esta actitud de la crítica, que contrasta con la no interrumpida carrera triunfal recorrida por Octavio Feuillet, durante cerca de medio siglo. Acaso el mismo triunfo explique la severidad. Si no fue justo tratarle tan mal, ni darle aquellos sobrenombres desdeñosos de «Musset de las familias» y «autor favorito de la emperatriz Eugenia», tampoco dejaba de existir desproporción entre el valer propio de Feuillet y los lauros y honores, negados a autores de más valía. No es malo que los soberanos ensalcen y distingan a los literatos; sí que no lo hagan con discernimiento y espíritu de análisis, y entre Mérimée y Feuillet, había peldaños.

Los elementos de Feuillet son varios: cuando empezó su labor literaria en el teatro, se inspiró en Musset y en Scribe; cuando se dedicó a la novela, ejercieron influencia sobre él, al principio, Jorge Sand y Sandeau. Definido ya su estilo propio, pudo entroncársele con los novelistas clásicos, más o menos idealistas, de su patria y de Inglaterra: con madama de Lafayette, autora de *La princesa de Cléves*; con Richardson y su Clarisa Harlowe; con la *Eloísa*, de Rousseau; con la Staël en *Delfina*, y con Jorge Sand en *Indiana*; y bien pudiera esta genealogía de la novela idealista, remontándose mucho, ascender hasta el *Amadís*, padre del género. Lo que se reconoció unánimemente en Feuillet, fue el don de lo «romancesco»: y nótese que, si lo romancesco difiere de lo romántico, se distancia también de la trillada senda del buen sentido, por la cual se intentó, en protesta contra el romanticismo, llevar en carreta a la literatura. Este peligro contribuyó Feuillet a conjurarlo, porque era elegante, altanero, melancólico, soñador.

En Feuillet está encarnada una de las formas características de la transición. Empezó combatiendo al romanticismo, y acabó luchando a brazo partido con el naturalismo, sin desertar un momento de sus primeras posiciones, idealistas y morales, de una moralidad elevada, fundada en un concepto aristocrático.

Todo esto que voy escribiendo requiere razonarse un poco.

Lo romancesco difiere de lo romántico, aunque en las obras de la escuela romántica se encuentre tanto romancesco. Hay, dice sabiamente Brunetière, infinitas maneras de ser romancesco, y hasta en la escuela naturalista, y mucho más en las que la siguieron y consumaron su desintegración, encontraremos lo romancesco a cada paso. No sé de nada más romancesco que El pecado del cura Mouret, a menos que sea *Germinal*. Feuillet, distinguiendo, proclamó que aspiraba a lo romancesco honrado y decente, que encarna la belleza moral; y la distinción es admisible. Como bastantes escritores que le precedieron, como el mismo Racine, Feuillet cifró la belleza moral en las luchas arduas del deber con la pasión; no excluyó la pasión de sus fábulas; al contrario, la hizo su eje, porque sabía que sin pasión no hay arte, y al decir pasión, claro es que no me refiero únicamente a la amorosa, pues Don *Quijote*, verbi gracia, platónicamente enamorado de Dulcinea, sufre sin platonismo, activamente, la pasión del honor, de la justicia y de la gloria. No es, pues, la pasión lo que alarma en las teorías del romanticismo, como no había alarmado en el gran teatro de Racine y de Corneille, tan pasionales.

El peligro del romanticismo no estaba en el estudio y expresión de la pasión, sino en su apoteosis, en la teoría de su legitimidad y santidad, como todo el daño y pestilencia de las letras francesas, desde la Revolución, fue no solo la pintura y la excusa, sino la divinización de los instintos, los más poéticos y sublimes y los más groseros, los más normales y los más perversos.

Y esta obra de sanción total de lo humano, la inició el romanticismo, y continuó dentro de las escuelas que parecían su antítesis, pero proseguían la tarea de que el hombre «fuese como Dios», viva ley de sí propio; bueno y santo por el hecho de ser.

No late, sin embargo, en la oposición de Feuillet a las dos escuelas opuestas en sus procedimientos, pero conformes en sancionar el instinto, un estrecho espíritu religioso. No representa dentro de la novela la doctrina estrictamente católica, a pesar de la *Historia de Sibila*, calificada de clerical. Ni Feuillet fue un convertido, como Pablo Feval, y más tarde Huysmans, ni se cuenta entre sus libros ninguno que esté impregnado del aroma de piedad ardiente que exhalan *La narración de una hermana*, de madama Craven, o *El leproso de la ciudad de Aosta*. La moral de Feuillet, y estoy por decir que su cristianismo, son del género caballeresco. Lo malo es malo porque no es noble; lo feo es feo porque tampoco es noble, ni aristocrático, ni distinguido, ni de buen tono, y yo propendo a creer que, como el señor de Camors padre, Feuillet firmaría de buen grado la profesión de fe de que el honor es lo único que importa respetar y conservar en este mundo. Aun cuando, en la misma novela, se prueba que no basta lo caballeresco para no delinquir, y que solo la fe salva, se advierte que el autor continúa prendado de su altivo ideal.

No era Feuillet de sangre azul, sino de burguesía decorosa, ilustrada; tuvo ocasión de rozarse con personas de alta clase, y adoptó ya ese ambiente para sus obras y para su vida y pensamiento. Tuvo, dice con gracia un crítico, la ocurrencia de preferir un salón a una zahúrda. ¿Es fiel en Feuillet la transcripción de los medios aristocráticos y el estudio de las almas?

Lemaître, con su acostumbrada agudeza, plantea esta cuestión. «Es asombroso —dice— lo que ciertos salones de Feuillet me hacen simpática la aldea minera de *Germinal*. ¡Por amor de Dios, venga una heroína que no sea espléndidamente hermosa y de piramidal entendimiento! ¡Venga un galán que no sea un prodigio! ¡Uno al menos que no monte perfectamente a caballo! ¿De veras son así todos los hombres y las mujeres en el arrabal de San Germán? Habrá que creerlo a ciegas, ya que no podemos verlo, lo cual nos chafa. La continua exhibición de ese mundo inaccesible tiene algo de molesto para los que no hemos nacido y no entramos en él».

Lo que Lemaître insinúa es que puede haber mucho de convencional, de facticio, en la pintura de ese mundo hecha por Feuillet. No está lo convencional en las descripciones, en Feuillet siempre rápidas, de lugares, habitaciones, muebles y accesorios del alta vida. Hállase más bien en los caracteres y en la fábula dramática.

No relata Feuillet casos imposibles, pero sí raros, y su procedimiento de acumulación de lo noble y lo romancesco no le va en zaga al de Zola cuando amontona torpezas o groserías. Verdad es que la escuela de Feuillet concede mayores derechos a la imaginación y puede prescindir más de lo verosímil.

Si es lícito hacer intervenir una impresión personal, añadiré algo a la pregunta de Lemaître.

Yo no he penetrado en el arrabal de San Germán sino cosa de un mes, pero muy íntimamente, y comiendo y almorzando en las casas más entonadas de él todos los días. Era hace bastantes años. No tengo la pretensión de haber observado mucho en tan corto tiempo: solo diré que leyendo después las novelas de Feuillet y las de Balzac, en las últimas fue donde me pareció encontrar impresiones análogas a lo visto por mis ojos. Había transcurrido, sin embargo, más de una generación desde *La comedia humana*, lo cual cambia el aspecto de una capa social. Feuillet estaba cerca, Balzac, lejos. Y era Balzac el exacto pintor.

Las obras más nombradas de Feuillet son *La novela de un joven pobre*, *La historia de Sibila*, *El señor de Camors*, *Julia de Trecoeur*, *El diario de una mujer, La muerta. La novela de un joven pobre*, a decir verdad, es obra del bastardo género sentimental, falso como el dublé, y soy testigo de que hoy, cuando su adaptación se pone en escena, el público se burla, mostrándose más severo aún que con *Batalla de damas*, de Scribe. Las novelas que vinieron después revelan mayor vigor y verdad en los caracteres, a pesar de la idealización. Hay dos méritos que nadie regatea a Feuillet: el arte de contar muy bien las tragedias amorosas, y el de estudiar ahincadamente tipos de mujer muy semejantes entre sí, dice Lemaître, porque todas son neuróticas, o, hablando mal y pronto, histéricas. En la preocupación incesante de la mujer y del amor, Feuillet se adelanta a Dumas hijo, y señala la ruta a novelistas y dramaturgos actuales, discípulos en esto del autor de Julia de Trécoeur.

Para los que esperaban de Feuillet historias siempre morales, pudo ser una decepción el giro que tomó su pluma: el azul y el rosa dejaron de ser sus colores predilectos, sustituidos por el gules y el sinople heráldicos. No excusó las faltas, pero las envolvió en poesía. No faltó quién, observando esta nueva tendencia, le acusase de haber creado la castidad del libertinaje, el «mírame y no me toques» del fruto prohibido; más adelante llegó a acusársele de adoptar procedimientos naturalistas bajo el velo del idealismo. En conjunto, no obstante, la opinión siguió viendo en las obras de Feuillet una protesta desdeñosa y grave contra la lenta corrupción de las costumbres públicas.

Su obra de combate en este terreno fue la discutida *Historia de Sibila*, que dio ocasión a que Jorge Sand la impugnase en otra, *La señorita de la Quintinie*. Ventilábase en ambos libros la cuestión religiosa y de conciencia; por el retraso con que aquí suele llegar la moda, entre nosotros vinieron mucho después *Gloria*, *La familia de León Roch* y *De tal palo tal astilla*, sin hablar de *El escándalo*. En la obra de Feuillet, Sibila, católica, rescata, con su vida, el alma del hombre incrédulo y librepensador a quien ama; en la de Jorge Sand, es el amante librepensador el que triunfa de las ideas de su amada, la creyente Lucía.

Hay que reconocer con Brunetière, y en honor de Feuillet, que ha adoptado en sus obras de tesis la actitud más noble, reclamando la independencia espiritual de la mujer, en toda cuestión de conciencia. Jorge Sand, en este particular, no era feminista; no en balde adolecía, desde sus primeros pasos en la senda intelectual, de sujeción a ideas y criterios ajenos y viriles. Dice el ilustre crítico antes citado, que la autora de *Indiana* y de *Valentina* no ha sabido abogar tan elocuentemente por la causa de su sexo, ni tener tan alta idea de los derechos de la mujer, como Feuillet. Y he aquí un modo de pensar que Feuillet no habrá aprendido, de cierto, en los salones, donde tenían tanto partido sus escritos, y las señoras le admiraban devotamente.

Por la enseñanza del deber, por la lucha con las pasiones, Feuillet es un antirromántico; por la calidad selecta de los caracteres y lo excepcional de los casos, un enemigo de las nuevas tendencias realistas. No censura Feuillet los vicios del pueblo, porque ni lo mira; pero, a las altas clases, cuyo libro santo es el honor, las alecciona. Extravíos personales, no reprimidos desde el primer momento por fuerte y grave disciplina moral, ocasionan las catástrofes de Julia de Trécoeur, la incestuosa, precipitada al suicidio; de Luis de Camors, que traiciona la amistad y atenta a la honradez y a la felicidad de las personas a quienes debe más respeto, más amor; de tantos héroes y heroínas, todos de la misma raza, de igual condición, gente de altura, mujeres exquisitas, de abolengo y educación, que conservan, y hasta diría que acentúan, en medio del pecado y la contravención a sagradas leyes, la actitud altanera de reinas sociales. Cuida Feuillet de no recargar prosaicamente las consecuencias; su moraleja no es casera, al contrario, lleva un sello aristocrático, como si los humildes y los cursis tuviesen otros deberes y otro catecismo que la crema de la sociedad. Y por este mismo sello, entre profano y ascético, se distinguían las creaciones de Feuillet de tantas otras de su escuela, y vivirán, especialmente, Julia de Trécoeur y *El señor de Camors*, cuya primera parte es admirable.

No me atrevo a decir lo propio del suizo Cherbuliez. A pesar de una novela bien construida, *La tema de Juan Tozudo*, y algunas otras en que la ficción entretiene, como *El conde Kostia* y *La aventura de Ladislao Bolski*, me temo que este novelista, hombre de talento, moralista sagaz, no deje rastro. Todo es en él invención, y, como ha notado acertadamente Pellissier, carece del don de la vida. Zola le trató muy duramente, soltándole un zarpazo. «Prefiero a Feuillet» —escribe—. «Este, al menos, se queda en Francia; pero Cherbuliez elige sus personajes entre polacos, húngaros y tiroleses, lo cual le permite mentir más a gusto.»

Una sola novela ha valido a Eugenio Fromentin, notable pintor, autor de intensas y coloreadas narraciones de viajes, puesto de honor entre los novelistas idealistas y psicólogos. *Dominica* es un librito afortunado, clásico ya, una obra maestra que no ha suscitado controversias en lo que se refiere a su valor.

Llegado el momento de considerar a la escuela en la totalidad de su significación dentro de las letras de este período, lo primero que ocurre es que pudo ser un elemento defensivo para la sociedad y la Patria, y que a esto aspiraron, sin duda, sus creadores, y en especial Feuillet, el más considerable, el más artista. ¿Por qué no lo fue, y nació, por decirlo así, vencido el idealismo? ¿Es que sus afiliados tienen menos talento que los románticos puros, y los realistas y naturalistas? No cabe negar que entre los idealistas moralizadores faltan un Víctor Hugo, una Jorge Sand, y no existe un Balzac, un Flaubert, un Maupassant, un Zola. ¿Es que la tesis apaga la genialidad, es que el arte pide independencia? Me inclino a creerlo. De todas suertes, no sería el idealismo un obstáculo para el genio, y nos lo demuestra Lamartine; pero recordemos que en sus novelas idealistas apenas hay tesis, ni social, ni política, y la religiosidad nace del sentimiento, de la efusión del alma.

Por lo que hace a la defensa de la sociedad, no se ha menester profesar el idealismo novelesco para contribuir a ella. Balzac es, como sabemos, y quizás en primer término, un novelista social. Doblemente un novelista social, porque tampoco trata de sostener tesis, y la tesis se presenta ella sola, desnuda, terrible. Hacer ver que a una sociedad le falta ideal y que está en proceso de descomposición ¿dónde hay lección más enérgica? Y resalta de *La comedia humana*, en conjunto, sin que pueda disputársele a Feuillet el mérito de haberla formulado en aspectos parciales, en el caso muy hondo y muy verdadero de Luis de Camors, o en el menos frecuente, pero no por eso increíble, de Julia de Trécoeur, que, sin tantas declamaciones y tanto galimatías sentimental y místico, es, mil veces más que *Lelia* y que *Indiana*, un caso de romanticismo agudo.

X. El teatro. La resurrección de la tragedia: Ponsard. El advenimiento de la comedia: Scribe. El lirismo y la fantasía. Alfredo de Musset. La sátira de las costumbres: Feuillet, Barrere, Sandeau. Restos de romanticismo: Jorge Sand

Desde 1840, el teatro cambia de un modo súbito. No había logrado echar raíces en la escena el romanticismo, y bastó para barrerlo el fracaso estrepitoso de *Los Burgraves*.

No encajaba en el genio francés el teatro romántico. Para Francia, a pesar de Corneille, que es un españolizante, fue el teatro o enseñanza y lección, escuela de las costumbres —y a este ideal responde plenamente Molière— o estudio de cuestiones pasionales, de amor y sentimiento, como en Racine. Los fogosos arranques de los incluseros Antony y Didier; las querellas del hidalgo bandido español de capa y chambergo; la sombría venganza del bufón del rey; las retahílas indignadas de Ruy Blas; los venenos de Lucrecia Borgia y los asesinatos de La torre de Nesle, no pertenecían a lo castizo, y con razón sobrada dice Filon que el romanticismo dio a Francia una poesía, pero en balde trató de darle un teatro.

Rechazado ya por el público como lo había sido por la crítica el drama romántico, se acerca la hora de la comedia, sea alta o llana, pero siempre ejemplar o satírica. La sociedad, con sus múltiples intereses, hablará por la boca de embudo de la máscara cómica. Vengan los satíricos y los prestidigitadores; vengan también los reformadores, el teatro de tesis al lado del de artificio mecánico, de taracea; ábrase la larga era de Scribe, Augier y Dumas hijo, para cuya glorificación se retiran Hugo y Dumas padre.

Mucho perdía el romanticismo al perder el teatro, no solo porque el teatro será, mientras exista, la más social de las formas literarias (sin excluir la oratoria), sino porque en el teatro había obtenido su resonante victoria, en lucha con adversario tan poderoso como la tradición nacional.

Para mayor confusión de los antiguos melenudos, antes de que la comedia lo invadiese todo, pudieron ver cómo salía de su sarcófago la tragedia, por ellos con escarnio enterrada. Ponsard fue el llamado a hacerla revivir. No era que Ponsard, atraído hacia Víctor Hugo por admiraciones juveniles públicamente expresadas, enemigo declarado del clasicismo y de las pelucas, pensase restaurar algo para siempre fenecido, la tragedia clásica, tal cual se concebía en los días anteriores al manifiesto de Cromwell y a Hernani. La teoría de Ponsard era más tímida y discreta; fundir las dos escuelas en una fórmula que las reconciliase; conseguir que se abrazasen Shakespeare, patrón de los románticos, y Racine, numen del clasicismo de su patria. Reconocía que había algo caduco en la tragedia y pretendía remozarla. La obra requería alientos titánicos, de que Ponsard, poeta estimable, ingenio mesurado, carecía seguramente.

En el teatro, lo que llamamos accesorio, la interpretación, influye tanto como lo esencial. No tuvo escasa parte en el pasajero resurgimiento de la tragedia la iniciativa de la gran comedianta Raquel. Antes del estreno de Lucrecia se había atrevido con el proscrito repertorio clásico de Corneille y Racine, que, dígase en honor del buen gusto francés, desde entonces no ha cesado de alternar en los escenarios parisienses. El tremendo fiasco de Los Burgraves allanó el camino a la Lucrecia que Ponsard tenía escrita, y que en vano trataba de hacer admitir para su representación. Los vientos eran propicios. Lucrecia provocó un delirio de entusiasmo; fue su estreno el desquite de Hernani. En horas, Ponsard se vio célebre, pensionado, laureado, condecorado, llevado en triunfo y capitaneando la escuela antirromántica, llamada del sentido común.

También por acá tuvimos nuestra restauración de la tragedia. Llamo la atención hacia el hecho porque revela —entre tantos otros— la influencia que ejerce Francia sobre los autores que acaso más se preciaron de españolismo. El padre Blanco García, en su Historia de la literatura española en el sido XIX, dice: «Tamayo volvió después los ojos a la muerta tradición de Racine y Alfieri, que en París intentaban resucitar Ponsard y sus discípulos...». Tamayo, realmente, no hizo otra cosa sino inspirarse en lo extranjero. En Virginia, como Ponsard en Lucrecia, busca Tamayo, más que la restauración, la adaptación hábil de ciertas tradiciones clásicas a las prerrogativas ganadas por el romanticismo.

La acogida exaltada que obtuvo Lucrecia no fue, pues, señal de que la tragedia reflorecía, sino de que, en las tablas, el romanticismo había finado. Y, en efecto (al menos, con sus caracteres típicos), no debía reaparecer. En España, por ejemplo, hemos presenciado nuevas encarnaciones del teatro romántico, y bastará citar a Echegaray; pero es que aquí, nuestra tradición teatral, desde el siglo XVII, de llena está dentro del romanticismo. No así en Francia. Su índole propia se afirmaba en la comedia, más o menos dramatizada, y hasta melodramática, pero a cien leguas de los ejemplares genuinos de romanticismo, de Hernani y de Antony.

Al hablar de la comedia, no hay más recurso que comenzar por estampar el nombre de Scribe.

No es ciertamente el de un genio, a menos que se consideren dotes geniales la fecundidad, la agilidad, la destreza, la inagotable vena. Si pensamos en los grandes autores cómicos que han ganado la inmortalidad —y nos limitaremos, ya que de Francia se trata, a recordar a Molière—, no podemos clasificar a Scribe sino entre los fabricantes.

Como otros escritores, de quienes se ha dicho algo en estas páginas, y que tampoco fueron genios, Scribe llegó, durante su larga carrera, a hacerse dueño del público; y este favor duró un cuarto de siglo, y, rebasando las fronteras de Francia, pasó a Rusia; hay quien dice que llegó hasta China. Y, también al igual de esos otros escritores a quienes le asimilo, Scribe pasa por un amuseur, a pesar de los elogios de Brunetière, bajo los cuales laten tantas restricciones.

Sin embargo, cuando un autor ha abundado y rebosado como Scribe y Dumas, no es posible prescindir de él; se truncaría, en cierto modo, la época literaria a que pertenecen. Por otra parte, Scribe tiene su papel, su lugar, y aun el derecho de decir que sobre sus huellas pisaron cuantos vinieron en pos.

Scribe no hizo teatro por ser escritor; fue escritor por su invencible afición al teatro, que le hizo abandonar la carrera de la abogacía. Era de temperamento equilibrado, de espíritu moderado, y la llaneza de su condición es la misma de su factura. Ni alardea de artista, ni busca la elevación del pensamiento, ni siquiera tiene ínfulas de moralista, ni va más allá del buen sentido práctico, reflejo de su vida metódica y de su temperamento moderado y lleno de cordura.

Solo o acompañado de los asiduos colaboradores a quienes alguien deseaba ver sentados por lo menos en banquetas, rodeando el sillón de académico de Scribe, este infatigable productor trabaja desde mucho antes del período de transición, y mientras el teatro romántico prepondera, mantiénese agazapado en sus vaudevilles. Pasada la fuerza del torrente, Scribe puede ya hacerse oír, y, sin remontar el vuelo hasta donde no le alcanzarían las alas, se cuela por los dominios del alta comedia histórica, social y política.

Mirándolo bien, es un hombre muy representativo de Francia y del momento en que brilló, bajo el régimen del justo medio. Parisiense de nacimiento, su teatro tiene algo de la industriosa habilidad que sabe desplegar París cuando trata de ganar clientela y de atraer, durante un momento, al público que aplaude y paga. No era a los artistas a quienes pretendía gustar Scribe; se contentaba con los espectadores. La indignación de Teófilo Gautier contra tan diestro tejedor de teatro, ayuda a definirle; es el autor a quien el esteta no puede sufrir, porque representa la mediocridad, la vulgaridad, el sentido general y el agua corriente. Al tratar de Scribe, recuerdo lo que decía Edmundo de Goncourt, otro artista altanero como Gautier: «Lo bello es lo contrario de lo que agrada a mi cocinera y a mi querida».

Vino Scribe a personificar lo que todavía se entiende por «hombre de teatro», y no faltó quien dijese «hombre-teatro» a secas. Todas las inferioridades del género, las que dimanan de su misma esencia, las concesiones, las mañas, la buena armonía con el bajo nivel de la multitud reunida en un recinto para pasar la noche; el descuido del estilo, cien veces más simpático a ese público que el primor literario y los remontados pensamientos, porque es el lenguaje a que está acostumbrado, el mismo que emplea; la ciencia de lo que se llama, en la jerga teatral «mover los muñecos», «enredar la intriga», «sostener el interés», «crear situaciones», y dar sorpresas efectistas; el ideal no más alto de lo que lo pone la mayoría, todo accesible, todo rebajado de talla, todo sin calentarse la cabeza... lo que no ha cesado de exigir a los autores la muchedumbre, lo poseía Scribe en grado tal, que nadie pudo igualarle en flexibilidad de imaginación, en abundancia de recursos. Fue, en su tiempo, el fénix soñado por los empresarios; el escritor que se adapta al público como un guante, y a su época como a la carne un lienzo mojado; aquel en cuyos estrenos no se tiene miedo, porque se sabe que no cometerá la locura de escribir algo superior, algo fuerte, algo poético, o que pugne con las ideas admitidas.

«Horacio —dice un crítico— prohíbe al poeta la mediocridad; a Scribe le va con ella muy bien». Tan bien le va, que por el camino de sus comedias sin pretensiones entra en la Academia antes que Víctor Hugo y Alfredo de Vigny, y, consciente de lo que le vale tal chiripa, dice, hablando de un fracaso de Casimiro Delavigne: «Ahí está lo que se saca de ser poeta, de hacer versos muy bonitos. ¡No me sucederá a mí tal cosa!».

Todo cuanto era representable, incluso e drama trágico —recuérdese Adriana Lecouvreur—, lo fabricó Scribe: vaudevilles, farsas, libretos de ópera, de bailes de espectáculo, de pantomimas cómicas y trágicas, dramas, melodramas, comedias de magia y algo que pudiera asimilarse a nuestros pasillos, apropósitos y disparates; revistas, sátiras políticas, sátiras de costumbres, comedias históricas, nada falta en el repertorio, y nada ha sobrevivido; nada salió a flote.

La misma habilidad que desplegó Scribe para sacar partido de sus condiciones de mediocridad, la tuvo para no indisponerse con ningún partido, y halagando a la monarquía, a los Borbones, a Luis Felipe, no descontentar ni al liberalismo triunfante, ni a la misma guardia nacional, blanco de su sátira ligera. Fue de esos que, saltando de piedra en piedra, pasan el río a pie enjuto. La lengua francesa debe a su musa riente la palabra calicot, aplicada a los dependientes de comercio.

Pues bien; este autor o, mejor dicho, este constructor de obras tan varias, este avisado y experto proveedor de escena, que vivió pendiente del gusto del público, y cuarenta años supo entretenerlo y continuó engatusándolo mientras los geniales se estrellaban; este escritor, reñido con la gramática y el estilo, no puede ser omitido al reseñar un movimiento literario, no solo porque, con todas sus condiciones de inferioridad, su teatro refleja, de un modo epidérmico y superficial si se quiere, pero exacto, un estado social, sino porque en él se inspiraron después otros autores dramáticos de más ínfulas, como Augier, y con el tiempo, y en grandes proporciones, Sardou, el situacionista...

Reconociendo las dotes verdaderamente excepcionales que poseyó Scribe para el enredo dramático, y que Dumas hijo calificó de juego de prestidigitación, se pregunta Brunetière por qué, de más de cuatrocientas obras que hizo solo o en colaboración —pues Scribe, como Dumas padre, se proporcionó una brigada de colaboradores—, no queda rastro ni memoria. Y encuentra que hay que achacarlo al abuso hecho por Scribe de esas mismas extraordinarias cualidades de hombre-teatro, como le llamó Légouvé. Añade el mismo crítico, dándose el gusto de desarrollar una ingeniosa paradoja, que la causa del hundimiento del frondoso repertorio del más fecundo y afortunado de los autores dramáticos franceses, no es otra sino que aquel burgués, aquel filisteo, aquel guardia nacional de gorro de algodón, hacía, lo mismo que Gautier, que le miraba por encima del hombro, nada menos que «arte por el arte». La paradoja merece transcribirse.

Scribe —dice Brunetière— trataba el teatro como los parnasianos trataron la poesía. Al revés que Molière y que Beaumarchais, Scribe no creía que el objeto del teatro fuese la imitación de la vida: así lo hizo constar en su Discurso, cuando ingresó en la Academia francesa. Con mayor firmeza si cabe, entendió que el teatro no tiene por fin ni moralizar, ni instruir, ni aun atacar o defender idea alguna; es decir que, en el teatro, no vio sino el teatro mismo, y, dentro de él, los medios artísticos que le pertenecen: la novedad de las situaciones, lo ingenioso de las combinaciones, lo imprevisto del desenlace. Aislando así el teatro, como Gautier y Banville aislaron el verso, buscando la dificultad para vencerla, como juega un malabarista con sus hojas de cuchillo, Scribe, igual que los poetas impasibles y parnasianos, vio retirarse de su obra lo vital, y solo quedaron combinaciones matemáticas, ingeniosos engranajes y maniquíes movidos por hilos.

Por efecto de esta manera de ser de Scribe, se le debe, en la historia del teatro francés, lo que a los parnasianos en la de la poesía: el adelanto técnico, la perfección de los medios propios del arte. Ha dejado el modelo de la técnica teatral.

Y cree también el autorizado escritor que desarrolla este punto de vista, original como suelen ser los suyos, que, desde Scribe y Balzac, el teatro será únicamente el arte o el artificio, si se quiere, de Scribe, vivificado por el influjo naturalista de Balzac, cuya acción en lo dramático ha sido incalculable, a pesar de que sus obras no triunfaron en la escena.

Recordémoslas. Fue la primera Vautrin, que duró una noche, a pesar de que encarnaba el protagonista Federico Lemaître. No cayó Vautrin porque no agradase al público, sino porque el gran actor se hizo una cabeza semejante a la de Luis Felipe, y el Gobierno prohibió la obra. Vinieron después Las tretas de Quinola, comedia que se desarrolla en España, bajo Felipe II —y se precipitaron al foso—. Pamela Giraud pasó, como suele decirse, sin pena ni gloria. Balzac, sin embargo, no se desalentaba, y más adelante, estrenaba La madrastra, que, a decir verdad, es un melodrama negro, donde la nota cómica desentona, y donde un barniz realista encubre mal el fondo romántico espeluznante. Con Mercadet, tenemos completa la lista; y Mercadet, comedia satírica, cuyo asunto es el agio, no consiguió ser bien recibida por el público sino bastantes años después de la muerte de su autor. No es, pues, muy cuantioso el haber de Balzac en el teatro, y forma vivo contraste con la riqueza de Scribe; pero, según la exacta observación de Brunetière, no es por medio de su teatro como influirá Balzac en lo dramático, sino por *La comedia humana* (aunque realmente Mercadet debiera exceptuarse, pues influyó extraordinariamente). A partir de Balzac, el teatro cada vez se acercará más a la novela, a sus procedimientos realistas, y este fenómeno irá en progresión, hasta cuando el teatro poético, y aun rimado, venga a satisfacer la necesidad de ensueño y fantasía, que es eterna.

Shakespeare, numen invocado por los románticos, por Víctor Hugo especialmente; más invocado que imitado, dejó modelos de todos los géneros, o mejor dicho, de todas las formas internas teatrales; y en él se inspira el teatro de la fantasía, el teatro de Alfredo de Musset, que tiene el encanto peculiar de su autor, aquella mezcla de desenfado, sentimiento hondo y lirismo elegante, que él solo, entre los románticos, posee.

El teatro de Alfredo de Musset dio motivo a una de esas rectificaciones que solo realizan los públicos muy cultos, pues donde la crítica va a la zaga de los espectadores, el error, una vez cometido, no se repara nunca. Cuando era más empeñada la guerra entre románticos y clásicos, y el realismo apenas apuntaba, el público del Odeón rechazaba, sin querer oírla, La noche veneciana, de Musset. O el poeta no tenía empeño en triunfar como autor dramático, siendo su teatro, en cierto modo, ramificación de su poesía subjetiva, íntima, como pudieran serlo Las noches, o quedó lastimado su orgullo: no intentó ya representar sus obras dramáticas. Las publicó según las escribía.

La noche veneciana era un reflejo del desengaño sufrido en Venecia con Jorge Sand, y lleva por lema Pérfida como la onda. Sucesivamente fue cultivando el género, que tanto se diferencia de lo que se había considerado «teatro romántico». En la lucha contra el clasicismo, Musset estaba fuera de la fórmula; tenía su personalidad independiente y rebelde a los preceptos, a la retórica del Cenáculo, de cuyos ritos se había burlado en la célebre Balada. Lo observo, para que no sorprenda que del teatro de Musset no se hablase en otro volumen. Nótese que el teatro de Musset, como liemos dicho, no lleva más sello romántico que su lirismo. Por su filiación hállase fuera del motín de Hernani, fuera de la fórmula contenida en el manifiesto de Cromwell.

Cuando el teatro romántico yace bajo la losa, en 1847, una actriz francesa ve representar en San Petersburgo una obrita que le gusta: una traducción de El capricho, de Musset. Vuelve a París la actriz y saca a luz la obra, que entusiasma. Detrás, las restantes producciones de Musset, todas con igual fortuna; y desde entonces, su hechizo resiste al tiempo.

Entre las obras teatrales de Musset figuran esas comedietas de salón, género que tenía precedentes en los Proverbios dramáticos, de Teodoro Leclerq. Son cuentos de ensueño, y su acción (si puede dársele este nombre, que transciende demasiado a mecánica teatral) se desarrolla en cualquier país alumbrado por la luz lunar de la fantasía: Italia, Sicilia, Hungría, Baviera, lejos, fuera de la exigencia colorista (aunque tan poco rigurosa) de las Españas y las Germanias de Hernani y Los Burgraves, en las cuales hay intención de reflejar lo local, mientras Musset solo busca, en esos fondos vaporosos, a lo Vatteau, lo flotante e ilusorio, la magia casi musical de los lugares imaginarios, que, aun cuando lleven un nombre geográfico, no han existido sino en la mente de un poeta.

Esta sustracción a las leyes de la realidad, este teatro que se desarrolla dentro de un espíritu, son el mérito especial y propio de Musset. Pero nótese que la realidad a que Musset se sustrae, es la positiva y concreta. En todo ensueño verdaderamente poético hay fondo de verdad humana; y nadie pudiera negar que este fondo sea el principal, doloroso atractivo de Las noches, de Musset, y lo que sazona su fantástico teatro.

En efecto, sin pretenderlo, siguiendo la corriente de su propio sentir, Musset refleja en algún personaje, y acaso con mayor fuerza que Hugo en su Didier y Dumas en su Antony, el mal del siglo, la tortura de tantos hijos suyos, el exceso de análisis, el exceso de autocontemplación. Fantasio no tiene menos fuerza y sugestión de melancolía que René; pero nos cuenta su soledad, su vértigo moral, al repique argentino de sus cascabeles de loco. Como niño que es, hace una travesura: desbarata, por medio de cómico ardid, la boda de la princesa de Baviera con el duque de Mantua, y se reserva, al lado de la ya enamorada doncella, el dulce papel de su bufón. «Ven cuando quieras y te irás luego cuando te plazca» murmura la princesa. Así se le dice a la fantasía volandera y caprichosa...

Otro tema del teatro de Musset es el amor y sus penas. No lo analiza objetivamente; como siempre, es su lirismo lo que nos presenta bajo la fábula entretejida de hilos de oro y rayuelos de Luna.

Dícese que la aventura de Fortunio en El candelero es una desilusión de Musset adolescente. Fortunio ama con la idealidad de los dieciocho años; su adorada le toma por juguete, le engaña, suerte común de quien ama de veras, drama íntimo de Fortunio, y de Celio, en Los caprichos de Mariana. En amor, tal es la teoría de Musset, hay siempre una víctima, llámese Fortunio, Celio o Roseta; en amor todo es sufrimiento, martirio y crucifixión del corazón; pero Musset hubiese firmado este verso de otro gran poeta español:

Todo en amor es triste;
mas triste y todo, es lo mejor que existe.

Lo cierto del teatro de Musset es que no ha envejecido, como no envejecen los sentimientos eternamente primaverales que en él se estudian con melancólico encanto. Sin llegar nunca a sentimentalismo; entremezclado con la risa, como en la vida sucede, lo infinito del anhelo late en ese teatro que tiene tantos precedentes, del cual Sainte Beuve dijo que le producía el efecto de una traducción, y que, sin duda, pudiendo saludar como ascendientes a Shakespeare, a Marivaux, a otros acaso, lleva un sello de originalidad en su sincera revelación de la personalidad del autor, en su estrecha fraternidad con los versos y la prosa de Musset. Quizás el alma del poeta no se haya manifestado de un modo más intenso ni en Las noches, ni en Rolla, ni en La confesión de un hijo del siglo; el velo de la inevitable, aunque transparente, ficción teatral, hace más insinuante la revelación y la queja y el humorismo que debajo palpita. En ninguna parte Alfredo de Musset es más fiel a sí mismo, a su naturaleza propia, que en su teatro, y por eso se ha podido decir que en el teatro de Musset, y no en Kean o El rey se divierte, es donde el sollozo romántico no engaña, donde arranca del corazón.

La imitación del teatro de Musset, realizada por Octavio Feuillet en varias comedias, fue lo que le valió la denominación de «Musset de las familias». Naturalmente, la distancia entre el discípulo y el maestro es considerable. Para reproducir el teatro de Musset había que transfundirse en él, tener su alma; porque nadie menos objetivo que Musset, el cual, como Byron, se ha reflejado en todos sus héroes, hasta en el tenaz conspirador Lorenzaccio.

Feuillet trabajó bastante para el teatro, en el cual no le abandonó la suerte que presidía a sus destinos. Dalila pasa por ser su obra maestra teatral; pero a Dalila va unida una acusación de plagio, de imitación patente cuando menos, y recordando el argumento de Dalila y comparándolo al de Las mozas de mármol, de Barriére, que son anteriores, no cabe negarlo.

¡Y qué larga tela teatral queda cortada en esas dos comedias! ¡Cuánta saliva y cuánta tinta han de hacer gastar!

Suscitan la cuestión, aparentemente profunda, de la «redención de la cortesana»; y aunque sea increíble que tal supuesto problema inquiete a un siglo y a una literatura, lo positivo es que la prensa y las letras le dieron proporciones desmedidas, agigantándolo. Dumas hijo, en *La dama de las camelias*, había poetizado, sublimado, redimido por el sentimiento a una Magdalena; Barriére y Feuillet, en pos, sentaron que las Magdalenas no tienen corazón, y, por lo tanto, no son redimibles. Es extraño que no se haya empezado por reconocer que las Magdalenas son mujeres, y que las mujeres no son todas iguales; que unas se redimirán y otras no, y que esto pende esencialmente de los caracteres y las circunstancias. Una tesis nueva, sustentada en Dalila y en Las mozas de mármol, también es de las que tienen siete vidas. ¡Ay del artista que se entrega a la disipación en brazos de las cortesanas! Inutilizado, perdido para el arte. Aun cuando esto ya sea más defendible, por mil razones, unas del orden fisiológico, otras del moral, tampoco merece los honores de un debate tan largo y pretencioso... Es, a lo sumo, consejo higiénico, no aplicable solo a los pintores y escultores. Los dramaturgos lo han elevado a símbolo de misteriosa creencia. Todavía no ha mucho, Sudermann, en El fin de Sodoma, ha dado el centésimo golpe al artista inutilizado para su labor por la corrupción y los excesos. Comentario al verso célebre de Musset:

¡Oh! Malheur a celui qui laisse la débauche...

No prescindamos de Barriére, autor de Las mozas de mármol, pues la comedia de costumbres le debe bastante con la sátira de Los bonachones fingidos. Son estos los modernos Tartufos, que no simulan religiosidad porque actualmente eso no les reportaría provecho alguno, pero afectan otras virtudes para ocultar su egoísmo y su inmoralidad inveterada. Uno finge honradez, y es capaz de vender a su padre; otro delicada sensibilidad en sus afectos de familia, y está deseando que se muera su mujer; otro cordialidad, y empieza ensalzando a todo el mundo, para acabar desollando y calumniando. La sátira de Barriére, a diferencia de la de Scribe, es amarga, pesimista, y llega hasta el limo de la miseria humana. He ahí, a mi ver, la razón de su superioridad.

Rico venero dramático asoma con la linda comedia de Ponsard; El honor y el dinero. No más afortunado en este género que en la tragedia, pero seguramente más acertado, Ponsard hizo donosa caricatura del hombre de negocios, de la metalización prosaica de parte de la sociedad. Era el momento en que el triunfo de Luis Napoleón inauguraba la época de tráfico y chanchullo que preparó, en gran parte al menos, el desastre. Verdad que la industria, con su desarrollo floreciente, imponía la hegemonía del dinero; pero las circunstancias políticas ayudaban a que la plutocracia apareciese como negación de la moralidad que hasta en los negocios hay derecho a exigir, en una nación que aspira a engrandecerse.

Ponsard satirizó donosamente al barrigudo financiero, al hombre millón, que acepta gustoso a un yerno y forma buena idea de él porque habla despreciativamente de la poesía. La idea de Ponsard dio origen a una serie de obras inspiradas en la misma idea (y recuérdese que la tesis se corrió a España, y la hicieron suya nuestros dramaturgos más afamados en El tanto por ciento y en la adaptación de la obra de León Laya, Le Duc Job, que valió aplausos sin cuento a Tamayo bajo el título de *Lo positivo*). Dilatada progenie tuvo la tesis de Ponsard, e hizo competencia a la de las Magdalenas redimidas y redimibles. El público se deshizo en ovaciones ante la actitud caballeresca de la serie de «jóvenes pobres y nobles», representación más o menos fiel de la vieja aristocracia despojada por la Revolución de sus bienes y prerrogativas, y desdeñada por los improvisados ricachones de las nuevas categorías sociales; y se regocijó cuando, en el último acto, por arte de magia, una fortuna se viene a las manos de estos sentimentales muchachos, en quienes encarna el romanticismo del desinterés.

Pero, aparte de esta forma candorosa, la cuestión del dinero reaparecerá en el teatro en otras más reales y humanas; y procede de Balzac, no solamente por *La comedia humana*, sino también por una de sus obras teatrales, Mercadet, donde crea el tipo del hombre especulador, vividor, sin escrúpulos, que se defiende con «los intereses creados»; no completo malvado, pero impávido aprovechador de lo ajeno; algo que tiene afinidades con aquel Roberto Macario que nació espontáneamente, en las tablas, de la observación instintiva de las tendencias de una época y los gustos de un público, realizada por un actor genial. Y Mercadet, el faiseur —no sé cómo traducir— tendrá sucesión interminable, porque la cuestión del dinero va a dominarlo todo, no solo en el teatro de Augier, sino hasta a veces en el de Dumas hijo, disputando al tema del adulterio la primacía.

Entre los precursores de Augier habría que citar a Sandeau, su colaborador más adelante, y cuya Señorita de la Seigliere, por más de un concepto, inicia otro tema, del cual procede El yerno del señor Poirier. También este tópico —las dos Francias, una hija de la revolución, otra adherida al antiguo régimen—, dio mucho juego.

El del adulterio, tan explotado después, lo llevó a la escena por primera vez (al menos con carácter de tesis), Jorge Sand, en Cosima. El honor conyugal, en escena, se vio calificado de «feroz prejuicio». Verdad que el adulterio lírico es el asunto pasional de Antony; pero Cosima es el adulterio rehabilitado, legitimado. Cuando se estrenó Cosima, empezaba a predominar, sobre las reivindicaciones anárquicas del romanticismo, el instinto de defensa social, el legalismo: la obra fue mal recibida. Mejor acogida obtuvieron, mucho después, los idilios sacados de las novelas campestres, y el marqués de Villemer.

Se ha fundado sobre firme base la comedia de costumbres. Cabe asegurar que no cesará de ser el género predilecto, lo general, lo nacional. Dos caracteres ha de presentar: variedad infinita de matices y constante tendencia a inspirarse en la novela, a confundirse con ella más cada vez. La línea divisoria entre los dos géneros tenderá a borrarse; pero todavía, frente al realismo, aunque en parte infiltrado de él, tenemos el teatro de los moralistas.

XI. El teatro. Los moralistas. Emilio Augier. Alejandro Dumas, hijo

Recordemos, una vez más, y no será la última, que hemos de prescindir de ajustarnos a un orden cronológico riguroso en estos estudios.

La mayor parte de las obras teatrales que nombraremos, se estrenaron después de 1850, fecha en que el advenimiento del realismo y casi del naturalismo es un hecho; y, sin embargo, no pertenecen al período naturalista; no se manifiestan contra él (lo cual las situaría dentro del mismo momento, como están unidos dos combatientes mientras combaten), sino fuera de él; y, rigurosamente, corresponden al periodo de transición.

Dijo con gran justeza un historiador literario que, «de 1825 a 1845, el romanticismo dota a Francia de una poesía y trata inútilmente de darle un teatro; y, de 1875 a 1895, el naturalismo, habiendo creado una forma nueva de novela, quiere implantarse en la escena, y se estrella, como le había sucedido al romanticismo. Los cuarenta años que separan a estas dos tentativas abortadas, pertenecen a Augier y a Dumas».

Figura Emilio Augier entre esa generación de literatos a quienes los Orleanes se complacieron en proteger y apadrinar, a quienes siguió distinguiendo Napoleón III, y que, durante el achatado reinado de Luis Felipe, y en la tarea de proscribir el romanticismo y preconizar la sensatez, habían contraído mezquindades y limitaciones. Cuando Augier se declaró admirador de Ponsard, y en la disputa de clásicos y románticos se inscribió en las filas de los secuaces del «buen sentido», fue prenda de su adhesión, no una tragedia, sino una comedia clásica, La Cicuta, que pasa por su obra maestra. En ella el moralista se vale de una fábula encantadora: el hastiado Clinias, que se apresta a morir bebiendo la verde papilla, renuncia a suicidarse y a su misantrópico aburrimiento, al rozarle con sus alas el verdadero amor de una esclava humilde. Esta idea la ha reproducido Sinkiewicz en un episodio de su novela más famosa. El personaje de Augier es réplica a los Renés y los Adolfos del romanticismo, por los cuales dijo Musset, en su Confesión de un hijo del siglo: «Semejante a la peste asiática exhalada por los vapores del Ganges, la horrenda desesperanza adelanta a pasos gigantescos. Chateaubriand, príncipe de la poesía, cobijando al espantoso ídolo bajo su manto de peregrino, lo había colocado en un altar de mármol, entre perfumes; y los hijos del siglo, llenos de inútil vigor, enderezaban las ociosas manos y bebían en copa estéril el emponzoñado brebaje». Esa ponzoña es la que Augier, en La Cicuta, les arranca para acercar a sus labios el manantial de amor. Amar, sentir, luchar y quizás sufrir, ahí está el remedio,

Después del fracaso de otra comedia, El hombre de bien, Augier permaneció tres años disponiéndose a probar fortuna con La aventurera. La aventurera no tiene el encanto de La Cicuta; su moraleja es vulgar, y se reduce, en sustancia, a que los viejos no deben enamorarse y menos de una buscona que sale no se sabe de dónde, y que les hace cara por su dinero, o, como la aventurera, por adquirir posición y respetabilidad mediante el matrimonio; pero la clase media, la gente seria y respetable, vio en la obra una censura de las malas costumbres, un panegírico de la vida de familia y de los hogares honrados, y no fue menester más: la fama de Augier, fundada con La Cicuta, quedó consagrada.

No he llegado a persuadirme, ciertamente, de que ni la clase media ni el justo medio fuesen mejores que otras clases y otros sistemas de gobierno; pero, representando también la transición en lo social, su exigencia era el orden, contra la anarquía romántica. Hay un género de hipocresía colectiva, que es espontánea, en que todos inciden, y que sirve de pantalla a vicios sin poesía y a corrupciones mansas, a la sombra de la ley. No se olvide que la sociedad bajo Luis Felipe (La aventurera es de 1848) es la misma que Balzac retrató de mano maestra y sin optimismo. Las sociedades, en la literatura, y más especialmente en el teatro, rara vez han querido aceptar la imagen real de sí propias, sino —como las viejas que se retocan y engalanan— de lo que desearían ser. Augier, el más burgués (a pesar de Scribe) de los autores dramáticos, cifra la moral en la familia, pero —según la acertada observación de mi ilustre amigo Doumic— no funda esa constitución y solidez de la familia en ninguna sanción religiosa. Es un ciudadano de 1840, que ha leído a Voltaire y desconfía de los jesuitas ocultos en la sombra, tramando contra el mundo moderno misteriosas conjuras. Quisiera transcribir el párrafo entero, por lo agudamente que analiza la mentalidad burguesa, cuya cristalización es el tantas veces proclamado buen sentido. En resumen, Augier, sumiéndose en esa corriente general, tenía que lograr adueñarse del público.

Gabriela, condenación del adulterio lírico que el romanticismo había puesto de moda y que tan admirablemente iba a disecar Flaubert en *Madame Bovary*, ayudó a sentar la fama de Augier. Los burgueses, en arte filisteos, molestados por la idea de que no eran poéticos, de que sus esposas les veían siempre con gorro de algodón encasquetado, agradecieron infinitamente saber que el padre de familia es un gran poeta y que la consorte, desengañada, se arroja a sus pies y proclama que le adora. Si no era Augier el dramaturgo del Concilio de Trento, no puede negarse que fue el del Código civil.

Las primeras obras de Augier estaban en verso, y sin que deba contársele entre los poetas de alto vuelo, se muestra agradable versificador. El verso, hasta entonces, dominaba en el teatro; en verso habían escrito clásicos y románticos; la transición y el drama burgués pedían prosa, y en eso como en todo ofrecía ejemplos Scribe. Envuelto en su rico manto bordado de parlamentos e imágenes, moría el teatro romántico y con él el verso... hasta que lo resucitase Rostand.

Recompensada Gabriela con el premio Montyon, Augier tenía señalada su ruta. La mayoría no anhelaba solamente que se vindicase y consolidase a instituciones sociales como el matrimonio y la familia, sino que las instituciones políticas afianzasen el orden, constantemente amenazado por las asonadas y las predicaciones sediciosas. No era posible restaurar a los Borbones, porque la burguesía estaba infiltrada de liberalismo, y en cuanto a los Orleanes, acababan de ser arrojados del trono entre escenas punto menos atroces y sanguinarias que las que precedieron a la caída de Luis XVI. Con la desaparición de la Monarquía de julio, la burguesía quedaba vencida, derrotada en su régimen favorito, y presa de los temores que justificaba la fermentación obrera y aquel riesgo anunciado por Tocqueville; que las pasiones, de políticas, se habían transformado en sociales, y las ideas y doctrinas propagadas no iban contra determinado gobierno, sino contra la sociedad en su base misma. Se deseaba el «escobazo», y se confiaba en que lo administrase el príncipe Presidente Luis Napoleón. Quizás no se definía bien la aspiración al segundo Imperio, aunque la soñasen los elementos bonapartistas; quizás se hubiese conformado la burguesía con que la segunda República entrase por la senda de la estabilidad, sin peligro demagógico. Sin embargo, el Imperio tenía preparado el terreno, y el golpe de Estado tranquilizó; fue una sedación y un alivio. La sociedad del segundo Imperio, la más notada de corrupción, causa de la mala reputación de París y de Francia en general, poseída de la fiebre de las especulaciones equívocas, minada por el lujo excéntrico, ofrecía al moralista ancho campo. Nunca mejor ocasión para la sátira de costumbres.

En este momento colabora con Emilio Augier Julio Sandeau. Augier no descuella por la inventiva, y necesita que le sugieran ideas; él las desenvolverá. Sus mejores obras las escribe en colaboración. El yerno del señor Poirier no es todavía un dardo contra la sociedad del Imperio; es la antigua cuestión, hija del movimiento revolucionario de 1793, el combate de talegas contra blasones. Si a alguien satiriza Augier, es a los burgueses vanidosos, y el señor de Poirier es trasunto del divertido héroe molieresco. Desde este punto de vista, la comedia, una de las mejores en su género, vuelve a la tradición clásica, al fondo humano, y censura una flaqueza de todos los tiempos, la vanidad (hoy diríamos el esnobismo). Poirier, el burgués enriquecido, quisiera ser diputado y par de Francia; para lograrlo, casa a su hija con un noble arruinado, pero de gran familia territorial, y el pugilato entre el suegro y el yerno tiene verdadero sabor cómico, de buena ley, y la lección es sabia; la sátira del dramaturgo burgués, esta vez, alcanza a los burgueses; verdad que la idea era, lo sabemos, de Sandeau, a quien se ha calificado de «un poco chuan».

En *La boda de Olimpia* aparece una vez más la cuestión de la redención de la cortesana.

Como Barriére, como Feuillet, Augier vota en contra: la cortesana no es redimible. Ni otra cosa pudiera decir el apologista de la familia. De esta vez no se trata de la romántica redención por el amor, la de *Marion Delorme* y Margarita Gautier, sino de la rehabilitación por el matrimonio, el decoro y la respetabilidad: la aspiración de la baronesa de Ange en *El semi-mundo*. No es de creer, por lo tanto, que *La boda de Olimpia* sea una impugnación de *La dama de las camelias*; la cuestión se sitúa en terreno bien distinto.

Desde luego, la tesis pesimista de Augier ofrece más garantías; pero no todas las cortesanas lo son por gusto, ni sienten irresistiblemente la atracción del vicio, «la nostalgia del cieno». El desenlace de la obra, el pistoletazo que suprime a Olimpia, presagia el célebre «mátala» de *La mujer de Claudio*.

La crítica efectiva de la sociedad del Imperio empieza con Las elegantes pobres. La novedad y fuerza de la comedia, consiste en que, lejos de presentar la conocida antítesis del hogar puro y santo y el mundo del pecado, donde se agitan las cortesanas destructoras del matrimonio, es en el mismo seno del hogar, al amparo del santuario burgués, donde el caso infeccioso aparece Solo Asmodeo, que levanta las tejas para sorprender el secreto de la vida doméstica, pudiera decir cuanto encierra de verdad terrible la tesis de Las elegantes pobres. Augier, en esa comedia, puso el dedo en una llaga social auténtica, quizás antigua, pero que, bajo el Imperio, se descubre sin recato, justamente porque, triunfante la burguesía y establecida una igualdad imposible; desarrollado el gusto del lujo, el problema tenía que surgir. El antiguo hogar en que se hilaba, no existe. A la aristocracia se le han quitado sus privilegios; y ya toda mujer quiere vestirse y vivir como las duquesas de antaño o las millonarias actuales. Y llegan las Serafinas, las lionnes sin dinero, que lo buscan en el bolsillo del amante, mientras el marido, extasiado, admira la habilidad de su mujercita para lucir gastando poco. Que el daño no se concretó a la sociedad del Imperio; que, bajo la tercer república, la gangrena sigue avanzando, nos lo demostraría, si demostración necesitase, una obra de Bernstein bien conocida en España, *El ladrón*. Como sabemos, la protagonista de *El ladrón* no es una entretenida, pero es una elegante pobre en toda regla, que, en competencia y roce con amigos ricos, roba para sostener su lujo, para encajes y trapos. La censura de Augier, de Dumas en *La mujer de Claudio*, de todo moralista que ve el riesgo en ese continuo culto a la moda costosa, insensata, niveladora de clases y fortunas, esa adoración del pingo y del bibelot, que fomentará la industria, pero, no cabe dudarlo, desquicia la conciencia, poco o nada ha conseguido atajar el daño, hoy extendido a toda Europa y supongo que también al Nuevo Continente, en sus mayores focos de civilización.

Con menos talento, pero con mayor habilidad que Augier, había de tocar esta misma cuestión Sardou, años después, en La familia Benoîton: el lujo del París imperial, en vez de caracterizarse en el sentido de la solidez y el refinamiento, como el artístico lujo de una Florencia, se acentuaba hacia la extravagancia, hacia lo carnavalesco, y su signo peculiar era la imitación de las *cocottes* por las madres de familia y por señoritas que debieran hasta ignorar que hubiese cocottes en el mundo. En este respecto, al comparar a Las elegantes pobres con La familia Benoîton, hay que confesar que Sardou supo cazar mejor al vuelo lo típico de aquella época. La desorganización de la vida interior, expresada en La familia Benoîton por una frase que se repite en todos los actos «La señora ha salido»; aquella frivolidad ansiosa, es la mascarada calenturienta de un régimen que se siente breve, y sabe que a la caída de las hojas puede caer también.

Después de la sátira de las costumbres domésticas, Augier acomete la política. Sus obras más señaladas en este terreno son Los impudentes, El hijo de Giboyer y Leones y zorros.

El tipo del impudente, Vernoillet, puede pertenecer a cualquier período; es un intrigante vulgar, sin el sello de actualidad del Arístides Saccard de La ralea. No alcanza tampoco el realce del Mercadet de Balzac, en que se inspira. Con El hijo de Giboyer aparece el drama anticlerical, el más deplorable de todos los dramas; no fundaré esta afirmación en nada familiar a los espectadores españoles, pero bien se comprende que no sería difícil.

Cuando un autor como Sardou ha demostrado que sabe fustigar los errores sociales, insensiblemente, por sugestiones de la vanidad o por ansia de popularidad, se ve inducido a halagar las pasiones políticas. Este momento es fatal. No podía Augier invocar el precedente de Molière y de Tartufo, porque Tartufo es la hipocresía, y la hipocresía pertenece a todas las épocas, a la eterna levadura humana; Shakespeare la había flagelado en Ricardo III, y Dante la había representado bajo capa de plomo en sus infernales círculos. La literatura anticlerical no procede de Tartufo, sino de Voltaire. Venía Augier a ese terreno después de que Flaubert, con su vigor de ironía, había creado el tipo inimitable del boticario Homais, el burgués anticlerical, enemigo del solideo...

Para que una obra escénica sea discutida, ovacionada, lo de menos es acaso su significación estética, su valor literario; el público, en general, no busca en la escena sino sus propias pasiones. Las obras anticlericales y antijesuíticas de Augier fueron acontecimientos, sobre todo la primera. Desde el estreno de Las bodas de Fígaro no se recordaba alboroto igual, representaciones tan tormentosas, con tanta resaca en el público. De antemano se había divulgado la intención de la obra, y hasta se sabía que Luis Veuillot sería en ella satirizado.

En Leones y zorros hacen el gasto los jesuitas. Una dote de nueve millones es el aliciente que les atrae. Si mucho se presta a desbarrar el anticlericalismo, la cosa se complica cuando los jesuitas entran en danza. En un folletín tan espeluznante a ratos como *El judío errante*, no hay, al menos nadie espera que haya, pretensiones serias. En una comedia moralizadora, es distinto, y la obra antijesuítica pareció, hasta a los que como el autor pensaban, floja y absurda. Y hasta tal punto fue así, que el mismo Augier se opuso a que la obra volviese a representarse, no ciertamente por arrepentimiento de la tesis, sino por convicción de lo endeble de la comedia.

En El contagio se condena el que la juventud tome a risa las convicciones y los entusiasmos. Tesis al menos oportuna, y hasta profética, con el anuncio fatídico del trueno gordo que se preparaba para Francia, dos o tres años antes de Sedán.

No hay que olvidar una fase de Augier moralista: aunque Los Fourchambaul y Madama Caverlet pertenecen a una época en que ya la transición ha terminado, como el teatro aún no sale de esa etapa intermedia, no ha de pasarse en silencio que el burgués, antiguo defensor del matrimonio y de la familia, sufriendo, como no podía menos de suceder, el influjo de su único rival temible, Alejandro Dumas hijo, abogó resueltamente, en las dos obras citadas, por el divorcio y por la familia ilegal. Los Fourchambault son de las obras mejores, teatralmente hablando, de Augier, y la «situación» del bofetón que un beso borra, nada tiene que envidiar a ninguna «escena culminante» de Sardou.

Dícese que después del éxito de Los Fourchambault, Augier decidió retirarse a tiempo, antes de que el público le retirase, y que le dictó tan sabia resolución el haber visto que un director de teatro, con modos despreciativos, se negaba a recibir al viejo Scribe, que pedía humildemente una audiencia.

Desde diez años antes de su muerte no volvió a escribir nada. Decía que su hora había pasado, y formulaba una gran verdad. Había pasado, como la transición.

El competidor de Augier, que picaba todavía más alto en sus pretensiones de moralista, fue Alejandro Dumas hijo. Así como el padre ha sido sobradamente desdeñado, al hijo se le elevó a mayor altura de la que en justicia le corresponde. Ambos se hicieron célebres; pero la celebridad del padre encontró a la crítica zumbona, distraída y desdeñosa, mientras el hijo fue absolutamente tomado por lo serio, no ya como se toma por lo serio a un literato notable, sino como se toma al maestro y guía de una generación.

He aprovechado, al hablar del teatro romántico, la ocasión de rectificar y defender a Dumas I, aquel mulato genial, que poseía un raudal de inspiración más espontánea que la del hijo, el muchacho que daba lecciones de orden a su padre, enseñándole en un armario una fila de bien alineados y encerados pares de botas.

Hay que partir del padre para definir al hijo. Ciertos destinos se explican por otros. Se adaptan a ellos, o los contradicen; pero sin ellos no tendrían clave. Había sido Dumas I pródigo hasta la locura, abundante y prolífico hasta el abuso, bonachón, vanidoso y jactancioso hasta la puerilidad; y vino el sucesor, hábil gerente del dinero y del ingenio; más bien premioso en producir; convencido de su propio mérito hasta la autolatría, pero ducho en reservarse. El padre había aspirado a entretener y divertir a sus contemporáneos, y le encantaba que le enseñasen el castillo de If diciéndole —sin saber quién era—: «De este calabozo se escapó Edmundo Dantés, cosido en el sudario del abate Faria». El hijo pretendía cosas más graves: adoctrinar corregir a la sociedad, resolver los problemas de su tiempo, eclipsar a esos educadores del espíritu francés, los grandes moralistas, los Labruyère, los Montaigne. Y saboreaba el triunfo cuando, a deshora, velada, envuelta en elegante pelliza, alguna beldad de triste historia, como *La princesa Jorge*, venía a confesarse con él, abriendo su corazón dolorido por la ajena falsía o el remordimiento propio. Director espiritual de almas y de naciones: tal fue la ambición del autor de *La dama de las camelias*.

Augier también quiso moralizar y lo hizo; solo que con más llaneza, en esfera más limitada. Dumas II se tenía por águila, superior al gallinero del buen sentido y de las ideas esencialmente burguesas de Augier. Por eso en Dumas II la moralidad pareció peligrosa y hasta desmoralizante, indicio cierto de que, cuando menos, tenía fermento de novedad. Al discutirse a Dumas

II, no se trataba de arte; se trataba de ética, de sociología, de derecho, de reformas en el Código civil.

Y es que el problema de la vida, para Dumas II, había sido de índole legal y social.

Fue, como Antony, un hijo espúreo; solo que conocía a su padre, y su padre era un hombre ilustre, por lo cual la bastardía de Dumas II se divulgó. El muchacho era pundonoroso, y se verificaba en él lo que dice Bourget: «casi siempre, el moralista ha necesitado sufrir en sus mocedades una gran injusticia, y sentir la necesidad de una gran reparación». Sufrir por la mala organización social, o por las preocupaciones más o menos justas que en la sociedad predominan, dispone a la crítica, crea la inquietud reformadora. Augier había fustigado a los políticos venales, a los periodistas sin conciencia, a los burgueses vanidosos, a los nobles que por la inacción dejan cubrirse de orín sus blasones, a los jefes de familia que no saben lo que pasa en ella: Dumas venía a realizar el análisis del matrimonio como institución, de la paternidad legal, de los derechos de la mujer y del hijo. Y tan de moda puso estos temas, ignorados hasta entonces por las revoluciones políticas, que, como sabemos, Augier, al principio abogado ferviente del matrimonio según el Código, acabó por hacer, en Los Fourchambault, la apología de la querida y del hijo natural.

Aunque Dumas I no abandonó ni descuidó a su vástago, y le sostuvo y le educó decorosamente, el muchacho soportaba mal que en el colegio donde recibió segunda enseñanza, los compañeros aludiesen a la mancha de su origen. No llevaba entonces el apellido paterno, pero lo reclamó enérgicamente, y Dumas I, que tenía buena alma, lo otorgó, creándose el primer lazo de afecto hondo que unió a dos seres tan allegados y tan distintos.

No he de extenderme en la biografía de Damas II, ni en ninguna otra, porque sobre no permitirlo las dimensiones de estos estudios, siempre convendría, en tal terreno, la sobriedad. En Francia, sin embargo, los trabajos de índole crítica no rehuyen ni la nota biográfica ni la anécdota, y así los lectores conocen a sus autores favoritos y se encariñan con ellos, por la humanidad que todo detalle biográfico descubre. Aunque críticos y biógrafos repitan los mismos rasgos con escasas variantes, nadie les acusa de monotonía, ni de falta de originalidad; hay cosas en que no cabe invención. No sucede otro tanto en España, y yo escribo para los que hablan castellano.

No sé si he dicho que cuando yo explicaba literatura francesa en la cátedra de Estudios superiores del Ateneo de Madrid, un crítico se quejaba, en un diario muy leído, de que mi explicación versaba sobre cosas sobrado sabidas ya. Y el caso era que, al quejarse, barajaba y confundía autores y obras, estropeando los nombres de escritores conocidísimos, lo cual parecía extraño en persona tan versada en el asunto. Me reprendía también por las anécdotas, que, según él, nadie ignoraba. Aun cuando me inclinaba a jurar que él lo ignoraba todo, lo cierto es que tomé del enemigo el consejo. El público español, no cabe duda, tiene poca afición a Memorias, confidencias, correspondencias y autobiografías, que tanto escasean en nuestra literatura.

Suprimiendo, pues, lo anecdótico —y es mucho y bonito— en la biografía de Dumas II, no resisto al deseo de referir, y creo ser la primera en hacerlo, un episodio de su juventud, con una española. Ya no existe la dama, y podría estamparse el nombre, puesto que no dejó hijos que vean en la publicidad ofensa a una memoria querida; pero no por decir el nombre sería mayor el interés de la historia.

Cuando los sentimientos impuestos por la naturaleza a ambos Dumas se habían fortificado con el trato e iban transformándose en aquella confraternidad de la cual se conservan elocuentes testimonios; cuando andaban juntos de bracero el padre y el hijo, realizaron el viaje a España, relatado por el primero con tal gracia y frescura, en medio de gasconadas inevitables. Detuviéronse los viajeros en Córdoba, y como quisiesen hacerse entender del posadero, se encontraron con que nadie hablaba francés allí.

Solo pudo salir del apuro el posadero llevando a sus huéspedes a una linajuda casa, donde una señorita, acabada de salir de un elegante colegio, hablaba francés a maravilla. El regreso de la niña a sus lares se celebraba aquella noche con un baile, y a él fueron invitados los distinguidos extranjeros. La noble niña era hermosísima, discreta, de viva fantasía; Alejandro Dumas hijo tenía veintidós años; bailaron, conversaron, aislados y libres por el idioma que empleaban; ella quedó enloquecida. Fue como el rayo. A la mañana siguiente, la señorita, rompiendo por todo, iba a reunirse con el extranjero en su posada. Lo mismo hubiese ido si tuviese que cruzar una hoguera. Lo confesaba así en su ancianidad.

Lo que pudo no haber pasado de fugaz aventura de viaje, se convirtió en algo más íntimo al establecerse activa correspondencia. El francés escribía a la española desde Cádiz, desde Madrid, desde París, largas y apasionadas epístolas. El deseo de una unión eterna palpitaba en las cartas de los dos amantes. Pero la ilustre familia española a que pertenecía la señorita se opuso desde el primer momento, y no paró hasta casarla con un viejo General gotoso y achacoso de malos achaques, que la hizo muy desventurada. Así que pudo reconquistar la libertad, casada primero, viuda después, la española solo pensó en irse a París, en ver otra vez a Alejandro Dumas. Larga fue la vida de aquella señora, y no murió joven el autor de *Dionisia*; pero puede asegurarse que al través de vicisitudes e incidentes muy graves en la existencia de los dos, duraron tanto como ella los amoríos nacidos en Córdoba, al olor del jazmín, en una noche de juvenil embriaguez. No pudieron otros afectos, otros lazos, otros sueños, destruir aquel sueño primero, manchado, jamás desvanecido por la realidad. Ausentes, nunca dejaron de escribirse. Un día, Alejandro Dumas, extrañando el silencio de su D..., preguntó desde París a un amigo español, con celosa inquietud, qué tenía ella para callarse así... Y el amigo hubo de responder que D... —la cual pasaba entonces de los sesenta años— acababa de morir de una pulmonía... Solo la muerte cortó el hilo de oro de la comunicación; solo guardó silencio la enamorada cuando heló su mano el frío del sepulcro.

Un baúl llenaban las cartas, los miles de cartas de Dumas a su española amiga. ¿Qué será de ese tesoro de documentos, no solo psicológicos, sino históricos y literarios? Dios quiera no hayan ido a dar a las manos, impías por piadosas, que destruyeron la correspondencia entre el marqués de Mora y la señorita de Lespinasse, otra pareja interesantísima franco-española, que también debía de escribirse cosas muy bellas.

He dicho que las relaciones entre el padre y el hijo, reveladas las disposiciones de este para el arte, fueron fraternales, con cierta superioridad del mozo, fundada en mayor dosis de sentido práctico. Alejandro Dumas decía agudamente: «Mi padre es un niño grande que tuve cuando era yo pequeño». El espectáculo del padre pródigo sirvió para enseñar al hijo la necesidad de la economía, del orden, y no añado que del trabajo, porque ¿quién más laborioso que el infatigable autor de *Los tres mosqueteros*? Solo que Dumas hijo pedía al trabajo la dignidad y la independencia. Arrastrado al principio por el remolino de derroche y bohemia del padre, comido de deudas, quiso pagarlas, no depender ni aun del liberal y desordenado niño grande, y esa fue la raíz de su vocación a las letras. Acaso con un padre más racional, el hijo no hubiese escrito novelas ni dramas, sino disertaciones de moral y filosofía, en el estilo ameno y paradójico, ya solemne, ya chispeante de ironía, que brilla en sus prólogos y folletos.

Moralista nato, hemos dicho que fue uno de los autores dramáticos más tachados de inmoralidad; cosa que no sorprende, si recordamos cómo se identifica la moral con la regla establecida, con las costumbres y los usos admitidos. No quiero decir con esto que la moral de Dumas hijo me satisfaga ni me convenza, mirada en conjunto; solo quiero decir que es moral; más todavía: una moral. Dumas hijo no se limita a satirizar, elemento negativo; es afirmativo. A pesar de las boutades contenidas en su carta al director del Gaulois, en la cual dice que renuncia a opinar porque no sirve de nada, la verdad es que opina siempre. Por opinar verificó su evolución de la novela al drama. La novela no influía bastante; no era bastante activa. El teatro, en cambio, le ofrecía medios de acción directa sobre la conciencia de su época. Allí tenía la cátedra, el púlpito... y, como consecuencia, el confesonario.

Cuando un autor está en el caso de Alejandro Dumas hijo; cuando ha influido profundamente por medio de algunas obras, siendo esta influencia lo que más ha realzado su figura literaria, creo que, al consagrarle un estudio no muy extenso, que forma parte de una serie de estudios sobre la literatura francesa en todo un siglo, debo fijarme únicamente en lo que abrió surco, dejando aparte lo demás, y citando solo, a título de comentario de la obra literaria, los folletos y prefacios de polémica. He afirmado que si Alejandro Dumas hijo no hubiese tenido tal padre, quizás nunca pensase en ser literato propiamente dicho. Añadiré que, en este caso, sus escritos, aunque no pasasen inadvertidos, no ejercerían el dinamismo, no serían el arma de combate, que fueron en un cuadro de tan inmensa influencia universal como el teatro en Francia. La suerte de Dumas hijo consistió en la reunión de estas circunstancias: ser el Delfín de un escritor de universal renombre, y diferir de él, lo suficiente para abrirse su propio camino; reunir suma de aptitudes literarias, y otra mayor de dotes intelectuales que dieron realce a las primeras, y salir al mundo a la hora crítica en que la literatura sufría un cambio de orientación y se hacía social. Las condiciones de pensador y moralista de Dumas hijo, bajo el romanticismo, para la literatura, le hubiesen estorbado.

Hagamos caso omiso de sus novelas juveniles, *Aventuras de cuatro mujeres y un loco*, *El doctor Servando*, *Fl regente Mustel*; de algunos de sus dramas, menos significativos o menos activos sobre la multitud (en Dumas hay que tomar siempre en cuenta el elemento del efecto producido, pues de otra suerte prescindiríamos de lo que le caracteriza); no digamos nada de *La joya de la reina*, de *La princesa de Bagdad* y de lo mucho que produjo en colaboración, como *El suplicio de una mujer*, *Eloísa Paranquet*, *El ahijado de Pompignac*, *La condesa de Romany*; entre sus folletos y opúsculos de combate citemos los que levantaron más polvareda: *El hombre mujer*; el Prólogo a *La mujer de Claudio*, *La cuestión del divorcio*, la *Carta sobre la indagación de la paternidad*, *Las mujeres que votan y las mujeres que matan*, y fijémonos en *La dama de las camelias* (novela y drama), en *El semi-mundo*, en *Las ideas de madama Aubray*, en *El señor Alfonso*, *La visita de novios*, *Francillón*, *La extranjera*, *Dionisia*, *La mujer de Claudio*, *La princesa Jorge*.

Si pudiera ponerse en duda verdad tan evidente como la de que Dumas hijo es ante todo un escritor social, y la literatura en él un medio y no un fin, se probaría observando qué suerte han corrido en España las obras de Dumas. No tenemos comprobante más a mano; sirvámonos de él. Como España, socialmente, difiere tanto de Francia; como no tuvo (ni tiene aún, ni acaso tendrá nunca) planteados ciertos problemas que en Francia se impusieron después de los grandes períodos revolucionarios; como no estaba aquí en tela de juicio lo que allí, las obras de tesis de Dumas hijo fueron recibidas con extrañeza o con indiferencia. No ha mucho que observaba este último hecho la prensa, a tiempo de haberse representado en Madrid creo que *La princesa Jorge*. Algún drama de Sellés, cuyas corrientes de pensamiento coinciden con las de Dumas, hubo de sufrir largo calvario antes de ser tolerado aquí. La única obra de Dumas que agradó a los españoles, fue aquella en que el sentimiento y la acción dramática se sobreponen a la tesis social: *La dama de las camelias*. No así *El semi-mundo*, que despertó curiosidad, pero no simpatía; y si atrajo gente, fue quizás porque desde el púlpito el Padre Mon la anatematizó como inmoral, no sin gran asombro mío, pues realmente *El semi-mundo* es una lección y un consejo no menos rigoristas que la plática del Padre, y no encierra ninguna de las tesis innovadoras que podrían alarmar, verbigracia, en *Las ideas de Madama Aubray* o en *Dionisia*.

Al escoger entre las obras de Dumas hijo, España, literariamente, no se equivocó. Lo mejor, como literatura (entendiendo esta palabra en un sentido humano y real), es *La dama de las camelias*, y después, a gran distancia, *El semi-mundo*, y acaso *La visita de boda*. En lo restante, prepondera el raciocinio, la argumentación, y los fuegos artificiales de la agudeza filosófica, sobre la belleza artística y sobre la verdad. Que el artista esté o no esté obligado —sobre todo en determinados momentos— a ejercer función social, es cosa que aquí no ventilaremos; pero en este concepto y en otros muchos conviene fijarse en que el artista y el escritor no son completamente libres ni dueños de trazarse su senda con independencia absoluta, puesto que les oprimen y solicitan fuerzas exteriores, el momento, la hora, la circunstancia. Estas fuerzas actúan a nuestra vista en la evolución del teatro francés, que desde la tragedia clásica y el drama romántico hasta el drama de levita, de burguesía o de costumbres, social y docente, se revela como producto necesario de la historia y de la sociedad. Es innegable que Dumas hijo era pensador, preceptor, maestro, moralista en suma; y también que lo fue en tiempo oportuno para su fama y su nombre. Sin embargo, lo que le ayudó en vida, ante la posteridad es la brecha por donde la crítica le acomete. Para el crítico literario, Dumas II fue un predicador que sacrificó al sermón el arte, y para el filósofo serio, recluido en su gabinete, un mero aficionado, acaso un hábil explotador de la filosofía y la moral. Estas hibridaciones tienen el sino de dejar descontentos a todos.

Al producir esa obra de juventud, superior a las de la edad madura, *La dama de las camelias*, Dumas hijo no se había erigido aún en doctor social. Si alguna tesis latía en el fondo de la historia de la cortesana redimida por el amor, el desinterés y la muerte, era tesis puramente sentimental, que el lector adivinaba. Sin duda allí preexistía, como la encina en la bellota, el Dumas pensador, porque el pensamiento de Dumas se ha ejercitado casi siempre en los problemas de la relación sexual y de sus consecuencias, el conflicto de la pasión, la ley y las costumbres, la lucha del hombre y la mujer y las fluctuaciones de la materia al ideal. Él lo confiesa: es un teórico del amor. Lo era ya en *La dama de las camelias*; pero le guiaban el instinto y la inspiración; le salvaba lo patético y sencillo de la realidad. Que Margarita Gautier, la cual se llamaba en el mundo galante María Duplessis, haya o no haya realizado los actos de abnegación que en la novela se le atribuyen, poco importa; basta que estos actos fuesen posibles y verosímiles, y correspondiesen a sentimientos verdaderos y entrañables; basta que su carácter de humanidad sea tal que, así en la novela como en el drama, el espectáculo de la vida de la heroína mueva los corazones y arranque lágrimas, y subyugue con la fuerza inefable de la verdad —verdad no concretada a determinado período social, sino a cuantos se han sucedido—. Es la marca de las obras maestras que, siendo de su tiempo, sean de cualquier tiempo. En mil detalles, la historia de Margarita revela el estilo de la época romántico-realista; tiene fecha; tiene corte a la moda; pero hay en ella algo eterno: la pasión; por eso puede asegurarse que si Antony fue la obra maestra del padre, *La dama de las camelias* es la del hijo.

Como signo de sabrosa madurez, como tránsito del sentimiento y de la ilusión juvenil a la malicia y a la observación exacta, elogiemos el paso que da Dumas desde *La dama de las camelias* al Semi-mundo. Siete afros mediaron entre la conmovedora novela y la primorosa alta comedia, y dijérase que las separa un siglo de experiencia y de ciencia amarga. *La dama de las camelias* era la apoteosis del amor, que donde proyecta su luz solar, transforma en oro el fango; *El semi-mundo*, la tónica copa de absintio, que bebe tarde o temprano el que ama sin medida y entrega sin desconfianza el corazón. Enseña *El semi-mundo* que la sociedad es una selva donde el que no es cazador es caza; advierte a los incautos y a los honrados; es el desengaño y es la esperanza también, porque muestra, entre la fermentación pútrida del pantano, la flor que crece pura. Si el teatro fuese «escuela», como muchos quieren, nada más teatral que *El semi-mundo*.

No sé si traduzco bien el título de esta obra, porque no existe en castellano equivalente. Tampoco, a decir verdad, tenemos aquí ese semi-mundo, que brota en las capitales muy vastas, donde se ignoran los antecedentes de las personas. La enseñanza que encierra *El semi-mundo*, como casi todas las enseñanzas literarias y teatrales, no remediará ningún daño, no curará a ningún loco de amor... pero acaso le hará reflexionar, y dictará precauciones a los que aún no hayan perdido el seso. Esta clase de advertencias, que se contraen a la sociedad y consideran la forma social permanente, pueden caducar, y dramas que en la sociedad se fundan, no tienen el alto vuelo de obras como *Hamlet*, *La vida es sueño*, o *Fedra*; pero también dejan entrever, por los resquicios de una reja dorada, el abismo del corazón humano. Aquel enamorado de *El semi-mundo*, crédulo por pasión, no por estolidez; irritado contra quien le muestra la verdad; defendiendo su engaño, porque realmente ese engaño es dicha y es ideal, es amor, el bien sumo del alma; aquella intrigante habilísima, artificiosa y culta, que se deja desenmascarar cuando el diestro Oliverio asalta su vanidad femenil, cuando atribuye a celos y despecho de un amante preterido lo que no es capaz de atribuir a deseo de impedir una infamia... son reales, son interesantes, y pertenecen al tesoro de la psicología dramática.

Tales comedias, no obstante, por bien hechas que estén (y en factura, *El semi-mundo* es una maravilla), y aun cuando lleven lastre suficiente de verdad, envejecen pronto, tienen lados efímeros. ¡Varía tanto el panorama social! Cada veinte años, la sociedad se transforma, el saco se vuelca, una generación llega, impaciente, enemiga del pasado. Allá en 1875, en París, existía el rigorismo puritano de ciertas capas, a que repetidamente se alude en *El semi-mundo* y en un acto de *La extranjera*. El barrio de San Germán, que tuve ocasión de ver muy de cerca por circunstancias fortuitas, era una especie de castillo, cerrado al aire exterior; se trataban y se casaban entre sí; vivían aislados, y realmente cultivaban, hasta con exageración, la nota del honor caballeresco. Pero el tiempo ha pasado, la realidad se ha impuesto, se ha transigido con ella, y la necesidad de estercolar loa blasones, la terrible cuestión de dinero, sin hablar de la ambición y de aspiraciones naturales, han ido cambiando la faz de la aristocracia. Ya no se precia de intransigente, al menos en conjunto. También las familias de origen menos ilustre, pero de severas tradiciones, gente del comercio o de la industria, aristocracia militar o de toga, han sufrido el embate disolvente.

Y en España, me explico que no se haya comprendido bien *El semi-mundo*. Jamás existió aquí esa valla de orgullo nobiliario y rencores políticos, que alzó en Francia entre el nuevo y el antiguo régimen la revolución (pues antes, bien se sabe que fraternizaban todos los mundos, y que actrices, mujeres galantes, escritores sin padre conocido, se sentaban a la mesa con las duquesas y las damas intachables, descendientes de los Cruzados). No existió en España verdadero sacudimiento revolucionario, la Monarquía apenas sufrió un breve eclipse, y no hubo más guerra social que la corta y muy impertinente que se le hizo a la dinastía italiana. De suerte que aquí, si existieron y existen caprichosas exclusiones, no hubo exclusivismos; y a la baronesa de Ange la encontraríamos en salones muy entonados. Este fenómeno ha sido reconocido y lamentado por el Padre Coloma, según el cual las famosas pavías de Dumas andan aquí mezcladas malas con buenas. En efecto, *El semi-mundo*, anatematizado por otro jesuita, sostiene —curiosa observación— la misma teoría seleccionista de *Pequeñeces*.

Después de *La dama de las camelias*, *El semi-mundo*, *La visita de boda* (graciosa paráfrasis realista de la idea de nuestro atildado *Desdén con el desdén*), acaso sea la más verdadera y de seguro una de las más osadas y terribles producciones de Dumas, la titulada *El señor Alfonso* (*Monsieur Alphonse*). Esta obra, como *La dama de las camelias* y *El semi-mundo*, ha enriquecido la lengua; los títulos califican, expresan un concepto moral; se dice «una dama de las Camelias», y todos entienden que es una cortesana; «un Alfonso», y se entiende un venal.

Fue atrevido ante el público francés, y hubiese sido imposible ante el español, estudiar en serio, como se estudia una enfermedad, el tipo del Alfonso. Si en piececillas cómicas lo vemos cada día con la etiqueta de chulo, jamás un dramaturgo tendría valor para presentarlo. Hay esa división de plaza: en broma nada asusta; en serio es preciso no tocar a ciertas llagas y no herir ciertas cuerdas. El hombre venal en amor sublevaría al público. No discutamos si esto revela determinadas superioridades morales.

Tan atrevida como la tesis de Alfonso es quizás la de *Las ideas de mada-ma Aubray* y *Dionisia*: la completa rehabilitación de la soltera seducida, y no por medio de la boda con su propio seductor, sino con otro hombre sabedor de lo ocurrido y rebosando, sin embargo, amor y estima. Este caso, que en la vida real se presenta con mayor frecuencia de lo que se cree, en el teatro es peligroso. Dumas lo trató en dos dramas de muy diferente mérito. *Dionisia*, aparte de la constante habilidad escénica de Dumas, no se salva sino por una o dos escenas de sentimiento; los caracteres son falsos, las situaciones melodramáticas, injustificado el desenlace. *Las ideas de madama Aubray*, en cambio, es un drama en que se equilibran el pensador y observador y el dramaturgo, y seguimos con interés la crisis tan real y tan hermosa del alma de Madama Aubray, aquella mujer superior, que ve las cuestiones desde arriba, que profesa generoso criterio, pero que al llegar a la práctica, al tener que hacer en lo que más ama el ensayo de sus famosas ideas, al encontrar que es su propio hijo quien pretende casarse con la joven que fue seducida, retrocede enérgicamente gritando: «¡Imposible!». Si se quiere citar un modelo acabado de la comedia de tesis, lo tenemos en *Las ideas de madama Aubray*. Y no es empresa fácil la comedia de tesis: se necesita que los personajes no sean pálidas y frías abstracciones, argumentos que andan: conviene dejarles su carne y su sangre, sin quitarles su alto sentido. En *Las ideas de madama Aubray* el conflicto es humano. Madama Aubray profesa el convencimiento de que sobre la opinión del mundo está la verdad interior, y la teoría cristiana de que el arrepentimiento lava la culpa, y nadie tiene derecho a arrojar la primera piedra.

Encuentra a una pobre muchacha llena de delicadeza y de virtud, con una mancha en su pasado, y se propone redimirla casándola... pero no con su hijo. Justamente su hijo, Camilo, es quien está perdidamente enamorado de Juanina. El egoísmo del instinto maternal se sobrepone; madama Aubray manda a paseo sus principios. Viene después la acción de la conciencia, la noble lucha, la victoria de la idea sobre el instinto, justificada con dramático acierto. Admitida la legitimidad del teatro de tesis, hay que saludar en *Las ideas de madama Aubray* un triunfo.

A cada paso el moralista se sobrepone al dramaturgo en Dumas. Podría enseñar con la acción, pero no le basta; necesita poner cátedra, y la pone por medio de ese personaje que figura en casi todos sus dramas, encargado de explicar lo que la acción no diga —una sustitución individual del antiguo coro, que hacía reflexiones y comentarios sobre lo que ocurría en escena—. Este personaje, encarnación del autor, es un convencionalismo censurable, aunque al público suele divertirle el raudal de ingenio que fluye de su boca. Cuando el predicador no es ajeno a la acción y toma parte en ella (por ejemplo, el Oliverio de Jalin de *El semi-mundo*) no se discute su derecho; pero no así cuando no pasa de un testigo o de un profesor de filosofía irónica, que glosa cada escena y reprende cada yerro. No otra cosa son los de Ryons, los Barentin, los Lebonnard, los Fressard, hijos del Desgenais de Augier. Es la sátira, que no acertando a expresarse con bastante energía por medio de la ficción, acude a un arbitrio realmente pueril, tan sencillo como el resorte y el fuelle que hacen hablar a los muñecos.

No puede Dumas contarse entre los autores dramáticos de primer orden, porque sus aptitudes para el teatro están subordinadas a sus tesis.

La mayor parte de las obras de Dumas II, como *La extranjera*, *La princesa Jorge*, *La mujer de Claudio*, *El hijo natural*, *La cuestión de dinero*, *Diana de Lys*, *Dionisia*, *Francillón*, son, como teatro, bastante inferiores a lo que fueron, dentro de la fórmula romántica, *Antony*, *Ricardo d'Arlington*, *Kean*, *La torre de Nesle*. Y es lo peor que, resuelto a desarrollar tesis, faltó a Dumas hijo el arranque necesario para llevarlas a su término lógico, arrostrando las iras del espectador. El romanticismo era más valiente.

Insistiendo en que el tema favorito de Dumas II, era la cuestión de las relaciones sexuales —el amor, el matrimonio, la paternidad, el adulterio— (campo inmenso, fuerza es reconocerlo, para el dramaturgo como para el novelista); comprendiendo que veía en esos problemas su relación estrechísima con el derecho y la moral, es extraño comprobar la timidez que a veces paraliza su pluma y la flexibilidad con que se adapta a las preocupaciones, en vez de cogerlas por las astas y hacer que rindan el testuz. No pudo Dumas ser un Calderón, ni un Lope, ni siquiera un Echegaray, un español de ahora, en cuanto a proponer soluciones rigoristas para las faltas de la mujer; pero no vacilo en afirmar que si nace dos siglos antes o nace hoy en España, sería de los más sanguinarios «médicos de la honra». Recuérdense las discusiones con motivo de *La mujer de Claudio*; recuérdese el «Mátala» tan debatido; recuérdese el desenlace de *La mujer de Claudio* y de *Diana de Lys*. Descubrimos así el flaco del moralista, que se pretende innovador, y comprobamos la profunda exactitud de la afirmación de Brunetière, de que el talento y el atrevimiento de Dumas hijo estaban cohibidos por el deseo de agradar al público, de no ponerse con él sino en esa contradicción aparente y superficial, que es un elemento más de interés para la obra.

Hay una cuestión social que es la piedra de toque de los entendimientos en nuestros días, y prueba de la buena ley de los pensadores: la cuestión de la mujer. Cuestión en su esencia sencillísima, y, a no interponerse una balumba de preocupaciones y errores viejos, fácil de resolver; mas como solo las inteligencias claras saben apartar esa balumba, la mayoría tropieza ahí. Yo creo que Dumas sabía ver; yo creo que, en su interior, había prescindido de la consabida balumba. En varios pasajes de sus escritos polémicos y en varias escenas de sus obras (a vuelta de contradicciones), apunta el convencimiento de que los problemas de la relación sexual, la supuesta lucha entre el varón y la hembra, podrían modificarse favorablemente por la equidad, si el hombre elevase a su compañera y la otorgase derechos iguales a los que él disfruta. De aquí su conocida defensa del voto de las mujeres, y su humorística respuesta a la objeción de que al votar perderían sus encantos: «No haya miedo; ellas sabrán votar con gracia». La prueba de la verdadera opinión de Dumas respecto a la mujer, de su total radicalismo, encontrose en sus papeles después de muerto. Al idear *La extranjera*, su primer propósito había sido llegar al extremo de que la misma princesa, la mujer honrada, digna, altiva, intachable, matase a su marido, con igual derecho y por las mismas razones que tuvo Claudio para probar en su mujer el fusil de nueva invención. «Si a pesar de tu virtud, de tu paciencia y de tu bondad, te engaña la perfidia; si has asociado tu vida a una criatura indigna de ti; si no queriendo escucharte ni como esposo, ni como padre, ni como amigo, ni como dueño... te limita en tu movimiento humano y en tu acción divina...; si la ley que se ha abrogado el derecho de unir se declara impotente para desligar, declárate, en nombre de Dios, juez y verdugo de esa criatura... Mátala».

Esto que Dumas se atrevió a aconsejar al marido, no tuvo valor —aunque lo pensase— para decírselo ante el público a la esposa. Ni aun se resolvió en Francillon a presentar cumplidas las represalias femeninas, contra la infidelidad y deslealtad del hombre. Mal podría el dramaturgo ser a la vez el riguroso moralista, el lógico implacable; detrás de él está la convención teatral, y si es tan ducho en el oficio y tan conocedor de las exigencias de la fiera como Dumas hijo, siempre atenderá en primer término a salvar la obra, no cargándola mayor lastre del que pueda sufrir sin irse a pique. A este instinto y olfato de Dumas responden los folletos explicativos, los comentarios, los prólogos de combate. Libre del recelo que infunden las tablas, no solo exponía en ellos lo más arriesgado de la tesis, sino que la defendía y apoyaba, con dialéctica no siempre segura. Algunas de sus mejores tesis, como la del trabajo y la energía para rehacer la vida nacional, las echó a perder la afectación y el oscuro misticismo que mezcló a verdades tan evidentes, y el melodramático empeño de ver doquiera espías y traidores —aprensión que debía de flotar en el aire patrio, y cuyos efectos hemos conocido en el fatigoso asunto Dreyfus—. No puede negarse que, así en esta materia como en lo que se relaciona con el divorcio, el teatro y los escritos de Dumas pesaron en la opinión, ejerciendo verdadera acción social y contribuyendo a modificaciones legales: mérito que Dumas estimaría más que ninguno, dadas sus aspiraciones éticas, sinceras, aunque a veces cohibidas por la táctica y la estrategia del hombre de teatro.

Es frecuente que al presentarse un autor ante la posteridad —y ya vamos dejando de ser contemporáneos de Dumas hijo— pierda en gloria por aquello mismo que un día le ganó aplausos de su generación. La condición de moralista, y de moralista revolucionario (a medias, ya lo sabemos, pero no suele hilar tan delgado el público), fue causa poderosa de la nombradía del teatro de Dumas, cuando ya se pedía verdad y el estudio de la vida actual, con la enseñanza deducida de este estudio. Antes de estrenarse una obra de Dumas, creaba atmósfera de ardiente curiosidad; después, de polémica encarnizada. París encontraba en Dumas hijo, no solo la emoción, no solo el ingenio, sino el latigazo intelectual, el tema favorito de conversación. Quizás lo que menos se apreciaba en Dumas era el elemento literario, ni el humano, el profundo, el de Molière y Racine. Dumas, leído, pierde mucho. Se resiente de hinchazón y alambicamiento. Sus tesis parecen viejas retocadas. La predicación desnaturalizó el diálogo. Quien predica tiene que amplificar, y para que se toleren los sermones se ha de forzar el ingenio y poner en tortura la frase, obteniendo a toda costa chisporroteo, el esprit, esa salsa rosa de la cocina francesa, bajo la cual no se distingue si es carne o pescado la obra.

Con todo esto, Dumas hijo reinó sobre la escena por cima de Augier y de Sardou. La mujer estuvo de su parte; al fin, aunque feminista restrictivo y contradictorio, era un feminista, y hasta creo que el inventor de esta palabra; y el público, hecho a tratar a Dumas padre como a un niño y a un mala cabeza simpático, respetó al hijo, convirtiéndole en una especie de semidiós. No sé qué fundamento tendrían ciertas leyendas corrientes en París acerca de la infatuación y engreimiento de Dumas II; entre otras, se refería la historia de una joven polaca, venida de Varsovia solo a conocer a Dumas, a tener la dicha de verle la cara, y a quien el dramaturgo puso por condición, para lograr tanto bien, que le serviría de rodillas el almuerzo. Supongamos que sea una invención (al menos lo parece); de todos modos, indica el grado de apoteosis a que Alejandro Dumas hijo se vio elevado en vida.

Con razón se ha dicho que los tiempos venideros serían duros para él. Duros, sí, pero... relativamente. Si no podemos saludar en Dumas hijo a Molière y Montaigne reunidos —la doble personalidad a que aspiraba— no le negaremos, como autor dramático, la destreza, el ingenio y el don de llevar al público a fijarse en graves problemas, y como pensador, el propósito de plantearlos con novedad y resolverlos con elevación. En este respecto, el teatro de Alejandro Dumas hijo es documento inestimable para conocer lo que preocupaba, entre 1845 y 1875, a la gran nación francesa, cuyas preocupaciones se transmiten, como ondas del agua, cuando cae en ella la piedra, al mundo civilizado.

XII. La poesía lírica durante la transición. Teófilo Gautier y el arte por el arte. La forma y el lenguaje. Mal del siglo e influencia española. Lamartine: su segunda y última época de poeta lírico. La política: Víctor Hugo en el destierro. El romanticismo, vencido en la escena, se defiende y sobrevive en la poesía lírica. Los Castigos y las Contemplaciones

Parece que de Teófilo Gautier debiera haberse tratado en el período romántico; pero, por muchos conceptos, más bien le corresponde figurar entre los elementos que disolvieron el romanticismo. No lo hizo en forma de impugnación, como los clásicos; no discutió los fundamentos de la escuela; su intervención fue más segura.

Teófilo Gautier era meridional, nacido en Tarbes. Si la biografía consiste en referir sucesos que cautiven la atención por resonantes o por desusados, no tiene Gautier más realce biográfico del que le presta el famoso chaleco rojo del estreno de Hernani, bandera de la insurrección. Por lo demás, su historia externa es la de un jornalero literario, productor fecundísimo. Con razón exclamaba, cuarenta años después del memorable estreno. «Mis poesías, mis libros, mis artículos, mis viajes, yacerán olvidados; pero nadie se olvidará de mi chaleco rojo. Esa chispa de fuego lucirá todavía cuando lo demás se haya extinguido, y me diferenciará de los contemporáneos, cuyas obras no valen más que las mías, pero que llevaban chalecos oscuros. No me desplace dejar de mí este recuerdo —añade en el tono que gastaría el Capitán Fracasa—; es altivo y desdeñoso, y me presenta desafiando a la opinión y burlándome del ridículo». Proclamaba Gautier en chanza una triste verdad. Para mucha gente, el maestro cincelador, el impecable Teo, el Benvenuto de la prosa, nunca pasó de ser el muchacho de largas greñas, que en una noche de batalla lucía chaleco punzó y pantalón verde.

Acabo de aplicar a Teófilo Gautier epítetos que no me resolvería a prodigar a ningún otro escritor francés, ni siquiera a Mérimée. Son peculiares de aquel que suscita impresiones plásticas, comparaciones tomadas de otras artes distintas de la literatura. La vocación de Gautier fue ambigua: después de cursar brillantemente las aulas y las humanidades, ingresó como alumno en el taller del pintor Rioult, y se consagró al estudio del desnudo; allí contrajo la idolatría de la belleza de la forma, que revelan sus novelas y sus versos. Cuando esto ocurría, fermentaba el motín romántico, reclutando sus mesnadas entre escultores, pintores y arquitectos. Aquellos entusiastas de blusa, con los dedos manchados de cobalto y bermellón, estaban ebrios de poesía, y no recitaban de memoria, sino que cantaban a coro las baladas de Víctor Hugo, el dios de la escuela, a quien tan rendidamente adoró Teófilo.

La revolución literaria iba unida a otra en las artes plásticas, bien estéril, por cierto, en sus resultados, pero que, al cabo, libertaba de la tiranía de la escuela de David y de la sequedad académica. La pasajera victoria del drama romántico se preparó en los talleres; de ellos salían brigadas de jaleadores, llevando por santo y seña una cartulina, donde se leía la palabra española hierro. La hueste pictórica la capitaneaba Teófilo Gautier; y cuando ya en su madurez le preguntaban si había sido célebre desde joven, contestaba: «Sí... por mi chaleco». Jamás borrada de su memoria la efeméride, los últimos renglones que trazó su pluma fueron para recordar, en crónica inacabada, el estreno de Hernani.

Aquella noche inolvidable le arrancó de las ruanos el pincel y le consagró a la pluma, a lo cual contribuyó no poco la amistad con Gerardo de Nerval; pero realmente Gautier continuó como había empezado: artista plástico. En vez de modelar o extender colores sobre el lienzo, escribió, pidiendo a las letras lo que hasta entonces nadie les había exigido: la forma, el relieve, el color, los accidentes de la pintura y la escultura.

No tardó Teófilo Gautier en publicar sus primeras poesías: Albertus, La Comedia de la Muerte; en sus versos, como en su prosa, se reveló pintor, más aún que pintor, orfebre, lapidario. Su programa fue siempre el que expuso al publicar Esmaltes y Camafeos: «tratar, en forma sucinta, asuntos chicos, ya sobre placa de oro o cobre, con los vivos colores del esmalte, ya con la rueda del grabador de piedras finas, sobre ágata, cornalina y ónice». Es, pues, Gautier revelador de lo que se llama la transposición, que aplica al arte literario los procedimientos de las demás artes; y si, en cierto modo, de él proceden los estilistas, más directamente salieron de sus lomos los coloristas, tallistas, aguafuertistas, acuarelistas y orfebres de la prosa y del verso francés; de él proceden Baudelaire, los Goncourt, Banville, Heredia.

Cuando digo las demás artes, convendría añadir plásticas, porque la música no influye en la escuela de Gautier.

Solo con esta innovación, tendría lo bastante Gautier para sobrevivir; y si Gautier no es, como quiso Baudelaire, un desconocido, en cuanto poeta, por lo menos no fue estimado en su justo valor, ni alcanzó, ni ha alcanzado todavía, el puesto que le corresponde. Caso doblemente extraño, puesto que Teo estuvo siempre en la brecha, escribiendo, y no cambió de doctrina en su larga carrera crítica. Baudelaire, que tan delicadamente estudió a Gautier, supone que el publico se fijó en sus crónicas y folletones, mientras olvidaba o era incapaz de saborear sus versos.

Sus versos no son para la muchedumbre. Mejor podía esta comprender y sentir a Lamartine, y aun a Musset, «hombres de un día», es decir, intérpretes del sentimiento general en su época (cada uno por su estilo), que a Teo, escribiendo con impasibilidad divina, de hinojos ante la Belleza. No sé si la Belleza fue un numen adorado entre los helenos; la Edad Moderna, de cierto, no cree en él, y son minoría sus adoradores. De su aislamiento, Teo se enorgullecía; ni aun admitía que debiese protestar de la indiferencia de un público, para el cual, sustantivamente, la Belleza no existe. Protestar sería igualarse a esa muchedumbre; sería encanallarse.

Voluntariamente sujeto al yugo de oro del estilo, Gautier entendía que «el escritor que no sabe decirlo todo; aquel a quien una idea, por extraña, por sutil que la supongamos, por imprevista que sea, y aun cuando caiga del cielo como un aerolito, coge desprevenido y sin medios de expresarla, no es digno de llamarse escritor». Nótese que en el estilo hay dos aspectos diferentes: su pureza o casticismo y su belleza. Un estilo puede ser muy correcto, aproximarse a la perfección, y carecer de esa «ardiente sal» con que los geniales sazonan. El estilo de Teófilo reunió ambas excelencias.

Al lado de sus méritos de estilista, tuvo Gautier el de la descripción pintoresca. Como nadie ignora, dijo de sí mismo que «era un hombre para quien existía el mundo exterior», como existe necesariamente para los artistas plásticos, que en la naturaleza visible recogen líneas, colores y aspectos. Esta condición de Gautier se revela ya en sus primeros versos, distinguiéndole de los «escultores en humo», cuyo prototipo parece ser Lamartine; y tras la huella firme y relevada de su «estrecho coturno» irán, hasta sin saberlo, al través de otras influencias, generaciones enteras de poetas y escritores.

Obsérvese que al hablar de Gautier, más que sus mismas obras interesa el influjo que ejercieron, y que, iniciado al otro día de la victoria de la escuela romántica, se desenvuelve durante la transición, continúa bajo el naturalismo, y acaso hoy, en la disolución de las escuelas y en la infinita complejidad de las tendencias, sea mayor que nunca. En efecto, y si he logrado hacer entender lo que caracteriza a la transición, en ella, deshecho el ideal romántico, y mientras parece que triunfan los filisteos, lo que sucede es que se prepara otro alzamiento, el naturalista, traído por el realismo de los novelistas y por el avance del positivismo científico, que pretende, ya veremos si con éxito, aplicar al arte sus fórmulas; y Teófilo Gautier, con las pocas pero vigorosas y fecundísimas ideas que emitió, trazó el camino, no solo contra la invasión del achatamiento filisteo, sino contra las intrusiones de la ciencia donde no la llaman. La teoría de Gautier, para expresarla brevemente, se alzó frente a las incursiones invasoras de lo Bueno y lo Verdadero en los dominios de lo Bello.

¿Será necesario advertir que ni Augier ni Emilio Zola representan a la moral ni a la ciencia? No lo es sin duda; mas no por eso ha de negarse que las tendencias de corrección de las costumbres por la sátira moralista, y después la escuela literaria, que invocaba los principios de Claudio Bernard en su Introducción a la medicina experimental, desviaban el arte de su terreno propio, sometían a la estética a otros fines. Para definir a Gautier y el servicio que ha prestado a las letras, fijémonos en que, mediante su doctrina, son pulverizados primero el romanticismo, después el moralismo de la transición y luego el naturalismo. No sé si cabe hacer más, con menos alardes magistrales.

Reconocido esto, causa admiración que a Gautier se le haya negado, no ya la posesión de un cuerpo de doctrina, sino hasta la de una sola idea. Menos injustos con él son los que le dan por bandera este aforismo: «La idea nace de la forma»; pero si la primera aserción es inconcebible, tampoco me parece sostenible la segunda. Lo que vive de Gautier, más que sus versos y sus novelas y sus críticas (todo ello está muy por cima de lo vulgar) son justamente sus ideas estéticas.

Sería raro fenómeno que un escritor de tan vigorosas convicciones no hubiese transmitido en sus escritos ni siquiera lo que Baudelaire llamó su idea fija, el culto de la inmortal hermosura, del cual se derivan, en concatenación lógica, los principios restantes. Lo primero, hay que saber qué se entiende por ideas. No creyó Gautier que la idea naciese de la forma, pero sí creyó y dijo muy alto que las ideas están al alcance de todos y la forma solo del artista; por lo cual, como hemos visto, consideraba indigno del nombre de escritor al que no encontrase forma de expresar toda idea artísticamente. Ideas, no del orden filosófico, pero del estético, y en especial del técnico, encontramos en Gautier, y si no son muchas, son en cambio tan bruñidas y acicaladas, que tenían que herir hondo y asegurar la victoria. Contra los románticos, emitió la de la impasibilidad y objetividad del arte, la condena de toda exhibición de sentimiento individual, y también la apoteosis de la robustez, la fuerza física y el placer, opuesta a la palidez de los héroes del romanticismo y a su endeblez corporal. Teo decía de sí mismo, con orgullo, que era fuerte, no solo porque levantaba pesos considerables, sino porque hacía metáforas bien eslabonadas. Contra los científicos y actualistas, que no habían surgido aún pero que se anunciaban, la de la inferioridad estética de la edad presente, o, en frase de Baudelaire, «la gran vanidad del siglo y la locura del progreso». Y contra los naturalistas, que heredaron de los románticos, pero aplicándola más apretadamente, la tesis de la belleza de lo feo, vulgar y bajo, y su legitimidad dentro del arte, tuvo Gautier su desdeñosa afirmación de que lo feo, bajo y plebeyo, carece de derecho a existir. Y contra los moralistas, es decir, no contra los pensadores que escriben de moral, sino los que hacen arte con fin moralizador, Gautier afirma la sustantividad de la Belleza, que es para sí misma un fin propio y suficiente.

No por eso entiendo que los principios de Gautier puedan ser invocados para desdeñar la moral que en altas esferas filosóficas fulgura y resplandece como una de las grandes leyes armónicas de lo creado. Si se recuerda lo dicho respecto a los moralistas en el período de la transición, se verá lo bastardo de esa moral, de fondo jacobino. Atacando vicios y errores circunstanciales; satirizando tendencias contemporáneas, no presentaban los moralistas de la escena y de la novela, para sanear y depurar la sociedad, un ideal cristiano; se contentaban con el buen sentido; no pasaban, la mayoría, del

166

siglo XVIII; eran utilitarios y prácticos, y con razón se les ha tratado de hipócritas y de burgueses. Ni la teoría del arte por el arte ha de entenderse tan estrechamente como han querido entenderla, oponiendo el arte a la moral y hasta a la verdad. Cien veces debe repetirse que en esa teoría lo que hay es una reclamación justísima del arte, la de su independencia y sustantividad, necesarias a su grandeza.

La doctrina de Gautier —dice Brunetière— se le reveló completamente cuando hizo el viaje a España. Nótese la influencia española en estas grandes figuras poéticas de la literatura francesa; y acaso pudiésemos enlazar esta observación con la de Baudelaire acerca del prosaísmo natural de Francia, su afirmación de que lo poético nunca es naturalmente francés. Verdad que también habló Baudelaire de la nativa repugnancia de los franceses hacia la perfección, hacia las obras bien hechas y bien escritas; y esto ya sería harto más discutible que el punto de vista del prosaísmo, y, sobre todo, exigiría que definiésemos los caracteres de la perfección.

Viniendo a las poesías de Gautier, de las cuales nos hemos desviado, no cabe duda que Albertus, publicado en 1832, es todavía romántico; es un hermano gemelo de Rolla y de Namuna. Pero las cualidades de Gautier, las que, por un don raro, eran, a la vez, base de su estética y excelencia de su pluma —no siempre esto anda reunido—, resaltan en sus poesías, especialmente en Esmaltes y Camafeos, y las distinguen de la lírica romántica. Son sus versos un primor de factura, pero no hay en ellos nada aparentemente rebuscado; no es posible variar un vocablo sin que desmerezcan, y se diría que el vocablo nació allí, sin esfuerzo. Había estudiado a fondo el lenguaje y, además, poseía el instinto artístico, sin el cual de nada sirve conocer miles de palabras sonoras y enhebrarlas en la rima.

Así, en cualquiera de sus poesías, de sus Interiores, de sus Fantasías, de sus Paisajes, brilla la perfección. Su doctrina del valor propio, sustantivo, de la forma y de la palabra —en esto procedía de Víctor Hugo, y no lo negó nunca—, fue aplicada en su poesía felizmente.

El título de Esmaltes y Camafeos es gráfico, porque, como en loa hermosos camafeos griegos, en reducido espacio supo destacar el perfil de Apolo. Lo perfecto es grandioso siempre, aunque sea chico.

Hay quien reprende a Gautier por esta misma perfección, calificándola con el epíteto, intraducible en castellano, de virtuosité; es decir, exceso de primor de ejecutante, alarde de dificultad vencida. Le hubiesen querido más sencillo, más apasionado, menos pagano. Y entonces no sería Gautier; sería Musset, por ejemplo. No cabe alterar la figura de Gautier sin desnaturalizarla. Le comprendemos así, grabando en piedras duras, esculpiendo, limando y cincelando el flotante ensueño, hasta incrustarlo en el resistente bloque.

He ahí por qué pudo decirse que, suponiendo que fuera el francés una lengua muerta, profesores y lingüistas no la estudiarían en las obras de los poetas sentimentales y fáciles, y se regocijarían con los afiligranados poemas de Gautier, que no solo ostentan toda la riqueza del idioma, sino que lo enlazan con sus elementos tradicionales, con el lenguaje de los poetas de la Pléyade y otros, de fresco y lozano verbalismo.

Y aun cuando por su paganismo sensual, pudiera Teo ser un Chénier, es la misma perfección de la forma, es el culto de lo pintoresco, lo que le separa de los clásicos. Él lo afirmaba, diciendo que su parte en la conquista romántica era esa; que su papel en la revolución literaria estaba señalado de antemano. La conquista de los adjetivos, las metáforas eslabonadas, el oro de lengua fundido en versos que vivirán «más fuertes que los bronces».

Es preciso confesar que ningún hombre de nuestros días puede ser enteramente pagano y helénico. Acaso nadie lo haya sido en mayor grado que Teo, pero su arte tenía el escollo del amaneramiento «natural», y no se engañaron los que incluyeron entre sus antecesores a Marini y a Góngora, un Góngora menos conceptuoso. Otra influencia española, por cierto muy poco pagana, es innegable en el autor de Tras los montes, que tan admirablemente hizo competencia a Zurbarán con la pluma, y a quien Valdés Leal casi llegó a infundir el «terror católico».

Es justo recordar que antes que Gautier y Hugo, había desestancado el idioma Mercier, grande enemigo de la tragedia clásica, que en su Neología intentó introducir millares de palabras nuevas. «Las lenguas pobres —decía— se oponen al pensamiento, y fijar el idioma, equivale a crucificarlo». Tampoco se eche en olvido a Chateaubriand, que ha logrado efectos sorprendentes con la magia de los vocablos. Pero Gautier hizo más, mediante el principio del valor propio de la palabra. Su teoría iba directamente a condenar aquella literatura vaga y fácil, contra la cual tronaba Nisard, prescribiendo al artista el respeto de su arte, el ardiente y difícil amor de lo perfecto, buscado como los caballeros andantes y los paladines buscaban a la encantada princesa.

No es sorprendente que el mérito de Gautier, sobre todo como poeta, haya sido tasado en menos de su valor, por lo mismo que, esteta convencido, así como no quiso ver en el arte sino el arte mismo, tampoco aprovechó para el triunfo ningún recurso extraño al arte. En efecto, la historia privada de los desengaños amorosos de Musset (privada, es un modo de decir), acaso influyó en la resonancia de sus Noches; y no dudemos que al bastardo elemento político, tan burdo, debió Víctor Hugo admiraciones y aclamaciones para el artista desdeñables por completo.

El mismo anhelo de perfección de Teófilo Gautier dio base a las censuras de los que le rebajan a la categoría de poeta menor. Ya se adivina lo que le achacaron: atrofia del sentimiento. Díjose de él que poseía la sonoridad de las cosas vacías, la hueca vibración de esas bellas corazas de Milán nieladas, repujadas e incrustadas de oro, pero detrás de las cuales no palpita un corazón.

Y el caso es que Gautier, teórico de la impasibilidad olímpica, no tuvo nada de impasible en su carácter. Dice Spronck en su interesante libro Los artistas literarios, que el escritor que tanto contribuyó a matar el lirismo romántico, fue por dentro más lírico y desesperanzado que todos los Renés, Manfredos y Adolfos del mundo. Sin que influyesen en él los acontecimientos políticos como en Chateaubriand, ni las decepciones pasionales como en Musset, padeció también el devorador «mal del siglo», plaga de las civilizaciones gastadas.

Fruto de la decadencia latina, Gautier, lo repetimos, no era un pagano sereno —si estos paganos existieron, que por mí lo dudo—. Ya en el colegio, prefería a los autores sanos, Cicerón y Tácito, los delicuescentes manidos, Apuleyo y Petronio. «Soy —decía de sí mismo— como el niño que rechazase el seno de su nodriza y solo quisiese mamar aguardiente, y, mientras llevo una vida morigerada y metódica, me siento tan cansado y tan harto de todo, como si hubiese realizado las monstruosas y abusivas hazañas de un Sardanápalo.»

Quizás de esto mismo se derive lo «marmóreo» del escritor. Petrificado por el tedio, ni aun se digna quejarse; el que se queja, como Musset, es consolado por la Musa. El caso de Gautier es morboso, y sintomática la exasperación misma del culto estético y sus extravíos, como la monstruosidad de la androginia, que se revela en *La señorita de Maupin*. Habremos de volver a hablar de este libro, el más famoso de su autor; especialmente, recordaremos su prólogo; pero no quiero desaprovechar la ocasión de hacer notar que el tema del andrógino vendrá a ser, más adelante, favorito del arte decadente.

Nada está tan cerca del ascetismo como el hastío grande e incurable. Teófilo Gautier, pagano frustrado, sintió, al fin, este impulso, que en otros siglos le hubiese empujado al claustro, única salvación, como él mismo declara y reconoce. El admirador de Zurbarán; el que probó, ante Valdés Leal, el estremecimiento hondo de la Segadora y el frío de su guadaña, exterioriza el impulso ascético declarando que desearía sepultarse en una Cartuja, en una hórrida soledad, como las que buscaban para sus mortificaciones los santos: «dans quelque Sierra bien sauvage, ou jamais voix d'homme ne vibra...», con la palabra Sierra en castellano, para que no dudemos cuál fue la comarca del mundo que infundió a Gautier este anhelo...

De todas suertes, la nota íntima, de sentimiento y hasta de dolor profundo, que recojo en la obra de Gautier, no se parece a la queja romántica. Es más interior, más viril.

No ha de negarse que al proscribir con severidad indignada la ostentación y profanación del sentimiento, al dejar fuera del arte todo fin útil y docente, los artistas puros, a la manera de Teófilo Gautier, seguramente se exponen a aislarse de la humanidad, que abandona a los iniciados en sus torres de marfil y en sus templos alabastrinos; porque la humanidad —al menos desde el advenimiento de Cristo— propende más al culto del Bien que al de la Hermosura, y se diría que la general tendencia ética tiene más prosélitos que nunca ahora, aunque se desvíe de los caminos cristianos para seguir los de las reivindicaciones colectivistas. Lo que hay de humano y piadoso hasta en los extravíos del siglo, es cristianismo, o genuino o adulterado; paganismo, nunca. Toda tentativa de restauración pagana es arrollada por la impetuosa corriente utilitaria y moral, y la idolatría de la forma queda circunscrita a una minoría desdeñosa y misántropa, que no se digna descender hasta las multitudes, incapaces de entender el arcano. Algunas veces hasta serán cruelmente castigados por la ética general los paganos modernos, y un gran esteta habrá de dar vueltas a la rueda de su suplicio, no tanto por expiación de nefandos hábitos, como porque su arte era opuesto a los ideales morales de su nación y de su época.

El paganismo en arte, observémoslo, es de suyo antirromántico; lo fue con Andrés Chénier, antes del romanticismo de escuela, y lo es con Teo.

El romanticismo tuvo, desde su aurora, un fondo de sentimiento religioso, especialmente en la poesía lírica. A esto contribuyó la historia, con las persecuciones revolucionarias, y quien se puso al frente de la escuela del cristianismo poético, fue Lamartine. A Lamartine y a sus discípulos puede aplicarse lo de los versos trabajados en humo, lo que Gautier viene a proscribir con sus versos labrados en granito.

No era Lamartine, sin embargo, quien encarnaba la resistencia del romanticismo de escuela. Sorprende el vivo contraste entre los destinos de los dos poetas de nombradía universal, Víctor Hugo y Alfonso de Lamartine. Iguales, sin duda, en gloria, y hasta semejantes en que la política, durante un momento dado, vino a servirles de peana, el contraste se establece al desarrollarse la curva de sus existencias, pues al paso que Hugo camina por la senda de una edad madura ardiente y activa a una ancianidad de fulgurante apoteosis, Lamartine, años después de sus primeros y deslumbradores triunfos, cae en esa esclavitud sombría del galeote literario, que también fue la de Balzac. Solo que Balzac, esclavo y atado a su cadena y revolviéndose en el infierno de las deudas y del trabajo forzado, cumplió su grandiosa obra, no tal vez como hubiese soñado cumplirla si dispusiese de tiempo y tranquilidad, pero de un modo intenso, que se impone a la admiración; y Lamartine, en las horas de su lento ocaso, declinó de todas las maneras, dando el penoso espectáculo de la agonía de un cisne que se ahoga en una charca pequeña. He aquí por qué, si todavía en el período de la transición el nombre de Lamartine tiene que volver a sonar (aun cuando hayamos reseñado su labor al tratar del romanticismo), y si también su longevidad prolonga la ilusión romántica, en realidad es Víctor Hugo el que no solo la continúa, sino que la perpetúa, y además la defiende con dientes y uñas, y como el duro viejo de Hernani, entierra a los jóvenes y se queda en pie.

171

Solemos situar el momento de triunfo del romanticismo militante en la fecha del estreno de Hernani y de la publicación de Nuestra Señora de París, como fijamos su caída en 1843, momento en que fueron enérgicamente rechazados Los burgraves; pero, en otro terreno, otro romanticismo, no truculento, no hispanizante, no de motín y algarada, había triunfado plenamente desde la publicación, en 1820, de las primeras Meditaciones de Lamartine. Triunfo más legítimo, porque el romanticismo de Lamartine no era de escuela, aun cuando fuese un producto natural de la historia, fruto espontáneo de la reacción religiosa, lo que puede sentir un «hijo del siglo» que padece de melancolía y de mal de amor, pero sin tener el corazón envenenado, como lo tuvieron realmente, y dejando aparte afectaciones, Chateaubriand, Gautier y tantos otros. No en esto solo se diferenció Lamartine de los románticos de estruendo: tampoco quiso plegarse a disciplinas y programas. Sin la ironía de un Musset, supo desdeñar la batalla oficialmente empeñada entre clásicos y románticos. No iba con él, que, salvo tímidos intentos juveniles, no pretendió los aplausos de la escena. De romanticismo agresivo y melenudo, no supo Lamartine. Y diez años antes de la resonante victoria de Víctor Hugo, había vencido en toda la línea aquella musa que tenía dos alas: el sentimiento y la fe.

Sostenido en ambas, atravesó la época de lucha, declarando que su romanticismo no era género Hugo, sino algo más íntimo, más verdadero, sin extravagancias de estilo ni de ropaje.

Desde que el romanticismo militante triunfa, y publicadas las Armonías, en que los idealismos juveniles se atenuaban y se proclamaba con mayor energía viril la creencia magnífica en Dios, la preocupación literaria también cede el paso a la ambición política. Lamartine la sintió en alto grado, y tal vez fuese más apto para la gobernación del Estado que Víctor Hugo. Sin embargo, el autor de Las meditaciones no obtuvo, a la larga, la enorme popularidad que su único rival serio, el autor de Nuestra Señora. En cambio, Lamartine logró, en política, lo que nunca consiguió Hugo, a pesar de ardientes aspiraciones; verdad que a Hugo no se lo había pronosticado aquella moderna bruja de Macbeth, lady Esther Stanhope. Nótese que no se trata de una profecía a posteriori; que desde 1835 fue públicamente anunciado un suceso que no se realizó hasta 1848. Acaso la profecía de la vidente animó a Lamartine a la lid política.

El poeta, durante los años en que se desenvuelve el período de transición, se ha convertido en tribuno. Desde que regresa de su viaje a Oriente, la política le absorbe. Si hemos de creer a un crítico, Nisard, su política carece de importancia, y a los partidos les debe ser indiferente tener a Lamartine en pro o en contra, tan benigna es la oposición que hace, tan honrada e inofensiva su actitud. «Si Dios quisiese —añade Nisard— confiar los destinos de Francia a una mayoría de hombres o más bien de ángeles, cuyo arcángel fuese Lamartine, temo que desde la segunda sesión los diablos se los llevasen, o más bien los restituyesen al cielo».

Al servicio de sus aspiraciones políticas, las más vehementes que parece haber sentido Lamartine, puso una oratoria de elocuencia maravillosa, porque el poeta poseía el don de la improvisación, y su campaña parlamentaria le ganó popularidad inmensa, y después de la revolución del 48, que arrojó del trono a aquellos Orleanes con quienes Lamartine tenía cuentas atrasadas que ajustar, Lamartine fue dictador, si no de nombre, de hecho.

Se realizaba la profecía de la vidente; allí estaba, después del gran trastorno, el también anunciado poder supremo. Nada tan halagüeño, nada tan deseado por el poeta, el cual, aunque parezca extraño —porque hoy nosotros solo como poeta le recordamos, y nos es indiferente su papel histórico—; consideraba a los versos algo secundario y episódico, el canto de una hora, y solo vivía y respiraba para las luchas civiles de su tiempo: y he aquí verdaderamente una diferencia entre Víctor Hugo y él. Víctor Hugo también aspiraba, y aun había de aspirar más ansiosamente después del golpe de Estado, al poder, a los puestos elevadísimos que las revoluciones pueden entregar a un burgués de la noche a la mañana, haciéndole árbitro de los destinos de una nación. Pero Víctor Hugo ni un momento dejó de tomar por lo serio la poesía, de ver en ella el fundamento de sus grandezas presentes y futuras. Lejos de profesar una especie de manso desdén hacia la gloria poética, como Lamartine, ya sabemos que sustentaba la doctrina del poeta guía y pastor de pueblos, y que creía (de buena fe, es suponible) en su misión divina y providencial. Y de la indiferencia de Lamartine hacia la poesía se originó, en gran parte al menos, la decadencia de su arte, y con ella vino el alejamiento del público, que al principio había visto en él a un ídolo, y le había subido —especialmente las mujeres— a un pedestal fabricado con jirones de azul del cielo.

Todavía, en las Armonías, el poeta se cuida de la forma, y no se entrega por completo al «terrible don de la facilidad» que algún hada maléfica le otorgó desde la cuna; sin embargo, ya Nisard, el enemigo de la literatura fácil, señala, desde 1837 el escollo, y lamenta que las Meditaciones presenten esos «defectos de abundancia» naturales en quien se habitúa a escribir aprisa, al lápiz y al dictado. El torbellino de la improvisación le arrebata en sus alas. Y cada vez más —en esta época, en la transición del romanticismo— la poesía va dejando de interesarle profundamente; no consagra a la musa la savia de su vida; siempre será el Lamartine de la inspiración sublime y etérea; pero, si persisten los rasgos esenciales de su genio, los defectos se acentúan; la flojedad es demasiado visible; los períodos comienzan a pecar de extensos; se diluye la idea poética, porque, dice el crítico, no había de ser Lamartine el único que gozase del privilegio de construir sólidamente sobre arena. Eran arena las largas perífrasis, la falsa delicadeza de no llamar a las cosas por su nombre, sobre todo si es un nombre familiar y llano, y el empeño de idealizarlo todo, con profundo desdén de la realidad, y los ripios no evitados, y las repeticiones de pensamientos y de bellezas cien veces aplaudidas, harto conocidas ya para que conmoviesen; y, por último, iba a ser el naufragio de la musa lamartiniana el propósito (con alguna mayor suerte, aunque no sin enfadosa prolijidad, realizado por Víctor Hugo después en La leyenda de los siglos) de escribir un poema inmenso, interminable, por el estilo del que con tanta gracia ridiculizó Alfredo de Musset; un poema indio, por contera.

El aldeano de Milly y de Saint Point; el ignorante encantador que solo conocía su corazón, que solo traducía su alma; el melancólico del Lago, enamorado tan tierno, tan voluptuosamente soñador, el creyente del Crucifijo, venía a parar en esto. Por fortuna, no llegó a realizar sus planes, y solo quedaron como muestra del intento dos episodios, Jocelyn y La caída de un ángel. A esto se redujo aquel «poema de los poemas», que, en la mente de Lamartine, respondía a una inspiración de lo alto, había de costarle veinte años de su vida, y ser tan elevado como el cielo. Debía comenzar un día antes de acabarse el mundo, y, en una especie de «galope de los siglos» rehacer la historia de la humanidad, hasta que la llegada del Anticristo señalase el fin de la creación. Paralelismo de ideas entre Lamartine y el autor de la Leyenda.

Jocelyn es, sin duda, un hermoso episodio, puesto que carácter episódico le atribuyó su autor. Aun hoy, que ha pasado de moda, tenemos que reconocer sus bellezas. Hay en Jocelyn lo más característico del genio lamartiniano: el sentimiento de la naturaleza, por el cual unas veces parece el mejor discípulo de Juan Jacobo, pero otras evoca el recuerdo de Virgilio; sentimiento que permanece cristiano, en medio de algunas tendencias panteísticas, más señaladas en las Armonías que en Jocelyn, donde se depura y afirma lo que podemos llamar no solo el cristianismo, sino el catolicismo ingénito de Lamartine; lo profundo del amor impregnado de aromas de sacrificio; la resignación, el olor a incienso propio de la inspiración de este poeta, y aquella su filosofía platónica, no muy hondamente estudiada, filosofía de poeta al cabo, pero que le distingue y le eleva sobre las miserias terrestres.

Acaso no pueda decirse lo mismo de La caída de un ángel. La caída del ángel consiste en que, enamorado de una mortal, se hace hombre para lograr su amor. Pero el asunto se desarrolla en un ambiente antediluviano y, dice con gracia un crítico, es cosa ardua un poema antidiluviano, cuando no hemos estado en el Arca. Y Lamartine, desmintiendo su verdadera naturaleza, probablemente influido por sus ambiciones políticas, procede como pudiera proceder Hugo; y dejando a un lado sus suavidades idealistas, adopta nuevos medios de expresión, que no desdeñaría el creador de la Boca de sombra, ni el pintor belga Viertz, el que emborronó los terroríficos lienzos donde la fuerza aplasta a los pequeños, a los débiles... En la ciudad de Baal (como en las deformes pinturas de Viertz), los Gigantes —reyes y poderosos de la tierra— aplastan y pisotean a los pequeños, al pueblo. Los palacios de los opresores están hechos de cuerpos humanos, y las alfombras de humanas cabelleras. La crueldad y la barbarie, ejercidas por la autoridad, hacen de la villa de Baal un sueño espantoso de iniquidad y de crimen. Y este cambio de estilo y de sistema poético, este asunto desarrollado de un modo tan poco lamartiniano y tan análogo, en cambio, a los procedimientos favoritos de Víctor Hugo, hay que atribuirlo a la imposición de las circunstancias históricas. Todos los que, en un momento dado, prefirieron al arte la popularidad y desempeñaron el papel de profetas de revolución, han tenido que caer en la misma zanja y emborronar los mismos telones efectistas.

La caída de un ángel no agradó al público, y Lamartine, interiormente, dio al público la razón. Sus ilusiones poéticas, menos ardientes que las políticas, sufrieron rudo golpe. Sin embargo, al publicar sus últimos versos, los Recogimientos, en 1839, alimentaba esperanzas de una acogida no inferior a la nunca vista que obtuvieron Las Meditaciones. No fue así. Veinte años antes las estrellas estaban en otra posición. Y desde 1839, la inspiración lírica de Lamartine se extingue. Muere porque el sacerdote de la poesía ha perdido la fe, porque cree en lo social y lo político y descree de lo poético, porque dice y profesa que «un hombre que al cabo de sus días no hubiese hecho más que ritmar sus ensueños de poesía, mientras los contemporáneos riñesen la gran batalla de la patria y la civilización, sería una especie de payaso para divertir a la gente...». Y el caso es que de todos esos combatientes de «la gran batalla» nadie se acuerda ya, y Lamartine irradia aún, en su gloria, altísima de poeta lírico, realizándose el dicho de Gautier «los versos persisten, más fuertes que los bronces...».

Como sabemos, Lamartine, después, escribe sus novelas idealistas —amén de sus libros de historia, y de tantas páginas en que especula con su talento de escritor elocuente—. El poeta lírico ha concluido. No importa: hizo lo suficiente para la inmortalidad. Acaso sea prueba de buen gusto retirarse a tiempo, y no ser, hasta la senectud, tercamente, aunque genialmente, el Inspirado —como Víctor Hugo.

En el primer tomo de esta obra, El romanticismo, he concedido más atención a los dramas de Víctor Hugo que a su poesía lírica. No porque la desdeñase: ¿quien pudiera no reconocer el valor intrínseco y extrínseco de las Odas y baladas; de las Orientales, que señalaron tantos rumbos y acaso determinaron la vocación de Teófilo Gautier; de las Hojas de Otoño, de los Cantos del crepúsculo, de las Voces interiores, de Rayos y sombras? Pero sin duda la esencia de la revolución romántica estuvo en el drama, y Víctor Hugo, siempre gran poeta lírico, se creció, cultivó más intensamente sus facultades prodigiosas, cuando, derrotado en la escena y comprendiendo que allí no podía sostener la lucha, la poesía lírica fue para él a la vez fortaleza en que el romanticismo se atrincheró y prolongó su defensa, tribuna donde propagó sus ideas políticas y sociales, y cátedra donde desarrolló su filosofía peculiar. Más tarde, cuando la novela lo invada todo, Hugo intentará apoderarse de la novela y lanzará Los miserables, *Los trabajadores del mar*, *El hombre que ríe*, Noventa y tres; pero la cumbre de su lírica, la cima de su gloria, son, sin género de duda, Los castigos y Las contemplaciones, fechados en el período más caracterizado de la transición, o mejor dicho, cuando la transición está en sus postrimerías: del 53 al 56.

No era Víctor Hugo, del año 40 al 60, el único superviviente famoso de la gloriosa generación romántica; pero era seguramente el visible en Europa, y el que no había adjurado ni modificado sus procedimientos, sino que continuaba por los mismos caminos de la juventud, siendo los frutos de su otoño desarrollo natural de las flores de su primavera. Digo que no cambió sus procedimientos; no digo que sus fines. Sus fines fueron otros: renunció definitivamente a ser el «poeta pensativo», el «sagrado soñador», para convertirse en el vidente y profeta político, en el Isaías jacobino, que truena y relampaguea desde su escollo contra la tiranía, en favor del pueblo, de los humildes, de los miserables —como su héroe, *El hombre que ríe*, tronaba en la Cámara de los Lores, o Ruy Blas ante el Consejo de los reyes de España. Este avatar de la musa de Víctor Hugo fue hábil; le permitió situar estratégicamente la resistencia del romanticismo, y conviene añadir que, si Zola, por ejemplo, al realizar otra evolución análoga en los últimos años de su vida, perdió las peculiares cualidades de su talento, Víctor Hugo las desenvolvió plenamente en la tempestuosa región donde le plugo situarse. He aquí por qué la supervivencia romántica va unida estrechamente a la supervivencia del genio de Víctor Hugo. Nótese que no pretendo asegurar que a la conducta de Víctor Hugo presidiese un cálculo, ni aun el cálculo semiconsciente del artista, para mantenerse dentro de la actualidad. Digo solo que el romanticismo, nacido con el primer Imperio, se defendió bajo el segundo desde el destierro y por la oposición al régimen.

No hay más recurso que referirse a la biografía; ella explicará en breves renglones lo que largos párrafos de comentario crítico tal vez no esclarecieran. Víctor Hugo, que en sus albores había sido legitimista hasta llegar al «vendeanismo» de su madre, se convirtió, durante un período en que no escribía, o por lo menos no publicaba mucho, hacia 1843, en el más celoso y adicto palaciego de Luis Felipe Orleans. El rey burgués y su familia halagaban al poeta, le recibían cordialmente, y, además, le hacían vizconde y par de Francia, cosa que ligaba perfectamente con la personalidad académica de que iba revistiéndose el antes melenudo autor de Lucrecia Borgia, burlador de las «pelucas». En tiempos anteriores a la regia merced, el poeta ya se hacía llamar vizconde, satisfaciendo así su antigua y del todo gratuita aspiración a la sangre azul o gentilhommerie —y envidiaba esta prez a otro vizconde de cepa vieja, el bretón Chateaubriand—. Todo ello sería una leve vanidad humana muy común, que no merecería la pena de recordarse, si no contrastase demasiado con actitudes e intransigencias posteriores, con diatribas en que los míseros nobles y palatinos salen que no hay por donde cogerles. Antes de contemplarle fulgurando apocalipsis desde los islotes de Jersey y Guernesey, conviene que nos le figuremos de calzón corto, en la más cortesana y palaciega de las actitudes.

La política, que va a ser su inspiradora, le lanza entonces a *La Tribuna*, donde aparece como orador ministerial, monárquico y dinástico ferviente. Cuando cae Luis Felipe, en 1848, y sobreviene la República, Víctor Hugo sufre dos graves desazones: en primer término, le falta su amparador, el bondadoso rey; en segundo, Lamartine, otro poeta, su rival, sube al puesto más alto de popularidad y poder, mientras el autor de Hernani, a pesar de un manifiesto electoral suplicante, no sale diputado en la asamblea constituyente hasta elecciones complementarias. Cuando publicó sus discursos de aquel período, los corrigió, no solo en la forma, sino en el fondo. Hízolo porque había militado (sin destaque) entre los adversarios de la República, abogando por la dictadura, la ley marcial y los consejos de guerra —cosas que después estigmatizó y maldijo—. Poco después creó el Evénement, que puso al servicio de Luis Bonaparte, aspirante a príncipe Presidente, ya próximo a ser Napoleón III, y más tarde, por obra de Víctor Hugo, Napoleón el chico.

Había sido Lamartine un político activo si los hay, pero exceptuadas las visiones apocalípticas de La caída de un ángel, que revestían un carácter demasiado vago y general para ir contra nadie especialmente, no puede encontrarse rastro de sus luchas políticas en sus versos. Él mismo lo dijo en uno de sus poemas más hermosos, respondiendo a la acusación de Barthélemy, y vindicando a su Musa:

«Non, je n'ai pas coupé les ailes de cet ange
pour l'atteler hurlant au char des factions...».

. . . .

y todo lo que sigue, la noble protesta del poeta que ha «perfumado su corazón para que la Musa resida en él». Veintidós años después, Hugo realizaba exactamente lo que no consentía Lamartine que se creyese que él era capaz de realizar; injuriaba con la lira de Orfeo, arrojaba nombres para que fuesen pasto del vulgo, y convertía a la Musa, a la sacerdotisa, en Némesis. Y, al hacerlo, producía algunos de sus versos más esplendorosos, y realizaba, no puede negarse, una obra genial.

La decepción de que Bonaparte no le diese la anhelada cartera de Instrucción pública, produjo en Hugo el rencor personal, exhalado después en Los castigos. Hay que reconocer que Napoleón anduvo torpe en hacerse enemigo tal. Su campaña causó al segundo Imperio tanto daño como la expedición de México, y acaso contribuyó a los desastres en que se hundió el régimen.

Fue su sátira terrible ariete contra un poder mal arraigado y sorda o abiertamente combatido, y sus versos fustigadores y su prosa sañuda corrieron de edición en edición y de boca en boca, por lo mismo que no contenían ningún programa político definido, sino la vaga y declamatoria aspiración a la libertad, en la cual todas las oposiciones coinciden.

Los castigos es un libelo, pero un libelo de excelso poeta. De su virulencia no pueden darnos idea otras poesías políticas: ni *Los yambos*, ni menos nuestros Gritos del combate, acaso porque ni Barbier ni Núñez de Arce rimaron bajo el estímulo de un odio intenso, o porque no todos pueden odiar así. Y el odio es lo que brota en chorros furiosos de hiel y de bilis en Los castigos, con repulsiva belleza de Medusa, hacinando metáforas sobre metáforas, imágenes sobre imágenes, símiles sobre símiles, insultos sobre insultos, maldiciones sobre maldiciones. Su retórica es ya enfática, ya populachera, callejera, y hasta podríamos decir encanallada, si no la salvase la magnificencia del verbo, la misma impetuosidad iracunda de la forma, y algunas estrofas magníficas, como la dedicada a las viejas banderas del Imperio, rotas y cubiertas de glorioso polvo. Para el objeto transitorio de amarrar a la picota a Napoleón III y sus gobernantes, Los castigos eran lo que se proponían ser. Literariamente, aparte del interés de curiosidad que encierra el manejo de la jerga popular o caló (antes del *Assommoir*) por un escritor de tal altura, no creo que Los castigos señalen una fecha, como la señalaron a su hora, con todos sus defectos, Hernani o Nuestra Señora de París.

El período del destierro, o mejor dicho, de los dos destierros, forzoso y voluntario, de Víctor Hugo, comprende casi veinte años, durante los cuales la transición se cierra, el naturalismo adviene con ímpetu arrollador. Mientras el poeta se encarama como en un pedestal en los peñascos de Jersey y de Guernesey, el mundo literario marcha; pero el secreto de la fuerza, de la enérgica resistencia encarnada en Víctor Hugo, está en que no lo ve, o hace como si no lo viese. Víctor Hugo residió en Jersey tres años, del 52 al 55, agriado, tronando contra el coup d'Etat: es la época de Los castigos —y también de las Contemplaciones—. Al soltar Hugo estos «libracos imprevistos», como les llamó Flaubert, no era él quien tronaba o cantaba armoniosamente desde su islote; era el propio romanticismo, el muerto inmortal, el que reaparecía, sin haber hecho concesión alguna a todo lo que el siglo venía reclamando, y, por su intransigencia, una vez más, vencedor.

En las Contemplaciones hay una parte que es anterior al destierro, y que no difiere de otras colecciones de poesías de la primera época lírica de Víctor Hugo. La parte inspirada ya por la soledad y el espectáculo del Océano, asociado para él a las ideas más trágicas, señala, en opinión de algunos críticos, la segunda manera de Víctor Hugo; pero esta manera, que pudiéramos llamar rembranesca a riberesca, de exageración del contraste entre el claroscuro y la luz, es tanto como la anterior, y no sé si más, una manera romántica. Su grandiosidad, que puede llamarse sublime, es la grandiosidad romántica, elevada a la suma expresión por el innegable genio lírico de Víctor Hugo. Y estas Contemplaciones, escritas ante el mar, desde lejos, como si el poeta se hubiese colocado más alto que Europa y que el mundo, son lo mejor, lo más poderosamente poético de cuanto Hugo rimó, el ápice de su genio y el fruto de su inspiración más sincera, en armonía, no solo con su estado de ánimo especial —mérito que también debe reconocerse a Los castigos—, sino con la verdad ambiente, y hasta con el color local de la peana de escollera, sobre la cual se alzaba la lírica majestad del desterrado. Un solo individuo genial, hace observar un crítico, basta a veces para atajar la corriente de los tiempos. Por Hugo, en contemplación ante la inmensidad, el romanticismo reaparecía como en sus días de oro. Solo que ya no era el romanticismo un fenómeno universal: y Víctor Hugo, oscureciendo con su enorme sombra el horizonte, se parecía al titán o coloso del aguafuerte de Goya, detrás del cual, mal que le pese, amanece la luz de un nuevo día.

Las Contemplaciones, que señalan el grado máximo del genio de Víctor Hugo poeta, pueden considerarse también obra culminante de la tendencia romántica, ya por todas partes combatida. Desde las Contemplaciones, dígase lo que se diga en elogio y defensa de la Leyenda de los siglos, Víctor Hugo desciende; comienza aquel declinar suyo que en los últimos años del existir tan lastimosamente se acentuó. No obstante, el efecto de la Leyenda de los siglos fue prestigioso; pero no olvidemos que otro efecto semejante lograron producir Los miserables y hasta *El hombre que ríe*. Hay obras cuya resonancia momentánea no implica influencia durable ni relación de mérito literario. Desde Los castigos, desde las Contemplaciones, cuanto publicase Víctor Hugo había de alcanzar proporciones de acontecimiento mundial. Su figura crece con el destierro, con la protesta, con su actitud de profeta que, a semejanza de los antiguos de Israel, hace frente al poder y concita al pueblo contra los malos pastores.

En la Leyenda de los siglos, Víctor Hugo aspira a crear una epopeya, un largo y complicado poema rico en episodios, y lo mismo que los poetas épicos de otras edades, pretende ejercer dictadura sobre las almas, siendo el mago, el adivino, el poseído del espíritu de Piton, que lleva en la frente una llama, y cuyos labios purificó el carbón encendido de la Musa.

Todo este aspecto de la labor de Hugo se explica por las ambiciones desmesuradas, que, no satisfechas en lo que tenían de concretas y hasta de mediocres (cartera de ministro con Napoleón III, presidencia de la república después de Sedán), se agigantaron y no reconocieron límites en lo abstracto. La óptima opinión que siempre tuvo de sí mismo el poeta, la conciencia individual exaltada, se transforma en el sueño afanoso de los grandes conquistadores, sea de reinos, sea de almas, en el impulso del camellero Mahomed fundando una religión para dominar el mundo. Que se domine por el alfanje, por la palabra o por la idea, la raíz de la aspiración es la misma, y Víctor Hugo, en su bella actitud de Guernesey, rehusando la amnistía, arrojando volúmenes sobre Europa, fue un compañero de Bonaparte I en la quimera.

Todavía afirmaré que la pretensión de Víctor Hugo es más ilimitadamente ambiciosa que la del Otro: como que Napoleón I solo pretendió el dominio material, y Víctor Hugo soñó ser el maestro, el guía, el director absoluto de conciencia de su época —de su larga época—. De ahí nació su romanticismo filosófico, enunciado como doctrina revelada al poeta. Y la Leyenda de los siglos, que parece epopeya, no es sino el desenvolvimiento simbólico de esa filosofía, por cierto asaz elemental, aunque revestida de oropeles y ropajes ostentosos.

La filosofía de Víctor Hugo no es indagación paciente y sistemática de la verdad: es sensación reflejada, imaginativa y pintoresca, agrandada líricamente. Podrá decirse otro tanto de la de Leopardi; pero Leopardi es una naturaleza meditabunda, honda, un hombre muy culto, muy sabio y muy desdeñoso de la muchedumbre. Su filosofía nos retrotrae al Eclesiastés. Nadie creerá que estas señas sean aplicables a Víctor Hugo.

Víctor Hugo filosofa con la fantasía, en la cual una catástrofe horrenda imprimió huella duradera, imborrable. Sus versos de la segunda época, cuando no expresan el odio político, expresan el terror del misterio, de la muerte, de lo infinito, de los «universos que se hacen y deshacen en la espléndida y siniestra espiral del cielo». Terror, espanto ilimitado y vago, asombro ante la creación y el «terrible creador» que arma «flotas de soles» en el espacio... La creación se le aparece desatada y monstruosa, con la lucha por la vida y entre los seres todos... «Cada fauce es un abismo; el que come asesina; el animal tiene garras, raíces el árbol, todo agarra, todo abraza para morder, y el orden es un crimen universal y monstruoso... Un odio inaudito colma la inmensidad». Por este camino negro, Víctor Hugo llega a profesar la sustantividad del mal, el agnosticismo, y ese maniqueísmo dualista contrario a la generosa afirmación de San Agustín «que no hay naturaleza ni sustancia mala, en cuanto son sustancia y naturaleza».

No se puede negar la belleza sombría y lúgubre con que Víctor Hugo desarrolla su nueva concepción del mundo, su nihilismo, que podemos llamar desesperado, su querella de los males del vivir, que a veces recuerda, sin haberlos imitado, por la intensidad, pasajes del libro de Job... ¡y no es pequeño elogio! Su imaginación dolorida, herida, entenebrecida, le sugiere imágenes de horror goyesco. «La sombra no es ni siquiera humo; es el fúnebre silencio de la nada...» Y el grito se exhala del pecho.

«Nous aimons. A quoi bon? Nous souffrons. Pourquoi faire?
Je préfére mourir et m'en aller. Préfére».

No pensaba Víctor Hugo positivamente en el suicidio; sin embargo, hay tanta sinceridad en esta convicción de que la muerte es mejor que la vida, como había en amarguras muy análogas de Salomón. Su nihilismo, con magnífica imagen, increpa a la ciencia, comparándola a la pollina que lleva su carga al molino, bajo el hocico y turbio el mirar, e ignorando si portea un saco de trigo o un saco de ceniza. Y, en efecto: el desdén y hasta la burla de la ciencia es una de las notas características de este romanticismo filosófico; y, no obstante, en otros pasajes, parece un iluminado de la ciencia, de la «obra de Prometeo». ¿Pero quién le va con contradicciones a Hugo? En el momento en que los métodos de la ciencia se infiltraban victoriosos en todo, el último caudillo del romanticismo les escupía su desdén, aquel desdén satírico, ultrajante, con que había abofeteado a Napoleón III. La ciencia, que estudia y enseña, ¿vale algo al lado del vidente que vaticina? ¿Qué importa lo que puede decir el afanoso laboratorio, ni aun el modesto gabinete de estudio del pensador, al lado de lo que dice «la boca de sombra»? Y la boca de sombra dice, no cabe duda, entre cosas absurdas, estrambóticas y peregrinas, en convulsiones de estro, cosas sublimes, de estupendo vuelo lírico. Para el caso basta... Bueno pondría Víctor Hugo a quien le pidiese la explicación lógica, la carne de verdad de sus afirmaciones, de sus símbolos, de sus mitos.

Naturalmente, es Víctor Hugo resuelto individualista, a pesar de sus himnos democráticos y efusiones de amor universal hacia todas las cosas, desde el mineral al hombre, y hasta hacia los seres repulsivos y odiosos, como la araña y el sapo «de ojos dulces». Antes que se tratase doquiera de nietzscheísmo, Hugo habló de hombres más que hombres, super, hombres, como diríamos hoy. Mal podría decir otra cosa: al defender «el prodigio del grande hombre», defendía causa propia o creía defenderla, que es igual. La «suprema inteligencia, espíritu jefe, inteligencia guía, y seres solares» eran él mismo... Es, sin embargo, nuevo, dentro del personalismo romántico —a pesar de haberlo ya profesado Lamartine en Las Armonías—, ese panteísmo de Hugo, que no se contenta con ver en los animales hermanos menores, sino que ve a veces algo superior a la humanidad cruel y fiera; concepto semibudista que se oye repetir frecuentemente a los adversarios de las corridas de toros. Todo, según opinión del poeta, tiene alma, hasta las rocas; en los escollos ve una faz, y la sombra gime. La creación entera, no solo piensa, sino que siente, lucha, odia, ama, sufre epilepsias y convulsiones. ¡Cuán distinta la metafísica romántica de Hugo de aquella pagana, serena, marmórea, trágica concepción de Leopardi, de una naturaleza sorda, indiferente, que no se cuida del bien, sino del ser!

Cuando empleamos la palabra «locura», no nos damos cuenta de que es la más elástica, y sería preciso enriquecer el idioma con un centenar de vocablos nuevos para expresar solo las gradaciones palpables, los marcados matices de esa palabra. La clasificación médica es muy somera, y sobra decir que no encuentro en ella lo que para este caso necesito. Al leer a ciertos escritores románticos, y a Víctor Hugo en las diferentes épocas de su producción, no acierto a rechazar la idea de que se gradúa en él, lentamente, una especie de delirio lúcido. Víctor Hugo, que tuvo un hermano loco, estaba perfectamente cuerdo en los demás aspectos de su vida; era, según dicen, hasta sensato, excelente administrador de su fama y gloria, normal en todo y de psicología muy natural y corriente; pero sus libros parecen, en muchas ocasiones, penetrados, no ya de ese desequilibrio de exaltación personal que caracterizó al romanticismo, sino de una insensatez de iluminado, lo cual explica la violencia de las extrañas y absurdas imágenes, el sentimiento de espanto místico, las ideas delirantes, el vértigo, la alucinación, la pesadilla, la vida siniestra que el poeta cree percibir alrededor de sí, la sensación de abismo abierto, «el vago horror de los contactos hostiles de lo invisible», la «penetración de lo impenetrable» y tantas y tantas impresiones semisobrenaturales que se revelan en los versos y la prosa de Víctor Hugo, con creciente intensidad y frecuencia. Para decirlo lo más brevemente posible: el cerebro de Víctor Hugo, sano en la vida real, adolece de una especial insania —a la cual debemos muchos versos soberbios y no pocas divagaciones extravagantes— desde que coge la pluma o, mejor dicho, desde que entra en «su isla de Patmos» y ve «las olas profundas del prodigio». Y así puede explicarse que no en él, sino en su literatura, falte la sanidad. Su literatura tiene momentos de extravío alternando con otros de un acutismo portentoso, no porque descubra jamás verdades nuevas, sino por el modo soberano, estremecedor de puro vidente, con que expresa las ya mil veces repetidas. Creyérase, por ejemplo, que los grandes escritores místicos no han dejado nada que decir sobre la muerte, agotando este tema profundo. Al ver cómo lo trata Víctor Hugo, en estilo solo comparable algunas veces a la música de Wagner, supondríamos que es él el primero que lo ahonda, y que nadie después de él podrá volver a tocarlo siquiera.

En la primera parte de la Leyenda de los siglos, Víctor Hugo interrumpe sus divagaciones filosóficas y se dedica a buscar el elemento dramático y el colorido de los paisajes históricos. Su inspiración se acerca a la de Los mártires o *Atala*. La diferencia es que el tiempo ha pasado desde los primeros años románticos, que la necesidad de la exactitud en el color local se ha impuesto, que el realismo se ha infiltrado hasta donde jamás creeríamos que consiguiera infiltrarse, y que no puede existir comparación, desde este punto de vista, entre las Orientales, y, por ejemplo, La rosa de la infanta, donde aparece el precioso cuadro que todos llaman velazqueño, pero donde hay algo más delicado y psicológico que en Velázquez, algo solo comparable a los mejores sonetos de Heredia. Esta clase de labor, realista y poética a la vez, es siempre excepcional en Hugo; y su existencia basta para demostrar que, a pesar suyo, parcialmente, el representante de la resistencia romántica paga tributo a la evolución de la literatura. Igual curiosa transformación involuntaria encontraremos en sus novelas de la misma época, las correspondientes al período de transición, en que Hugo, creyendo luchar por la libertad y el progreso, lucha por sostener el pasado y cerrar con él el camino, no solo a lo presente, sino a lo que después asoma con fórmulas de libertad excesiva y absoluta.

XIII. La crítica: su importancia creciente. Teófilo Gautier: orígenes del impresionismo. Sainte Beuve: su servidumbre y emancipación. Su elasticidad.Influencia de Vinet. Sainte Beuve impopular. La política. El método de Sainte Beuve

Durante la transición, la crítica, no solo evoluciona, sino que cambia profundamente, porque deja de ser dependiente: adquiere el valor sustantivo de la obra de creación, y pretende además convertirse en ciencia. Puesta hasta entonces al servicio de dos escuelas en lucha, o al de los intereses sociales que representa la moral; arma de combate, baluarte de las teorías, al disgregarse el romanticismo y empezar a prevalecer la noción de que sobre la estrechez dogmática y exclusivista de los sistemas están la libertad y el vigor de los temperamentos artísticos, la crítica, a su vez, aprovecha esta desvinculación fecunda, y ahondando o remontándose, se embebe de arte, de sentimiento, de filosofía y de realidad.

Mejor se definirán semejantes tendencias cuando, más tarde, la aparición de una escuela ambiciosa, exclusivista, de pretensiones dominadoras, el naturalismo, impulse a la crítica a darse cuenta de la extensión de sus conquistas y de la tarea que le incumbe, de defender fórmulas amplias, donde quepan toda la belleza y complejidad, y hasta toda la miseria y dolor del hombre. Puestos a definir los caracteres esenciales de la crítica desde la transición, diríamos que son un ansia insaciable de asimilarse e interpretar todo esfuerzo artístico, y, al través del arte, todo fenómeno humano, y un propósito de fundamentar los juicios literarios y artísticos sobre la base de los conocimientos adquiridos, la riqueza infinita de la indagación realizada. Y son las dos corrientes: la intuición y la erudición.

Sin duda, el género que más prosperó, en los dos últimos tercios del siglo XIX, fue la crítica. Los nombres ilustres que la honran ya no son secundarios, como los de la época imperial y de la Restauración; entonces, si es cierto que los más insignes también se metían a criticar, hacíanlo en defensa de sus propias obras. Durante la transición, empiezan los nombres de los críticos a nivelarse con los de los creadores, y aquel desdén militante contra los Zoilos y Aristarcos (desdén en que entraba no poca parte de afectación), va convirtiéndose en respeto y en admiración legítima.

Los maestros de la crítica que van a surgir —excepto Sainte Beuve, que es de la misma generación que Víctor Hugo, un año más joven— nacen cuando el romanticismo se alza invasor y triunfante: de 1823 a 1829. Su labor se cumple, pues, dentro del período de transición y del realista y naturalista, del año 45 a la guerra franco-prusiana.

Al tratar del naturalismo, habremos de volver a encontrar a algunos de ellos; pero si consideramos la transición desde su verdadero punto de vista de época fertilísima en direcciones, tendencias y escuelas varias, todavía no fraccionadas atomísticamente por el egoísmo anárquico, en ella habremos de emplazar las figuras de los grandes críticos literarios, revestidos con el arnés de la erudición filosófica, la ciencia positiva, y, sobre todo, con el sentido, ya despierto, de las profundas realidades humanas y sociales a que la obra de arte responde.

Nótese que la obra de arte había sido juzgada como algo externo, desligado de su autor; la crítica va a empezar a establecer relación estrecha, la misma que estableció la naturaleza, entre ambos datos, y a buscar, al través de la obra de arte, acaso con sobrado exclusivismo, al hombre.

No todos, sin embargo, de los que modificaron en aquel período la doctrina estética, sintieron esta curiosidad ardiente y caritativa del alma humana. Si recordamos lo que hemos dicho de Teófilo Gautier y cuyas ideas estéticas, realmente, quedan ya reseñadas en el anterior capítulo, veremos hasta qué punto su crítica, unas veces formulada en crónicas y folletones, otras expresada en sus versos, se diferencia de la de un Sainte Beuve, y no digamos de la de Taine. Mientras estos escrutan la psicología, y no solo la psicología, sino los riñones y las vísceras, Gautier quisiera convertir la carne en mármol, desdeñoso de sus bajas funciones y sus ínfimas necesidades fisiológicas; prendado únicamente de lo hermoso, lo inalterable, lo perfecto de la forma, de la labor artística intensa y tenaz. Según Gautier, la psicología del artista que labró la Venus de Milo nos es indiferente; solo nos importa la obra, la Diosa erguida en su peana, y que, como dice Pablo de San Víctor, pertenece a la raza lapidaria de Deucalión, y no a la progenie de sangre y lágrimas de Adán. La Belleza, para Gautier, es la gran impasibilidad luminosa del arte eterno. Y el arte paga tributo a la exigencia científica por el cultivo de la técnica, por la selección justa de las palabras con que ha de expresarse el pensamiento, y, en poesía, por la perfección impecable de la rima; al trabajar con tanta lealtad, se busca lo que Teodoro de Banville llamaba «ciencia profunda, sólida y universal», y sin la cual no creía que se pudiese ser poeta.

Incapaz de adaptarse a los procedimientos de sutil análisis de un Sainte Beuve, resuelto mientras vacilaba Sainte Beuve, Teófilo Gautier, al hacer crítica propiamente dicha, seguía la corriente de su inclinación y de su gusto, sirviéndose de los recursos de las artes plásticas. Sobre el tema de un cuadro o de una estatua, creaba él otra estatua u otro cuadro; y al tratar de versos o prosa, en vez de disecarlos, pintaba con la pluma su contenido y su relieve.

En Gautier está, pues, contenida virtualmente la crítica individualista y la impresionista; el crítico recibe de una obra de arte profunda vibración de la sensibilidad, y con arreglo a esa sensibilidad íntima, propia, sin ley, habla de aquella obra de arte, no ajustándose al valor y significado que el común juicio pudiera atribuirle, sino según el choque sufrido, y las prolongaciones y ondas que en su interior ha determinado.

Tal es, en rigor, la verdadera crítica romántica, y aunque se ha dicho que en ella se procedía por admiración, la verdad es que en el impresionismo cabe la admiración, pero también la negación furiosa. Cuando un famoso literato español, a la hora de la muerte, confiaba aquel secreto de su repulsión y aburrimiento ante *La divina comedia*, formulaba un juicio impresionista.

Releyendo ahora el prólogo de *La señorita de Maupin*, escrito en 1834, encontramos en él todo el dogma crítico de Gautier, o mejor dicho, toda su herejía libertaria, envuelta en la divertidísima diatriba contra la escuela de la moralidad... Y es curioso ver como transcurrido un tercio de siglo, Gautier, el inmoralista, ante la patria invadida por el extranjero, se esfuerza en vindicar a Francia de la nota de nación inmoral y escandalosa.

Ante todo, Gautier protestaba contra la idea de la distinción entre lo útil y lo inútil. La literatura se cuenta entre las cosas que declara inútiles el vulgo, pero Gautier no cree que existan tantas cosas útiles sobre la faz de la tierra, empezando por vivir, cosa cuya utilidad no demostrará sabio alguno. Lo útil es lo feo, porque lo útil responde a necesidades materiales humanas, innobles y repulsivas. Tal es la protesta de Gautier contra una de las tendencias de su época, el fin docente en el arte.

Y como buen romántico impresionista, cree más que en los críticos, en los autores; les considera más capaces de juzgar las obras. Si Lamartine o Chateaubriand, nos dice, hiciesen crítica, comprendo que la gente se pusiese de rodillas, que les tributase acatamiento. ¿Pero a los señores X, V y Z? De estos hace Gautier un retrato en caricatura: plagiarios, pesados, ignorantes de la gramática y hasta del idioma, sin gusto y sin medula... Y sin embargo, ya escribía Sainte Beuve, y había nacido Taine.

No obstante, si de una idea crítica se ha de juzgar por su eficacia, por la huella que imprime y el surco que abre, hay que confesar que el impresionismo de Teo ha cundido, y todavía cunde hoy, reinando generalmente en las críticas diarias de la prensa, recogidas luego en libros. Nadie contará la progenie del gran pintor de la palabra, numerosa como las arenas del mar; por desgracia, sus discípulos no se le asemejan en el arte de transformar la impresión recibida. Han tomado de él lo fácil, el dejarse llevar de la sensación, el criticar con los nervios, con el mal humor, con la simpatía o la antipatía, y no digo con la envidia, porque no era envidioso Gautier, aunque sus descendientes lo sean; pero mal pudieran imitarle en aquella su maravillosa aptitud para rehacer la obra juzgada, bocetando otra quién sabe si tan hermosa, proyectando a lo exterior lo extraordinario de una organización y de unos sentidos que enciende la belleza en fuego vivo.

Al hablar de Sainte Beuve, experimento impresión de semejanza entre la obra total de este crítico y la de Balzac, el novelista. Consiste, a mi ver, tal semejanza, en la riqueza documental, en la vasta galería de retratos, el caudal de vida, y el sentido épico, pues ambos son, sin duda, historiadores, aunque de ello no hagan profesión. Me refiero al conjunto, y salvo todas las diferencias de temperamento y de estilo, que saltan a la vista.

Sainte Beuve era de familia modesta; su padre tuvo aficiones intelectuales y literarias. En la adolescencia, la sensibilidad de Sainte Beuve se revela exaltada y sus creencias religiosas lo mismo. Nacido en provincia, en Boulogne-sur-Mer, pasó a París a completar sus estudios. Algún tiempo siguió la carrera de medicina, y más tarde, en su crítica, aparecen señales de esta influencia, frases anatómicas, reminiscencias clínicas. Para Sainte Beuve la crítica es «un curso de fisiología moral».

Suele emplearse, y se ha empleado ya hasta la ignominia refiriéndose a la crítica, la metáfora del escalpelo. Al pensar en Sainte Beuve, tránsfuga de la cirugía, no se puede menos de evocarla. Si Teófilo Gautier pintaba con la pluma, Sainte Beuve disecaba, y disecaba hasta al pintar, que también sabía hacerlo, aunque no con la pasta y el colorido del autor de Espirita.

A los veinte años renunció a la medicina y se consagró a las letras, escribiendo en El Globo. Esta labor es laque ha sido coleccionada bajo el título de Primeros lunes. Inferior a lo que después produjo, descubre, sin embargo, ya completas las dotes peculiares del autor, que luego desarrolló tan cumplidamente. En esos artículos, que Sainte Beuve al pronto no quería reimprimir, desdeñándolos, pues solo al fin de su vida autorizó la publicación, existen ya la erudición discreta y como velada por gasas de buen gusto, y la insaciable curiosidad de las cosas del arte y del espíritu, vistas al través de los caracteres, las pasiones y los tiempos. Asoma, aunque todavía en la penumbra, el precursor de Taine.

Descúbrese en esta colección de primeros escritos la afición de Sainte Beuve a escudriñar en Memorias y Confidencias los móviles escondidos y verdaderos de la labor literaria, y le vemos en medio del torbellino romántico, que también le arrastra, contenerse y juzgar atinadamente las exageraciones, las afectaciones, que no perdonó ni a Víctor Hugo. Y notamos también el arte de insinuar la restricción bajo el elogio; de ser siempre dueño de sí, a mil leguas de la crítica, extática y balbuciente como una oración, de los románticos genuinos.

En sus campañas de El Globo, Sainte Beuve se puso en relación con los intelectuales ilustres: Merimée, Jouffroy, Cousin, Villemain, Rémusat. Aunque sin entusiasmo, figuró entre los adeptos de la escuela doctrinaria. Poco después, y por efecto de los artículos que consagró a las Odas y baladas de Hugo, se conocieron él y el poeta, y, el mismo crítico lo confiesa; durante cierto período, enajenó voluntad y juicio «por efecto de un sortilegio». Sobre el tal sortilegio se ha hablado mucho, y tan claramente, que no hay temor de incurrir en indiscreción. Sainte Beuve era mujeriego y enamoradizo, y hay quien supone que la pasión de su vida la representó acaso Adela, la joven esposa del autor de Hernani. Otros creen que fuese Adela solamente un episodio más, entre muchos y varios. No tenía, sin embargo, Sainte Beuve exterioridad de Tenorio: era feo y regordete.

Sea como quiera, en la correspondencia de Sainte Beuve y en sus versos, como en la no muy entretenida novela Voluptuosidad, hallamos vestigios de complicaciones sentimentales que coinciden con la etapa de su diaria asistencia al Cenáculo y su estrechísima, fraternal intimidad con Hugo. Y aquel momento fue también el que se ha llamado de su conversión al catolicismo.

En El Globo había aprovechado el roce intelectual; en el Cenáculo el hervor artístico. No cabía mejor escuela para quien había de ejercer la crítica. Un tesoro de observaciones, una mina inagotable de recuerdos y de anécdotas, una educación admirable del juicio, depurado por la misma exageración ambiente, que el sentido crítico reprueba y ridiculiza.

Sin embargo, al pronto y por bastante tiempo, sabemos que Sainte Beuve permaneció alistado en las filas revolucionarias; como que se propuso entroncar a los románticos de 1830 con Ronsard y la Pléyade, para que tuviesen su árbol genealógico como cada hijo de vecino. No habremos olvidado tampoco que realmente Ronsard era más bien un clásico. Pero en medio de su adhesión a la nueva escuela, conservó Sainte Beuve su transigencia, su ductilidad. No sería él quien injuriase a los padres del clasicismo, quien les tratase de pelucones y de fósiles.

La señal más clara de su penetración fue que, cercado de románticos, vinculado a Hugo por el «sortilegio», no quiso nada con el drama y guardó sus elogios para la poesía lírica. Y nótese que el anhelo de Sainte Beuve era ser poeta lírico, y estaba realizando su encarnación en el personaje imaginario del vate tísico José Delorme.

También en aquel momento, rezumando romanticismo, sentía la inquietud religiosa, acerca de la cual escribió a su constante amigo el abate Barbe: «Después de bastantes excesos de filosofía y duda, espero haber llegado a creer que aquí abajo no se descansa sino en el catolicismo ortodoxo, practicado con inteligencia y sumisión». Este estado del alma tiene su fecha, el año 1830, y aun tardó algún tiempo Sainte Beuve en volver a acordarse de que era discípulo de Dupuytren, Destutt Tracy y Condillac, de que había mamado del mismo pezón materialista. Por entonces, bajo el influjo de la pasión y del sufrimiento, publicaba su segundo tomo de poesías, titulado Consuelos.

La Revolución de julio impulsó a Sainte Beuve hacia la política. Todos atravesaron esta etapa, empezando por Hugo y Lamartine; pero Sainte Beuve, que no tenía capacidad de ilusión para soñar altísimos puestos, como andando el tiempo soñaron los dos poetas, y Lamarne realizó, mostró en el terreno político, no esa actividad rectilínea que acaba por imponerse al fanatismo de las masas, sino la ágil y movible curiosidad intelectual, el interés por las manifestaciones del pensamiento, donde quiera que asomen. Peregrino al través de las ideas y los sistemas, sin domiciliarse en ninguno, recorre Sainte Beuve comarcas exóticas trabando conocimiento, nuevo Gulliver, con pigmeos y gigantes.

Todos quieren catequizarle, pero no era fácil empresa, a pesar de que en tal fecha, según confesión propia, «el crítico no había nacido en él todavía». No lo consigue Pedro Leroux; no lo consigue, a pesar de algunas concesiones y apariencias, Saint Simón; menos Enfantin; no lo logra el batallador y aristocrático Armando Carrel; no el vehemente y concentrado Lamennais; y tampoco lo habrán de conseguir los salones, influencia más insinuante, más sinuosa, más en armonía con la personalidad complicada de Sainte Beuve. Y digamos la verdad. Una inteligencia realmente crítica lleva en sí misma el germen indestructible de la independencia intelectual. Puede una inteligencia crítica prestarse, pero no se entrega, y menos se esclaviza. Hasta los sortilegios no logran dominarla sino de un modo transitorio, y sin que ignore que anda por medio brujería.

Se ha repetido mucho que la condición de Sainte Beuve era femenina, maleable y permeable, y que toda convicción virilmente expresada abría huella en su espíritu. Así sucedía un momento; pero poseía Sainte Beuve el don de elasticidad. Cribaba las ideas y soltaba el residuo. Pareciendo ceder, y hasta entusiasmarse y colorearse vivamente al rayo rojo o dorado que caía sobre él, resguardaba —como sucede también a la mujer— lo interior, el santuario. Además, a fuer de fino enamorado del buen gusto y la mesura, las actitudes violentas y excesivas, las afirmaciones y los arrebatos, le escandalizaban. Tal le sucedió con Las palabras de un creyente, de Lamennais. El salto mortal desde tendencias un tanto democráticas al radicalismo, le aturdió, y sus consejos al sacerdote rebelde a la Iglesia fueron los que le hubiese dado el más grave y piadoso Obispo. Y por eso Lamennais, más tarde, con resquemor de agravio viejo, osó decir que los escritos de Sainte Beuve no eran sino parloteo ingenioso. Y hoy, los escritos de Lamennais son los que yacen olvidados; esos escritos que un momento, merced a la política de circunstancias, parecieron formidable ariete, que alarmaron al Pontífice, y que volvían locos a los cajistas de la imprenta, trémulos, como si estuviesen componiendo un Evangelio redentor.

Hay que distinguir en la obra total de Sainte Beuve. Los versos, la novela Voluptuosidad, y acaso el mismo Port Royal, donde hay tanto de la vida íntima del autor, de sus amores, sus creencias y descreimientos, no resisten al tiempo como la labor del crítico y del historiador literario.

Si hemos de creer a los que parecen bien informados (por ejemplo, al autor de Sainte Beuve y sus desconocidas), y creerles más en lo que insinúan que en lo que narran, diez años duró, en Sainte Beuve, la repercusión del sortilegio consabido. Todo se explica por él: las melancolías verterianas de José Delorme, la crisis de fe y de resignación que dictó Los consuelos, el análisis autobiográfico y los enredijos sentimentales de Voluptuosidad y el rezago de misticismo que llevó a Sainte Beuve a explicar, ante los estudiantes suizos, la vida y las ideas de los austeros solitarios de Port Royal. Desde el año 30 al año 37 gira el alma de Sainte Beuve sobre el eje de un amor que, aun no pareciéndose en sus arrebatos al de Antony, no deja de ser romántico puro, del romanticismo eterno, que no depende de escuelas ni sistemas literarios. Al sobrevenir el enfriamiento y la ruptura de la íntima amistad con Víctor Hugo, es cuando las creencias religiosas de Sainte Beuve se extinguen del todo. La resistencia de la fe, o al menos del sentimiento que no quiere morir, la representa Port Royal.

En el curso de este largo estudio, Sainte Beuve hizo exploraciones por terrenos nuevos y se puso en contacto con elementos protestantes. Ciertamente, el protestantismo, igual que el sansimonismo, no se avienen con la índole del talento de Sainte Beuve. No le concebimos puritano o jansenista. Pero de eso, como de todo, recogió únicamente lo que necesitaba en aquel momento para el punto de vista de su tema. Y aquí aparece en escena un personaje nuevo, a quien Sainte Beuve conoció en Lausana, formando parte del auditorio, que todo se volvía oídos para sus conferencias. Llamábase Alejandro Vinet y era pastor protestante. No ha salido su nombre, a decir verdad, de la penumbra, a pesar del magnífico elogio que de él hizo Brunetière, proclamando que no hay historiador literario a quien tanto deba, y que justamente ha dejado de leer sus libros al caer en la cuenta de que, siempre que él, Brunetière, concebía una idea, se encontraba con que a Vinet ya se le había ocurrido antes.

Reconocido como maestro por Brunetière, el pastor suizo lo había sido también por Sainte Beuve. Alejandro Vinet no fue, ensálcenle cuanto quieran sus amigos y discípulos, un gran escritor. No lo fue ni en la forma, ni acaso en el fondo, y Brunetière lo reconoce, viendo en Vinet a uno de esos hombres que tienen la propiedad de fecundar el campo literario sembrando en él puntos de vista que luego no les es posible desarrollar, y que otros recogen y aprovechan. Pensador en el terreno de la crítica literaria, Vinet concibió el plan y trazó el boceto de la historia de la literatura francesa, historia que Sainte Beuve (en opinión de Brunetière), a fuerza de huronear y pescudar, más enredó que esclareció. Supo Vinet sintetizar, con elevación de concepto, el curso de una literatura dos veces desviada de su cauce, en el siglo XVI por el Renacimiento pagano, por la Enciclopedia atea en el XVIII. Porque —y he aquí lo que distingue a Vinet de tantos críticos, del mismo Sainte Beuve, tan superior a él en facultades— para Vinet había una ley, una armonía, una razón secreta y alta en el desenvolvimiento de las letras; y siendo —aunque protestante— tolerante y amplio en su modo de apreciar la producción estética, su crítica tenía un fondo absolutamente cristiano y estrictamente moral, sin que su religiosidad le impidiese profesar teorías nuevas al plantear los problemas filosóficos que suscita la literatura, ni reconocer y proclamar todos los derechos del arte. Vinet sustentaba que, siendo las palabras expresión de las ideas, por el valor de las ideas ha de juzgarse la obra literaria; y que siendo la literatura expresión de la sociedad, no pueden la crítica ni la historia separar el arte y la vida, que le inspira, le penetra y le presta calor. Así, afirmaba Vinet, escribir, no es tan solo sentir o soñar; cada escrito es acción; y la obra escrita, destacándose de su autor, vive con vida propia. Hoy esto lo ha dicho todo el mundo; Vinet lo dijo primero.

Sainte Beuve se reconoce deudor a Vinet del conocimiento del cristianismo interior, sobre el cual le habían hecho meditar sus estudios acerca de Pascal y el jansenismo. Vinet debió a Sainte Beuve, en cambio, el ser estimado en Francia, a cuya literatura consagró varios libros, alternando con trabajos de propaganda y predicación religiosa.

Después de residir en Suiza, Sainte Beuve viajó por Italia. Por entonces o algún tiempo después, soñó otro sueño amoroso, lícito, y la formación de un hogar. Se malogró el proyecto, y disipada la última ilusión, nació verdaderamente el crítico. «Estoy difunto —escribía a su amigo Vinet—; y sin emoción ni turbación, me veo así. Sobre este cementerio, luce la inteligencia como una Luna también muerta.»

A la luz de tan esplendoroso satélite —muerto o no— vemos al crítico Sainte Beuve. Es la hora de la colaboración activa en la *Revista de Ambos Mundos* y los folletones de los Lunes. Nacen los *Retratos literarios*, con la encantadora sección de los *Retratos de mujeres*, y se revelan la verdadera originalidad y soltura del temperamento: Sainte Beuve está en su elemento, en su agridulce madurez. Por esos lindos estudios de mujeres, tan delicados, tan sinuosos, tan acariciadores, pudo decir de sí mismo Sainte Beuve, que había «introducido la elegía en la crítica». Y he aquí como su sagacidad le enseña, que la crítica es siempre obra de sentimiento y de arte, bajo capa de erudición.

Por entonces trabó Sainte Beuve cariñosa y fiel amistad con una señora medio literata, madama de Arbouville, y volvió a frecuentar las tertulias aristocráticas, de matiz intelectual. Es el período, nos dice un biógrafo, del «Sainte Beuve de salón, algo mundano». El ingreso de Sainte Beuve en la Academia no fue cosa llana. Víctor Hugo, ya su enemigo, votó contra él once veces, y fue, sin embargo, el encargado de contestar a su discurso.

La Revolución de febrero, la caída de los Orleanes, desagradaron a Sainte Beuve. No era afecto al Gobierno, y hasta casi figuraba en la oposición, pero le horrorizaban el desorden y la anarquía revolucionaria. Amigo de la tranquilidad, de la paz fecunda, de lo duradero, le parecía prematura la revolución. Aceptó las proposiciones que le hacían desde Lieja y salió de Francia, para profesar un curso de literatura. El asunto fue Chateaubriand y su grupo literario. No falta quien vea en este estudio dureza, ensañamiento con el poeta, muerto hacía poco, y a quien Sainte Beuve, en vida, ensalzó calurosamente. La cuestión es, cuando menos, discutible. La hora de la muerte pide al creyente oraciones para el alma; pero para el crítico, señala el momento en que se puede hacer la autopsia, disecar fibra por fibra. No llego a persuadirme de que Sainte Beuve, ni en ese trabajo ni en artículos posteriores, ejercitase sañuda venganza contra Chateaubriand, de quien ninguna queja tenía. ¿Por qué no se ha de reconocer que, ante la posteridad que ya empezaba para el autor del Genio del Cristianismo, obedeció Sainte Beuve a su naturaleza de crítico, a quien le pica la lengua cuando tiene sin decir una verdad?

Al volver a Francia, en 1849, empezaron sus *Pláticas del lunes*, publicadas en El Constitucional, y luego en el Monitor, ya bajo el segundo Imperio. Poco después, sobrevino el episodio de su profesorado en el Colegio de Francia y las tumultuosas manifestaciones de la juventud escolar contra él. Fueron tan brutales, tan ofensivas, que el curso no pasó de la segunda lección. Sin duda Sainte Beuve, como todo crítico serio, habíase creado enemigos, y mortales; pero la demostración obedecía a móviles políticos; silbaban al literato acusado de estar a bien con Napoleón III. A razones de tal índole responden esas algaradas, eterna vergüenza de las mocedades sin cultura, sin nociones de veneración intelectual, que no se han enterado del valor del talento en grado genial, ni sienten el peso de un cerebro enriquecido con los dones de la sabiduría.

No buscan estas muchedumbres, en apariencia ilustradas y en realidad inferiores al pueblo analfabeto, sino aquello que halaga sus fanatismos, y acaso hablen de Inquisiciones históricas, siendo ellas, en puridad, la Inquisición de la ignorancia. Sainte Beuve, en aquella ocasión, llegó a temer por su vida, y no salía a la calle sino armado de un puñal. Sin llegar a tales extremos, iremos viendo en otros hombres muy ilustres franceses la presión de la multitud, que pocos saben desdeñar, como la desdeñó Taine.

El curso que no pudo profesar Sainte Beuve, lo coleccionó en un libro sobre Virgilio. Hecho lo cual, y dando un adiós definitivo al profesorado, continuó sus trabajos de literatura; pero no tardó en emprender otra campaña menos digna de recuerdo: la anticatólica, situándose al lado de los librepensadores en las cuestiones pendientes y debatidas entonces entre Roma y el imperio francés.

Se ha sospechado, y acaso con razón, que si un espíritu tan literario, tan refinado como el de Sainte Beuve, se decidía a tomar partido en semejante pleito, era que buscaba la popularidad, no obtenida en nuestros tiempos sino a condición de besar la pezuña de macho cabrío del sectarismo. Es la historia de muchos, y no dejaría Sainte Beuve de haber notado el incremento de la fama mundial de su antiguo amigo Hugo (a quien él calificaba de «naturaleza bárbara»), mediante la política. No comprendía Sainte Beuve que para lograr ciertas apoteosis era él demasiado letrado. No dominaba el lenguaje burdo y expeditivo de las propagandas, a pesar de intentar asimilárselo y de incurrir a veces, voluntariamente de fijo, en groserías y faltas de tino y gusto, en sus ataques a Lacordaire —su antiguo colaborador en la novela Voluptuosidad—, a Falloux, a Bossuet, a Bourdaloue, a glorias francesas que debiera respetar, ya que no como patriota, como crítico fino y buen catador de prosa noble y bella.

De esta época es su colección de *Retratos contemporáneos*. Triste es decirlo: de allí a poco las campañas contra los que (ni más ni menos que el cancionero Béranger) llamaba los «hombres negros» le valían lo que no le valieron tantos servicios a las letras: un aura de popularidad, el puesto en el Senado. Convengamos en que si la «juventud» había sido brutal con Sainte Beuve, los poderes públicos y el mismo emperador no se acordaron mucho del santo de su nombre. Se le hizo desear la senaduría, se le brindó a cambio de complacencias humillantes. Napoleón III, un día, le dijo sonriente: «Le leo a usted mucho en *El Monitor*». Y hacía tres años que Sainte Beuve no escribía en tal periódico.

En el Senado se significó con un discurso en defensa de Renán o, como se dijo entonces, del ateísmo en la enseñanza. A esta apología siguió la de Rousseau, Proudhon, Voltaire, Jorge Sand, a quien se quería excluir de las bibliotecas públicas. Y entonces los estudiantes y los normalianos se mostraron entusiastas del escritor a quien quisieron antes arrastrar. Naturalmente, Sainte Beuve exageró la nota, y su campaña política y social se acentuó en contra de la Iglesia. Sus cánticos a la ciencia y contra la libertad de enseñanza; el crudo y achatado materialismo de que hizo gala en *La Tribuna*, le ganaron prestigios. No sé si Sainte Beuve estaba de buena fe al arreglarlo todo con la ciencia.

Por tal camino, su prestigio fue en aumento y llegó al colmo cuando ya, poco antes de la guerra franco-prusiana y la caída del último Bonaparte, percibiendo con sagaz olfato la desorganización del régimen, lo atacó y señaló de antemano sus faltas y sus errores. Si vive Sainte Beuve dos o tres años más, tal vez forma Ministerio, como otros, al proclamarse la república, ante la invasión extranjera y el desastre. Pero se acercaba silenciosa la Segadora, y el año 69, en octubre, se presentaba a Sainte Beuve. La última voluntad del gran crítico era un acto de sectario: un entierro civil.

Tal fue el hombre: y sobre su carácter y las flaquezas de su alma, los juicios son generalmente duros. No intento una apología, ni esto tiene nada que ver con que Sainte Beuve —rencoroso, egoísta, sensualista, lo que se quiera—, sea acaso, en el terreno de la crítica estética y de la historia literaria, el único crítico que se tiene de pie ante la posteridad. No haber logrado la fama, ni aun la consideración que merecía; haber visto surgir, fundadas el absurdo, en pugna con el buen sentido, reputaciones estruendosas, mientras la suya solo alcanzaba a merecer una cencerrada de estudiantes, pudo pervertir y agriar su corazón. Los hombres se forman a sí propios, cuando son de tan alto valer, pero también los forma su época, la suma de error e injusticia de sus contemporáneos. He aquí lo que puede alegarse en abono de Sainte Beuve.

Y viniendo a lo que debe elogiarse sin restricción, y a lo que tan profundo surco ha abierto, diré que, eclipsado un momento por Taine, hoy vuelve a ser su más ilustre y quizás victorioso rival, porque, según la frase de Armando Carrel, que aplica a la literatura, Sainte Beuve tuvo la suerte o el instinto de no afiliarse, y no lleva el peso muerto de un sistema cerrado. Todo cuanto ha deslumbrado, pareciendo novísimo, en Taine, lo había formulado claramente Sainte Beuve, pero sin asomos de rigidez sistemática, con esa flexibilidad y esa mezcla de reserva y malicia, que son la flor de la comprensión en tales materias. Porque, como la historia, la crítica, que busca en las letras la más alta y profunda expresión social, no será nunca una ciencia análoga a la química, la física y las matemáticas.

Sainte Beuve, atraído en su juventud (sabemos cómo y por qué) al romanticismo, acertó a juzgarlo y supo zafarse de él a tiempo, sin caer por eso ni en un clasicismo anacrónico, ni sumarse a los moralistas, ni encerrarse en el esteticismo de Gautier. De todas estas direcciones recogió algo su mente, ávida de conocer, capaz de entender, servida por una erudición nutridísima, que le ha permitido legarnos un monumento. Hay quien solo estima, en la labor de Sainte Beuve, sus juicios sobre literatura moderna, la reseña que hace del movimiento literario desde el romanticismo al triunfo del realismo. Si Sainte Beuve no estuviese preparado por trabajos de crítica retrospectiva, no hubiese podido dominar su época. El que ignora lo pasado, no entiende lo presente. Sin duda, existió en Sainte Beuve predilección por los clásicos, y alguna severidad, confitada en comprensividad, hacia los contemporáneos — estoy hablando de sus últimas etapas—; pero, ¿quién sabe si esta tendencia no es señal de la percepción del crítico, convencido de la inevitable inferioridad de una época en que la tradición nacional se ha roto?

Hasta tal punto sentía Sainte Beuve que el pasado es la raíz necesaria de lo presente, que cuando quiso hacer campaña por el romanticismo, se dedicó, como sabemos, a buscarle antepasados, genealogía. Y es que para él las letras, según las enseñanzas de Vinet, eran profunda realidad humana. No las concebía sin raíces, sin enlace estrechísimo con las demás grandes corrientes de la vida.

Díjose de Sainte Beuve que era un buen juez, pero sin código, y él protestaba: tenía su código, vaya si lo tenía, dictado por la práctica, por la observación. Y ese código prescribe no aislar la producción literaria del productor, y procurar conocer, en los autores, la tierra natal y la raza, los atavismos, los datos de familia, las influencias de sus estudios y de sus compañerismos, sus ideas religiosas, su modo de ser en cuanto al amor y al dinero, sus debilidades y sus vicios. Al recordar que Sainte Beuve fue el primero en formular principios que de tal modo han cambiado las orientaciones de la crítica, y reconocido lo glorioso de la novedad, no quisiera, sin embargo, admitir la infalibilidad del método; desearía, una vez más, poner en claro lo que por científico se entiende; porque si ese método, tan análogo al de Darwin en la filosofía natural, fuese verdaderamente científico, daría resultados exactos, y dista mucho de darlos, aunque sea asombroso instrumento de indagación. Se fomenta un engaño, no distinguiendo bien las atribuciones y límites de las que indistintamente se llaman ciencias. La ciencia, es la certeza del dato adquirido. Lo demás, mera investigación, subjetivismo acaso.

Que cualquiera de nosotros —un autor— repase su vida, concrete sus gustos, sus aficiones, sus antecedentes de familia y raza y tierra, y mil particularidades más que conoce, como no puede conocerlos el crítico más sagaz, y diga si de todo ello se sigue necesariamente que haya escrito lo que ha escrito y no otra cosa. Hasta es frecuente el contraste entre los antecedentes de la obra y la obra misma. No cabe clasificar los espíritus como se clasifican las plantas o los animales, a lo Cuvier; hay en el alma humana algo inclasificable. El hombre no se conoce ni a sí mismo, y en la libertad y espontaneidad de su psicología reserva sorpresas —capa tras capa—, de agua profunda.

Por otra parte, con el método de Sainte Beuve, por Taine sistematizado, no podríamos aplicar la crítica a las obras maestras del genio en la antigüedad; seguramente ignoramos, o conocemos por dudosas leyendas, los datos exigidos. Aplicado con prudencia y delicadeza, el método da fruto, y sobre todo, desde que se ha proclamado, hay que contar con él; no se hace la crítica como se hacía antes; no la hace ni el más refractario a los procedimientos preconizados por Taine y Sainte Beuve. No se ha extendido solamente a la crítica literaria: su acción, quizá más enérgica, transciende a la historia.

Es preciso recordar nuevamente a Vinet, que pensaba como Sainte Beuve, y antes, que lo que importa descubrir bajo la obra de arte es el hombre. Solo que —agregaba— el hombre es la combinación de cualidades que distingue a uno de entre los demás y hace que no se confunda; la individualidad, en resumen. Y la individualidad es cosa rara, más rara de lo que parece. Ni todos se distinguen por un sello propio, ni siempre el talento es signo de individualidad, ni la individualidad, fuerte y marcada, señal de talento. Distinción y observación exactísimas. Y, sigue diciendo, la necesidad de buscar al hombre en el escritor tiene por objeto la penetración más íntima de la obra. Vamos tras los efectos de esa individualidad que, como nota perfectamente Brunetière, si puede proceder de influencias de medio y de raza, a su vez habrá de ejercerlas sobre la raza y sobre el medio.

Entendido así el método de Sainte Beuve, se elevaría sobre el nivel de la curiosidad psicológica, y poseería una regla firme de crítica, la comprobación de la originalidad, que en la individualidad se basa, y acaso está identificada con ella.

Los que acusaban a Sainte Beuve de carecer de código, pudieran decir más bien que carecía de convicciones. Gautier, por ejemplo, las tuvo; creía en la estética. Sainte Beuve, ni aun en eso. Y, mírese como se mire, hay que relacionar este vacío de Sainte Beuve con la extinción de sus creencias religiosas. Al hacerse escéptico en religión, contrajo también el escepticismo estético. No sintiendo el temblor de la hermosura, quedole, para fundar su crítica, el gusto, la exquisitez del tacto, la percepción; los dones meramente críticos, que poseyó como ningún otro.

Tenía el mérito de la constancia en el trabajo y la probidad de lastrar sus artículos, preparándolos con incansable indagación. Nadie fue menos pedante, y nadie se informó más honrada y seriamente que Sainte Beuve. Y este caudal de noticias, seleccionado y depurado con el tino admirable, con el sentido de la proporción y la oportunidad que poseen las inteligencias luminosas y analíticas, hace que la labor de Sainte Beuve, macerada en los jugos de la sabiduría, sazonada con todas las especias raras y gustosas del ingenio, no haya perdido, para los amigos de lecturas sustanciales y educadoras, nada de su sabor y encanto. Ora trace con segura mano un retrato de cuerpo entero; ora evoque una figura histórica o un episodio literario, Sainte Beuve es siempre el juez esclarecido, el anatómico certero, el guía incomparable. Ajeno al proselitismo y a la declamación, fértil en insinuaciones, en advertencias indirectas; corrigiéndose a sí mismo antes que tenga tiempo el lector de corregirle; rico en sentencias y en moralejas de experiencia amena, sin el tono fastidioso de la vejez, debemos aplicarle lo que de la lectura en general decía madama Roland: «Cuando nos limitamos a leer, nada aprendemos; hay que cocer en su propio jugo las cosas que nos interesa conservar, y penetrarse de su esencia».

Entre los aciertos de Sainte Beuve debe contarse su penetración para darse cuenta de la evolución literaria que se preparaba y que iba cumpliéndose durante los años de la transición. Él, a quien solían calificar de «realista», comprendió el advenimiento del realismo y la tendencia positiva que se iniciaba, y entonó un cántico a la realidad. «Eres», decía, «el fondo de nuestra existencia, y tus mismas asperezas y rudezas tienen hechizo». Y a renglón seguido, con la perspicacia peculiar de los que desconfían, añadía, profetizando: «Y, sin embargo, realidad, acabarás por ser repulsiva; se hartarán de ti. A menudo eres achatada, vulgar, aburrida. Nos basta con encontrarte en la vida a cada paso; queremos que en arte, sin dejar de estar tú presente, haya algo más que tú. Necesitamos algo que te complete, que te haga cristalina, admirable y bella; necesitamos lo que se llama el ideal».

Existen individualidades —pocas ciertamente— en quienes la inteligencia hace veces de corazón, de conciencia, de moralidad y de todo. Sainte Beuve es de ese número escaso, escogido. Por la inteligencia llegó, en su prosa, no solo al idealismo, sino al sentimiento, a la emoción, a la sensibilidad. Musset, Jorge Sand, no han escrito sobre el amor un párrafo más bello que el de Sainte Beuve, que encontramos en los *Retratos de mujeres*, en el estudio consagrado a madama de Pontivy.

Todo lo que voy diciendo es un juicio de conjunto; no trato de discernir a Sainte Beuve la infalibilidad. Que sus juicios sean rectificables... Lo contrario sería lo asombroso. Cuando la labor de un escritor representa el material más rico para gran parte de la historia literaria de su país; cuando nos lega unos sesenta volúmenes de valor incontestable, una copia de datos y apreciaciones deslumbradora, ¿no han de tener nada que añadir y que corregir los venideros?

Y cuando ese mismo escritor ha intervenido tanto en las luchas literarias de su época, ¿cómo exigirle una equidad estricta, un acierto absoluto en las opiniones, casi nunca serenas, acerca de los contemporáneos? Injusta o no, la declaración de un testigo ocular —y un testigo como Sainte Beuve— tiene siempre inmenso valor, y yo también lamento que no nos haya legado una Historia del romanticismo, para la cual poseía tantos documentos.

Leyendo hoy a Sainte Beuve, no causa la impresión de «viajero errante», de criterio sin unidad. La unidad de Sainte Beuve está justamente en su misma condición, en su repugnancia a entregarse y a moldearse cual los demás quisieran; en lo que él llamaba «acercarse al tocino, pero no caer en la ratonera nunca». Esa era su individualidad y, por tanto, su originalidad, de la cual anhelarían privarle, al pretender que cambiase, que se parase, que fuese un seide y un vinculado.

Detractores los tuvo muy apasionados Sainte Beuve, y hemos visto que careció, hasta poco antes de su muerte, de esa aura de popularidad que defiende los errores literarios. Mientras Víctor Hugo era endiosado, recordemos cómo se trataba a Sainte Beuve. Sin ir más lejos, los incondicionales partidarios de Hugo, los que ven en las letras un medio de propaganda política y social, y quieren que se escriba «para elevar al pueblo», «para mejorar la condición humana», estuvieron contra Sainte Beuve. Es, ¡oh dolor!, una de las formas de la sandez contemporánea. Se le acusó de indiferentismo, de venganzas pequeñas, de omisiones voluntarias y, para decirlo de una vez, de envidia; los unos no le perdonaban que no hubiese sido «guía y consolador de la humanidad» como fueron Hugo y Quinet; los otros clamaban por que elogió a Claudio Bernard más que a Balzac. Zola, indignado con tal injusticia, supone una antipatía natural entre el autor de *La comedia humana* y el autor de Los Lunes. Sería más natural suponer un error de óptica, de esos que se cometen por ver los objetos demasiado cerca.

Respecto a Balzac, la escasa benevolencia de Sainte Beuve es tanto más sorprendente, cuanto que el monumento de *La comedia humana* y el de la crítica de Sainte Beuve se completan, y la evolución de ambos escritores es la misma, hacia la realidad, hacia el documento, hacia el ambiente, hacia el hombre, hacia las individualidades. Naturalmente, en Balzac ha de predominar lo dramático y lo pintoresco, y en Sainte Beuve lo analítico y lo erudito. Los dos gloriosos escritores son, sin embargo, los que abren a la literatura y al arte caminos nuevos y diferentes; los que, sin combatirlo, procediendo de él, dan al romanticismo el golpe mortal, preparan la nueva etapa, y con su ahincado análisis, en medio de yerros, de desorientaciones, el porvenir. Ni en la novela, ni en la crítica, se irá más allá de Balzac y de Sainte Beuve.

Los que le increpan por no haber construido el sistema que Taine fabricará aprovechando las ideas de Sainte Beuve; los que le quisieran humanitario, cosido a los faldones de algún utopista; los que le piden que tartamudee de veneración y de asombro ante Víctor Hugo; los que, en suma, le desean tan distinto de sí propio, pretenden, sencillamente, robarle su yo.

Al defenderlo, al obedecer a su naturaleza crítica y compleja y elástica, Sainte Beuve es el representante genuino de la transición.

XIV. La crítica. Los discípulos de Gautier: Pablo de San Víctor, Montégut, Schérer. Una influencia general: Francisco Sarcey. Hipólito Taine: el momento; los primeros «intelectuales»; la invasión de la ciencia. El sistema de Taine. Digresión. Objeciones. Personalidad de Taine. Juicio de Sainte Beuve. Taine filósofo. Sus mejores obras. Renán. ¿Es un crítico?

Aunque Teófilo Gautier, de influencia tan extensa y prolongada, no fundó escuela, y ni los parnasianos, más adelante, le reconocieron por jefe, hay un crítico, que es abiertamente discípulo suyo: Pablo de San Víctor, conde de San Víctor, secretario de Lamartine, crítico dramático y de arte en varias grandes publicaciones, y escritor prestigioso, brillante, exaltado, de imaginación que chispea, y capaz de hacer creer, cuando habla de una obra o de una persona, que está revelándonos ignoradas y magníficas bellezas, hechizos del arte nunca sentidos. De San Víctor se dice que nadie tuvo más hallazgos de estilista; que es el don Juan del estilo, a quien no se le resiste frase alguna. Lamartine exclamaba que, después de haber leído a Pablo de San Víctor, se encontraba a sí mismo apagado completamente.

Enamorado del arte con sinceridad, Pablo de San Víctor hizo viajes para conocer bien la pintura en España, en Italia, en Alemania, en Holanda; y, como no podía menos de suceder —es el sino de los escritores franceses que nos visitan—, en el estudio sobre Carlos II y su corte, recargó el colorido y buscó, antes que la información exacta, la nota pintoresca e impresionante, y la encontró, porque es la cualidad que en él resalta, la naturaleza de su prosa refulgente. Sus páginas sobre la Venus de Milo (que se presta a ser vista al través del éxtasis de la admiración), son un modelo en el género, el cual puede y debe discutirse, sin negar el talento del cultivador, que lo tiene, y en alto grado.

A Emilio Montégut, crítico no muy famoso, aunque sí estimadísimo, deben las letras francesas el servicio de la relación establecida con otras literaturas: por Montégut fue conocido en Francia Emerson, que tanto ha actuado sobre el pensamiento contemporáneo, y mucha parte del movimiento literario inglés, con otros nombres y aspectos de las letras extranjeras —la italiana, la española, la norteamericana—. Montégut, empapado de estudios ingleses, sucesor en la *Revista de Ambos Mundos* del severo Gustavo Planche, es realmente, más que un crítico a la francesa, un ensayista al modo británico: su cultura era copiosa, amplia, bien digerida; sus juicios, fundados y sin exceso de pasión, sin himnos; tenía el gusto educado, delicado y propio, y era, en suma, uno de los excelentes críticos que surgieron, al adquirir el género la altura y la importancia que probablemente no ha de perder. Tenía Montégut puntos de vista originales, forma elegante sin exageración de factura artística, y, sobre todo, un estilo sobrio e incisivo, que comparó a la hoja de un cuchillo Edmundo Schérer.

Edmundo Schérer es un parisiense, oriundo de Suiza, y recriado en Inglaterra. Hombre de serios estudios, no solo estaba familiarizado con las letras extranjeras, sino con la teología y la filosofía, y embebido de hegelianismo más aún que Taine; su primera labor fue filosófica y religiosa. Como Renán, perdió la fe, y como Renán apostató de la Iglesia católica y se desvió de los sacerdotes, sus educadores en San Sulpicio, separose Schérer de sus maestros, los teólogos protestantes, escandalizándolos —según hace notar Sainte Beuve en su artículo sobre la Miscelánea de crítica religiosa, de Schérer—. La tendencia de Schérer hacia los trabajos de hebraísmo, la crítica teológica, la filosofía, le aproxima a Renán; pero la índole de su ingenio le distancia de él. Así como en Renán, separado del catolicismo, permanece siempre algo y aun algos de la unción y de la gracia católica, en el estilo, en las formas del sentimiento, Schérer nunca pierde la rigidez y violencia calvinistas. Con donaire llama Sainte Beuve a la lectura de Schérer andar sobre guijarros; y Gautier hubiese añadido que esos guijarros están, como los que empedraban las calles de Madrid, «cuidadosamente colocados con lo puntiagudo afuera».

Schérer era profesor de exégesis en la Escuela evangélica de Ginebra: al abandonar el protestantismo, dimitió y fijó su residencia en Estrasburgo, trabajando desde allí en sus investigaciones de religión y de crítica, hasta que pudo, conocido ya su nombre en Francia, volver a París, donde más tarde intervino en la política. El crítico que dio realmente a conocer a Schérer en París fue el tolerante Sainte Beuve, «porque» es su frase, «gusta de dar la primer campanada».

Bastante distaba Schérer, por cierto, de poseer ese don de la comprensión, en Sainte Beuve tan visible. Las injusticias de Sainte Beuve, no quitan a su comprensión; no nacen, como las de Schérer con de Maistre, con Teófilo Gautier, con Veuillot, de la limitación del gusto, quizás explicable por antecedentes de raza, familia, creencias y educación intelectual. No podía asimilarse, no acertaba a reconocer las individualidades, y, en los escritores, se fijaba, para condenar o absolver, en las ideas generales. De ahí el sello de aspereza y amargura que se nota en su crítica, que, tiene el sabor acerbo de las disputas escolásticas. Es una crítica cerebral, que conduce, como se ha notado reiteradamente, al nihilismo. Mirándolo todo al través de la moral y de la filosofía, acababa Schérer por negarlo todo. Con una independencia que Sainte Beuve le envidiaba, pero que ciertamente no hubiese utilizado en echar abajo tantas obras de arte, Schérer demolía, o como se dice aquí, reventaba concienzudamente a cuantos no seguían el camino que él juzgaba único y salvador. Y lo curioso era que ese camino no conducía a ninguna parte. «Schérer —dice FaguetInfunde gran tristeza a quien lo lee...—. Su teoría es que no se mueva la pluma sino para buscar la idea, y no lleve más fin la idea que buscar la verdad. Y, por otra parte, está convencido de que la verdad, que debe buscarse siempre, no se encuentra nunca». Escritores semejantes producen una sensación mitad intelectual y mitad física, como las que causaría la frialdad membranosa y oscura de un ala de murciélago. No sé explicarlo de otro modo.

Francisco Sarcey, que no es filósofo ni teólogo, ni estilista, ni erudito, aunque conoce bien la literatura, es un crítico que ejerció y sigue ejerciendo una influencia no estética; sino práctica, aunque no se le ha tratado muy cariñosamente al juzgarle. Las imágenes que se emplean a propósito de Sarcey, tienen poco de halagüeñas: generalmente salen a relucir la férula, la palmeta, el pedagogo y el dómine. Sarcey no es, sin duda, un águila; hombre de equilibrio y de sanidad, nada complicado, suficientemente lastrado de cultura, sin ambición libresca, consagrado a su folletón dramático, sin otra mira general ni otra pretensión sino la de que el público se enterase, hizo una crítica baja de vuelo, por un lado familiar, por otro técnica y doctrinal, de éxito seguro, por coincidir con la opinión de las medianías, del vulgo que concurre al teatro.

Las cualidades de Sarcey no son de artista, pero sí de escritor con personalidad —una personalidad normal, de hombre robusto y alegre, sin nervios y sin inquietudes—. «Sarcey está vivo y muy vivo, y ese es el don supremo» declara Lemaître. Puede objetarse que hay muchas maneras de estar vivo, y que no está nunca muerto Sainte Beuve, el complicado, el «sutil Escoto»; y Lemaître lo comprende, aunque no lo diga.

Aquella cualidad esencial que, según Taine, hay que determinar en el escritor, es en Sarcey la cualidad esencialmente francesa: el buen sentido. Por ese don nacional (un don sanchopancesco, en prosa), Sarcey conquista al público, el cual rara vez se va con los refinados que andan buscándole el pelo al huevo. Al buen sentido se unen necesariamente una serie de condiciones secundarias, que, todas reunidas, dan por resultado una crítica que se difunde y se lee y forma opinión. La lucidez en exponer; el enlace de las ideas; la persuasión, que se obtiene con la familiaridad; la realidad diaria, con sus limitaciones, pero con su solidez; la llaneza; la noción de la utilidad; nada de esto faltó a Sarcey en sus críticas. Trató, es cierto, innumerables cuestiones de que no se relacionan con el arte; cuestiones del orden práctico, a veces menudas, que Schérer, por ejemplo, tendría a menos tratar. Sus volterianismos, sus anticlericalismos —que tanto mitigó después, ante las terribles lecciones de la guerra y del desastre— quizás son nota propia de un tipo tan gaulois y tan procedente del siglo XVIII como era Sarcey.

Las ideas de Sarcey sobre el arte dramático son las que han corrido y se han implantado fuertemente, hasta en España, en las reseñas de la mayor parte de los diarios, y, desde luego, en las combinaciones de taquilla, en esa influencia que ejerce el empresario sobre el autor, y que no es idealista nunca. Según Sarcey, el teatro es un género especial, sometido a reglas necesarias que se derivan de su naturaleza y esencia; y las obras dramáticas se escriben, no para representarlas delante de una minoría intelectual, sino ante una muchedumbre. Exigiría demasiado tiempo la refutación de esta teoría, fatal para el arte, con la cual se declina hacia el melodrama, el vaudeville y la comedia policíaca. En este sentido, Sarcey el bonachón es todo un vándalo. El gusto del público, además, no es un dato fijo; cambia, y oscila, por ejemplo, de Lucrecia Borgia y Autony a *La mujer de Claudio*, pasando por *La dama de las camelias*. Aunque el público no sea nunca un grupo de intelectuales, ello es que un grupo de intelectuales puede variar la orientación del público, y de hecho la varía cada veinte años, cada diez, hoy que van tan aprisa los muertos. Más tal vez que los otros géneros, el teatro evoluciona, lo cual demuestra que empíricamente, como Sarcey, no es fácil establecer las bases de un sistema dramático. La fortuna de las opiniones de Sarcey consiste acaso en que facilitan hasta la ignominia la tarea del crítico: con decir «esto es teatral» de lo que se aplaude, y «esto no es teatro» de lo que no gusta; y con el duendecillo del «don teatral», quisicosa indefinible, han salido del paso. Han sido, en este respecto, una peste, una mala hierba indesarraigable, las teorías de Sarcey.

De Caro apenas se debe hablar como crítico propiamente dicho; es un filósofo, un ecléctico, de la escuela de Cousin; pero es ya caso frecuente que se entremezclen los estudios filosóficos con los críticos, y se considere la obra de arte con vistas al pensamiento. Taine no hará otra cosa; solo que lo hará con la impronta genial; lo hará desde la altura.

Con Hipólito Taine, lo que Sainte Beuve llamaba su método, se convierte en sistema cerrado, y la crítica aparece dominada por una concepción filosófica. Y los que sentimos el arte, no como un teorema, sino como algo viviente, humano y libre, a pesar de todo nos quedamos con Sainte Beuve.

Taine nació en 1828. Aplicándole someramente sus propios principios, hay que tomar en cuenta el momento en que vivió, la época a que pertenece y las influencias que actuaron sobre su juventud, en los años formadores.

El momento en que Taine formula sus ideas críticas y conquista su celebridad, es aquel en que, en medio de la variedad de escuelas que caracteriza a la transición, se destaca la realista, de la cual surgirá presto el naturalismo, si virtualmente no ha surgido ya. Taine, en cuyos escritos han de hallar su código los partidarios del «documento humano», nota la crisis profunda, la disgregación del ideal, y, en una palabra, la decadencia, bajo apariencias de una vitalidad bullente en el ingenio, más que en el genio —si a Balzac se exceptúa—. La penetración que habrá de demostrar en tareas de verdadero historiador, le mueve ya a reflexionar sobre tristes verdades. Todo individuo superior (excepción hecha de alguno que, como Benito Espinosa, vive dentro de sí mismo exclusivamente) considera lo que hay en torno, y, entre el remolino de los hechos insignificantes, propende a indagar las leyes profundas que rigen la vida colectiva; lo que regula los destinos de un pueblo. Un hombre como Taine, inclinado a las concepciones generales filosóficas, al notar los fenómenos esenciales y significativos de cada período, había de observar, en la Francia del 48 al 50, síntomas de lo que se preparaba y estalló veinte años después. Debilitada y acaso lesionada en los órganos y centros importantes, Francia, después de un vano ensayo de gobierno del pueblo por el pueblo, en el cual cupieron los sistemas socialistas y comunistas más extravagantes, vio cómo la segunda república acababa por la dictadura y el cesarismo, pero no vio la gloria; no vio la epopeya grandiosa del primer Imperio. El que va a ejercer el poder no devolverá a Francia su aureola militar, ni aun afianzará la paz, y hará de Francia, en lugar de una nación respetada y vigorosa, una agradable fonda internacional y un activo taller de modistería.

A un francés genial, que cuenta veinte y pico de años al establecerse el segundo Imperio, y que se fija en el aborto de tantas aspiraciones ambiciosas y heroicas; que no tiene fe religiosa, que desdeña la política menuda, que comprueba la caducidad de lo que parecía llamado a ser eterno; que se encuentra, además —y este es un móvil humano—, hechas y aun perfeccionadas las demás formas de crítica (hasta la misma que él, realmente, va a proclamar) —¿qué asidero le queda?—, sistematizar y fundir en el troquel científico, uniéndolas, tantas dispersas escuelas y formas de arte. El sistema que trajese Taine tenía que ser científico, porque en aquel momento, hacia mediados del siglo, entre *ilusiones perdidas* y sueños malogrados, se alzaba la ciencia como astro que surge en el horizonte; y la ciencia se presentaba prometiendo seguramente mucho más de lo que está en sus medios realizar, pero brindando ya realidades magníficas.

Por las aptitudes varias de su talento, varias tenían que ser las influencias sufridas por Taine, desde sus primeros años de estudiante asiduo. Brillante alumno de la Escuela Normal, sabemos que cursó con ardor fisiología y psicología, empezando así a unir la tendencia filosófica a la naturalista y experimental. Renunciando a seguir la carrera del profesorado, Taine resolvió dedicarse a las letras; pero ¡qué cambio!, ¡qué diferencia tan capital, entre el muchacho que en 1825, por ejemplo, tomase esta decisión, y el que la adopta hacia los años 50! El primero hubiese empezado por rimar estrofas, por emborronar un drama. El segundo —Taine—, se ha preparado a la carrera de las letras con esos estudios fatigosos, que empalidecen la sien, rodean de ojeras los ojos, abstraen a la juventud y la desvían hasta del amor. En el prefacio de sus Filósofos clásicos del siglo XIX, Taine describe su vida en el barrio latino, en 1852, en compañía de cinco o seis muchachos «aficionados a leer». ¡Qué muchachos tan poco parecidos a los que en 1830, con luengas crines merovingias, corrían al estreno de Hernani, resueltos a morir como espartanos, degollando «pelucones»! Estos otros (Taine nos lo refiere) se pasaban el día en bibliotecas y anfiteatros, y, de noche, se divertían, no en atizarse bocks y enamorar grisetas, sino en raciocinar. Uno, muy versado en lenguas orientales, trabajaba en una historia de las matemáticas. Otro, al cual le daba por la botánica, escribía la fisiología de las orquídeas. El de más allá, que era médico, estudiaba el papel que desempeña la herencia en las enfermedades. El de más acá afirmaba que la historia de las costumbres se encuentra en el departamento de las estampas de la Biblioteca Nacional. Unos estaban fuertes en derecho, otros en química. Se discutía por escrito para apretar mejor el razonamiento. Y, entre paréntesis, en esta exigencia del razonamiento apretado, enteramente escolástica, se encierra un aspecto de la personalidad de Taine, y no el menos típico. Por la manía de argüir y discutir, los «muchachos» de la trinca de Taine volvían a ser unos estudiantes de la Edad Media, encerrados en el circuito de la Universidad parisina; unos discípulos de Pedro Abelardo o de Nicolás de Clemengis.

El intelectualismo nacía en esas capas sociales, embriagadas de una ilusión de certidumbre, que disfrazaban tal vez de escepticismo filosófico. Otro ideal, pero ideal al fin. Filosofando acerca de todo, los muchachos de la trinca creíanse enemigos de la filosofía, «porque», nos dice Taine, «todos habían practicado alguna ciencia». Declarábanse positivistas, y la enseñanza de Cousin, de Jouffroy, de los espiritualistas, les parecía elegante y retórica vaciedad.

Así como los treinta años anteriores habían sido espléndidos para las letras, la ciencia ahora quería absorberlo todo. En vez de la historia romántica, concebida como un poema, los estudios especiales: la egiptología, la asiriología, el semitismo, todo el orientalismo, la India, donde acaba de descubrirse una literatura, y lenguas maravillosas; el velo que cubre las civilizaciones asiáticas, China y la Tartaria misteriosa, desgarrándose; los grandes viajes y las exploraciones geográficas por mar y tierra, el vuelo portentoso de las matemáticas, que van tomando posesión del mundo; las maravillas novelescas de la astronomía; las ilimitadas esperanzas sugeridas por la extensión de las aplicaciones de la electricidad; el avance perseverante de la química; las conquistas de la zoología y la botánica, y, sobre todo, las de las ciencias médicas, que parecieron a los positivistas el verdadero ariete contra el espiritualismo: histología, anatomía, la cirugía enriquecida con los anestésicos, que al suprimir temporalmente la conciencia anulan el dolor; esa era la contemplación de los intelectuales, en vez de las torres de Nuestra Señora, iluminadas por la luz de la Luna. El desarrollo científico de Francia, no inferior al de Alemania, y en el cual brillan nombres tan ilustres, se había iniciado sin duda desde Napoleón I; pero, durante la transición, se afirmaba, sobre las ruinas de tantas cosas; y en la estudiosa y severa juventud de Taine, disipada la heroica embriaguez de las epopeyas, y demostrada la insania de las revoluciones impregnadas de misticismo económico, era el camino que se presentaba para que un pueblo y una raza luchasen y se conociesen a sí mismos. Y Taine, al empezar a escribir, traía su sistema, como sabemos: un sistema revestido de científico aparato.

Antes de considerar el papel de Taine en el desarrollo y evolución de la crítica literaria y artística, debemos advertir una vez más que su predecesor es Sainte Beuve, y que aun antes de Sainte Beuve, y sin salir de los románticos, encontramos los gérmenes del sistema famoso. La explicación de la obra por el medio, la herencia, el momento histórico, etc., flotaba, por decirlo así, en el aire, esperando a convertirse en cuerpo de doctrina.

Madama de Staël, haciendo observar los caracteres peculiares de las literaturas del Norte; Chateaubriand, con su color local americano, falso y todo, y sus evocaciones de las luchas entre los galos y los francos; Walter Scott, con su intuición de lo ancestral, de la tradición amasada con el terruño; Thierry, aplicando ya a la historia documental el criterio de razas; Fauriel y los popularistas, buscando los orígenes del arte y de la poesía, y encontrándolos en el alma de los pueblos, en la sugestión de la tierra natal y sus influencias oscuras y persistentes; Villemain, estudiando los caracteres de las diversas épocas literarias, y, por último, Sthendal y Balzac, el primero disecando el espíritu como se diseca en la clínica la carne, haciendo de la novela una experiencia de laboratorio, y Balzac, sintiendo plenamente y describiendo ahincadamente las localidades y los individuos, sometidos a las leyes naturales de la herencia, del ambiente, de la sangre, de la casta, son más de lo necesario para que, sin retroceder a Montesquieu y prescindiendo hasta de Sainte Beuve, se explique dónde encontró Taine los fundamentos de su concepción filosófica del arte.

Sin protestar de estos antecedentes, y reconociéndose discípulo de Sainte Beuve y de Stendhal, Taine prefería descender de naturalistas y fisiólogos, de Cabanis, de Bichat, y en filosofía, de Hegel, de Espinosa. También el prurito de querer proceder de científicos flotaba en el aire. Nos acercamos al momento en que veremos a la novela alardear de inspirarse en Claudio Bernard y su Introducción a la medicina experimental. La ambición de Taine es escribir la «*Historia natural*» de los creadores en arte o en letras. En esto ve el fin sumo de la crítica, definitivamente elevada a ciencia. Y, en su entender, es la fórmula misma de la imparcialidad, pues así como el científico no conoce pasión, ni se cree en el caso de juzgar y condenar, bastándole estudiar a fondo la materia y aportar los datos que recoge, el crítico, no menos sereno, analiza las obras, sin preferencia ni amor. «Como el botánico que estudia con igual interés el naranjo y el pino, estudia el crítico toda obra humana».

Aplazando las objeciones que acuden a granel —no hay nadie que escriba sobre Taine sin objetar—, sigo indicando las líneas generales del sistema, visible ya desde las primeras obras; pues Taine no solo entró en la liza completamente revestido con el arnés de la erudición y la sabiduría, como si fuese un viejo, dueño de los idiomas clásicos y contemporáneos, sino con su teoría perfectamente premeditada, dispuesto a formularla sin tanteos ni vacilaciones, de esas que los mayores talentos y aun los genios sufren al empezar a buscarse a sí propios. En vez de asomarse, como Sainte Beuve, a todas las ventanas, Taine se encerraba en su concha recia y luciente, en su prisión de carey, transparente y duro.

Su sistema, ya lo sabemos, se funda en la teoría de la raza, del medio y del momento, y lo que concede a la individualidad, es la facultad directiva o principal, pero restringiéndola, y otorgando siempre más importancia a las causas generales que al individuo. Otra ley más, la de la mutua dependencia, viene a reforzar la tesis, presentando cada tipo de civilización y cada época histórica como un todo, unido por una correlación necesaria. Las civilizaciones y las épocas tienen también su carácter dominante, esencial. Por estos caracteres se reconocen las diferencias hondas, irreductibles, entre las razas humanas, entre los grandes pueblos. Dado tal modo de entender la crítica, Taine había de suponer que el valor de una obra literaria es proporcional al grado de permanencia, y generalidad de los caracteres que significa. Y con este criterio está escrita la Historia de la literatura inglesa.

Aunque sea incurrir en digresión, es preciso, al exponer el sistema de Taine, recordar el nombre de Darwin y también el de Haeckel. No quiero insinuar que el sistema de Taine proceda del del naturalista inglés; antes de la publicación del Origen de las especies, el sistema de Taine, contenido en el método de Sainte Beuve, estaba formulado. Si acude el recuerdo de Darwin, es porque también la doctrina de la evolución, fecundo venero de puntos de vista preciosos y exactos, fracasa al extremar sus consecuencias, pues no tiene medio alguno que no sea conjetural de explicar el misterio, lo absoluto de la creación. Así Haeckel, después de probar triunfalmente las semejanzas, a veces las identidades del embrión de los animales superiores y el humano, no puede ni insinuar solución satisfactoria para el problema de cómo un embrión igual produce seres tan distintos, uno que ladra y otro que compone la música de La Walkiria.

Muchos años hace que, escribiendo sobre el asunto del darwinismo, decía yo (que en estas cosas soy, claro es, profana), que esperaba, para estar de acuerdo con Haeckel, un solo dato: el eslabón famoso del mono antropomorfo al hombre. Y lo estoy esperando aún. La antropología prehistórica se ha enriquecido con inestimables descubrimientos, con indagaciones soberbias, interesantísimas, pero la cadena evolutiva sigue rota. Y aun suponiendo que el eslabón se encontrase en forma de esqueleto o de huella fósil, quedaría pendiente la explicación formidable, aterradora como un abismo, del por qué, con los mismos órganos, y a veces con órganos menos poderosos que los del animal superior, posee el hombre una conciencia y un espíritu que le dan un puesto único en la escala de los seres. Acabo de leer, casualmente, una fantasía literaria de Eça de Queiroz, una descripción del Paraíso, donde Adán es un mono antropomorfo, que se baja de un árbol, se pone de pie, mira al cielo y empieza su evolución humana. El eminente novelista portugués refiere cómo Adán va perdiendo el vello, cómo se le va achicando la mandíbula; lo malo es que no dice cómo adquiere inteligencia y sensibilidad humanas, y por qué sus congéneres, los demás monos, se quedan en los árboles, y desde allí se divierten en tirarle cocos y piedras.

A la literatura se le permite todo scherzo. En lo rigurosamente científico, hay derecho a exigir pruebas positivas.

Una vez más, declaremos que la raza, la herencia, el medio, las circunstancias, en fin, que rodean al escritor, actúan eficazmente sobre él; y desatender este aspecto de la realidad, sería privarse de una ayuda inestimable y una luz muy clara para la crítica. Lo que no conviene es poner como límite estos datos. Hay algo que va más allá, que rebasa. No puede la necesidad hacer que nazca un Lucrecio, ni un Cervantes; ambos son hombres de su época y de su ambiente, y lo expresan en rasgos generales; pero otros hombres, con iguales circunstancias, no escribieron La naturaleza de las cosas, ni el *Quijote*.

Figurémonos que llegase a demostrarse, como ahora se pretende, que las obras dramáticas de Shakespeare pertenecen, en realidad, al Canciller Bacón. No sería flojo apuro para Taine poner de acuerdo el capítulo IV del tomo II de su Historia de la literatura inglesa, donde trata del autor de Otelo, con el final del capítulo II del tomo I de la misma obra, donde trata del autor del Novum Organum.

Los ejemplos pudieran multiplicarse, y sería inútil, pues hace tiempo que se ha venido a tierra, desde su arrogante altura, el sistema tainiano.

Su nota más exagerada, la que pareció resumir, para el vulgo de las clínicas y de las aulas, la esencia de su doctrina, fue aquella célebre frase «el vicio y la virtud son productos químicos, como el vitriolo y el azúcar». A tal extremo se llega con los sistemas cerrados, y a esto llamaron los incondicionales admiradores de Taine «tratar como meras hipótesis lo que todos han tenido por verdades demostradas, no preocuparse de la indignación ni del terror que solivian tan a las multitudes y marchar derecho hasta donde conducen el análisis y la lógica».

Nota con gran acierto Brunetière, al considerar el sistema de Taine en sus aplicaciones a la crítica literaria, que el hecho de que una obra exprese y traduzca el pensamiento y la tendencia general de su época, lejos de contribuir a la inmortalidad del autor, le predestina al anonimato. Es más original e individual, y dígalo Carlyle, por ejemplo, desviarse de las corrientes generales.

Tampoco es seguro que el arte refleje siempre la época en que se produce. Lo demuestra la pintura holandesa, como observó Eugenio Fromentín en su precioso libro Los maestros de antaño. Belicosa y movida como ninguna la historia del pueblo holandés en el siglo XVII, en constante guerra con España, con Francia, con Inglaterra, su pintura ni indicio da de tan graves sucesos; reproduce escenas caseras, de bodegón, de kermesa, de taberna y de sitios asaz peores —sin que por eso le falte fuerte originalidad.

Y si está tan a la vista que el arte no sufre, por necesidad estricta, la influencia de la época ni aun del medio, tampoco es exacto que en la obra de arte nos importe, principalmente, el que la creó. El interés que puede inspirar el autor de una obra es legítimo, y la crítica dispone de ancho campo para explayarse en esa indagación cuando disponga de datos, que no siempre dispondrá; no obstante, la crítica propiamente dicha es la que atiende a la obra. La obra ahí está, con su valor, con su significación, con su parte de belleza o de eficacia, materia de juicio, de discernimiento, de clasificación; materia también de impresiones para la sensibilidad y tema profundo de estudio comparado en su relación con otras obras, que procederán de ella quizá, tanto si se afirman al negarla, como si la imitan o continúan. Y de este valor de la obra, superior al del autor y artista (en cuanto es un hombre más) se sigue que la belleza no depende sino de sí misma. Encontrar al hombre tras la obra sucede a menudo, involuntariamente; es un gentil hallazgo; pero o la obra vale más, o no vale nada.

Cuando volvamos a hablar de Taine, ya en otra época y período literario, veremos cómo rectificó y mitigó lo mecánico de la fórmula.

Le alumbró su propio talento, y la sinceridad concienzuda que todos están contestes en reconocerle. Aquí hablo del Taine de 1853 a 1868, antes de la guerra, que es realmente el crítico literario y artístico; del autor del Ensayo sobre Lafontaine, el Ensayo sobre Tito Livio, el Viaje a los Pirineos, los Filósofos clásicos franceses del siglo XIX, la Filosofía del arte en Italia, la Historia de la literatura inglesa, y tantas páginas, sin duda, inmortales. Es justo decir que, si el Taine sistemático no ha prevalecido, el Taine escritor,

hable de viajes o de pintura, analice las corrientes profundas de la nacionalidad inglesa al través de su literatura, o satirice y pulverice la filosofía ecléc-
tica, figurará siempre entre los mejores. Con la insistencia de su indagación,
tenaz y ordenada como una falange, nos enseña a ver, y nos familiariza con
la historia, con la vida de otras edades, con la personalidad de los escritores,
de los artistas; con los Museos. Es además un realista, y, al modo de aquel
Van der Helst, más fiel que Rembrandt, causa la sensación de que conocimos
a los personajes retratados, y sabemos hasta qué enfermedades padecían, si
son linfáticos o sanguíneos, y tocamos su ropaje y adivinamos en sus rostros
el alma.

La originalidad de Taine, es que estas condiciones de escritor van estre-
chamente unidas a una naturaleza de filósofo, de pensador incansable. Lo
que tan aguda y sensualmente ve con los ojos, con esos ojos que él calificó
de «golosos como la boca», lo refiere siempre al intelecto. Se diría que tiene
prisa de abstraer, y que no se perdona a sí mismo el deleite de percibir y
sentir, que proclamaba en alto, cantándole himnos, Sainte Beuve. Con razón
opina Bourget que Taine no es, si bien se mira, ni historiador, ni crítico literario, ni artista contemplador, por mucho elemento pintoresco que derroche
en sus viajes y en sus lecciones sobre el arte en Grecia, en Italia y en los
Países Bajos. Todo converge hacia la filosofía, señora de su mente. Y el signo
de su condición de filósofo, es el propósito constante de referir lo individual
a lo general, de formarse ideas de conjunto. Su estilo mismo —sigue diciendo Bourget— es un estilo sistemático: cada período, un argumento, cada
cláusula una prueba, cada capítulo una tesis, cada descripción admirable,
una insinuación serial de ideas. Y el autor de *El discípulo* califica acertadamente este modo de ser de «embriaguez metafísica». El mismo Taine lo ha
proclamado: «el sentido que menos se gasta, el más sensible, el que procura
goces más varios, es el cerebro» —verdad muy grande, pero solo aplicable a
organizaciones privilegiadas y superiores.

Con lo dicho debe bastar para que se convenga en que Sainte Beuve
anduvo cuerdo al servirse de las ideas en que se basa el sistema de Taine
como de instrumentos admirables, y al no encerrarse en él, y hasta al protestar de sus extremos. «El espíritu humano dice Taine que corre como un
río, impulsado por los sucesos. Sí, pero no. Un río se compone de gotas

iguales entre sí, y el espíritu humano, de gotas diferentes. Las gotas humanas difieren en sus cualidades. En el siglo XVII, por ejemplo, solo un alma podía escribir *La princesa de Cléves*. Si un gran poeta fallece en la infancia, de fijo que no aparece otro que exactamente le reemplace. *Pablo y Virginia* no puede estar más marcado con el sello de su época, y solo cabe que lo escribiese Bernardino de Saint Pierre. No hay nada más imprevisto que el talento.»

Esta es la sana doctrina, la teoría de la individualidad (que no debe confundirse con la del individualismo) tan acertadamente formulada por Vinet.

Ninguna opinión más autorizada que la de Sainte Beuve para definir la índole del talento de Taine. Su juicio acerca del que iba a ser a la vez su continuador y su rival más temible, y por algún tiempo victorioso, tiene la importancia de un documento. Es un juicio que solo abarca las primeras obras, y revela la impresión fuerte que causó al crítico de los Lunes la aparición del sapientísimo joven, que, aplicando la energía de su pensar a los asuntos más varios, se mostró en todos igual a sí mismo. Lo que ha querido Taine, eso ha hecho, declaraba Sainte Beuve, sorprendido de tanto arranque y tan inmensa preparación, y haciendo notar las ventajas de este lastre, que la mayor parte de los escritores, los que hacen su aprendizaje en periódicos, al azar, ya no adquirirán nunca, viviendo y peleando desarmados.

Taine —continúa Sainte Beuve— sabe como nadie situar a los autores que estudia en su época y en su momento social; en ese marco los encierra, de esos preliminares los deduce; no es en él inclinación, sino método reflexivo, el proceder así. Pero a ese método, estricto y seco cual un silogismo, Sainte Beuve opone infinidad de reparos, sobre todo en el terreno, para él tan familiar, de la crítica literaria. Así, por ejemplo, da a entender que Taine ha desnaturalizado al amable y bonachón fabulista Lafontaine. Si Lafontaine leyese la tesis en que se le estudia, quedaría asombrado de las intenciones y transcendencia de su obra, explicada por Taine. Poesía y sistema, dice Taine, parecen cosas opuestas, y son una misma; y Sainte Beuve responde: sí, con tal que entendamos por sistema un todo viviente, animado, coloreado; si la palabra sistema quiere decir cosmos y mundo; no, si el nombre de sistema implica disección, abstracción. Sainte Beuve, el ondulante, el flexible, el hecho a las metamorfosis, no está a bien con que Taine, trate el asunto que trate, aplique su sistema, su modo de analizar; y llámese como se llame el personaje literario, Taine solo busque la exacta relación con lo que le rodea. Es, pues, la cabeza de Taine, un crisol, donde se concentran los elementos de la crítica. Sometido a reactivos, el escritor célebre pierde su ser natural. Con estas imágenes de laboratorio, caracteriza el gran crítico de los Lunes a Taine.

Y esas imágenes de laboratorio, antes que de clínica (la idea del laboratorio es más abstracta) definen bien a Taine. Si la forma y el estilo son en él vivientes, enérgicos, ricos de color, como un lienzo de Rubens, el fondo es escueto, como una fórmula química. A no poseer un talento de escritor de primer orden, Taine sería de los autores más difíciles de leer; y aun así, lo es a veces, porque obliga a seguirle en demostraciones demasiado enlazadas; otras, en cambio, subyuga irresistiblemente, y se le puede aplicar un calificativo harto prodigado: el de escritor prestigioso.

Hay que notar en Taine la sensibilidad especial, filosófica, si así puede decirse, que revela ante la obra de arte. Su emoción no es estética; lo que ve no es la belleza en sí; es la idea de aquella belleza, la serie de pensamientos y raciocinios que sugiere. Una obra de arte, supongamos la Gioconda, puede ser un milagro de hermosura; pero es también un documento acerca de un momento capital de la vida humana. Y Taine, bajo el influjo de su instinto de pensador, más bien la observaría desde el último punto de vista que desde el primero.

Podrá esta particularidad de Taine manifestar la índole esencialmente filosófica de su entendimiento y derivarse de la aplicación de su sistema; pero en cuanto crítico, le ha perjudicado a la larga. ¿Es un filósofo, es un crítico, es un historiador el que escribe? Al querer apreciar en conjunto la labor de Taine, la incertidumbre crece: ¿cómo clasificarle? Reparamos, no sin extrañeza, que este gran escritor y vigoroso pensador, en quien suele verse, y perdónese el galicismo, un filósofo filosofante, se ha pasado la vida sin escribir de filosofía, excepto aquella impugnación con ribetes de sátira, en que pulverizó a la escuela espiritualista, que era entonces a la filosofía lo que las novelas de Sandeau y Feuillet a la literatura. Cabía esperar, y casi exigir, que después de tan hondo golpe, mortal de necesidad, Taine se creyese en el caso de exponer sus ideas metafísicas. En la advertencia a la tercera edición de sus Filósofos clásicos, Taine se excusa de no haber escrito una psicología, una lógica, una moral, por cuenta propia. No solamente no las escribió, sino que su libro contra Cousin fue el único en que expresamente trató la materia. Después y antes, se consagró a la crítica; en la última etapa de su vida le veremos dedicado a la historia.

Y es que (él lo confiesa también) la impugnación es más fácil que la exposición; que un libro de refutación no es un libro de teoría. Si llegase el caso, y no llegó, de teorizar, ¿qué novedad pudiera ofrecer Taine a los espíritus ansiosos de luz? Resucitar la vieja filosofía del XVIII, que era en verdad la suya; volver al eterno Condillac, que había influido en él más que Hegel y Espinosa; a la sensación transformada; pisar las huellas de Laromiguière, que había resucitado el método del autor del Tratado de las sensaciones. Porque conviene hacerlo resaltar: con haber sido Taine un perpetuo esclavo del raciocinio, no puede decirse que tenga ninguna idea muy original, muy suya. Su sistema crítico, base de su celebridad, manaba de mil fuentecillas, antes de que él lo canalizase.

Hay que admirar la copiosa y recia labor de Taine, pero sin desconocer sus deficiencias. Por más que se haya repetido hasta la saciedad lo contrario, Taine no es un inventor, y los que le ponen en las nubes por haber intentado hacer de la crítica una ciencia exacta, a renglón seguido tienen que confesar que la tentativa estaba, desde abinicio, llamada a fracasar. Con esta tentativa llamada a fracasar, sin embargo, hizo Taine su reputación, y ninguna otra desenvolvió ni utilizó nunca; aun cuando, sin cantar explícitamente la palinodia, poco a poco fue admitiendo bastante de lo que había proscrito, y reconociendo no poco de lo que había negado. Sobre este punto podremos insistir, cuando lleguemos al Taine posterior al desastre, al Taine de los Orígenes de la Francia contemporánea.

El Taine de 1853 a 1868 es un titán por el trabajo, y si su fama se formó rápidamente, si el «momento y el medio», fueron que ni de encargo para él, justo era que pesase en la opinión el hombre que en poco más de quince años produce una serie de libros, entre los cuales figuran La filosofía del arte en Italia, el Viaje por Italia, el Ideal en el arte, los ensayos sobre Lafontaine y Tito Livio, la Historia de la literatura inglesa. El momento y el medio contribuyeron a extender la influencia de Taine y a llevarla a la región del arte, donde se manifestó estruendosamente con la aparición de la escuela naturalista, predestinada, sin embargo, al fracaso final, como la crítica en cuyos principios se inspiraba.

Nunca una aspiración imposible, la de hacer de la crítica algo como una ciencia exacta, pudo encontrar mejor campeón, más sabio, más denodado, y a este propósito hay que recordar el dicho ingenioso y un paco irónico de Brunetière. «Taine ha dificultado considerablemente la tarea de los críticos venideros. Antaño, en los tiempos de Sainte Beuve y Villemain, para ser crítico, bastaba tener discernimiento, gusto, conocimiento del mundo, y acaso un poco de talento. Hoy es preciso conocer todas las ideas, estar tan enterado de las letras francesas como de las escandinavas, del arte chino como del italiano, y, además, formarse un alma griega para admirar el Partenón y un alma romana para sentir el Coliseo».

La verdad acaso se encuentre entre los extremos. La crítica literaria y artística no será nunca, en puridad, una ciencia, como no lo será la historia; pero tampoco —aunque por desgracia así se practique— puede ser un ejercicio de plumas sin doctrina, un juego de impresionismo inferior y barato. Como la historia, con la cual va teniendo, cada vez más afinidades, la crítica ha caminado hacia la ciencia, sin alcanzarla, y lo que se ve claro es que no la alcanzará nunca.

Si me preguntan por la obra maestra de Taine —prescindiendo de su etapa de historiador—, respondería que sus *Ensayos de crítica*, en que hay «trozos de pintura» de primer orden, y su *Historia de la literatura inglesa*, en cuya introducción están magistralmente expuestos el sistema y las ideas de Taine, y en cuyos capítulos se analiza con pasión, encarnizamiento y relieve maravilloso, el desarrollo y formación del carácter de ese pueblo, en el cual la civilización contemporánea ha visto un guía y un tipo superior, imitable (a pesar de que toda la obra de Taine demuestra, de la primer página a la última, hasta qué punto lo inglés es inglés, y, por lo tanto, inadaptable a otra raza que a la anglo-normando-sajona).

Parece que, al proponerse escribir la historia de una literatura y buscar en ella la psicología de un pueblo, Taine había pensado en la española, y desistió, porque, nos dice, la literatura española muere hacia mediados del siglo XVII. De una parte, sentimos que falte esa Historia, escrita de mano tal; de otra, el recelo constante y comúnmente bien justificado, que nos inspiran los escritores nacidos en Francia, y que tratan de España, nos consuela; y contribuye a sosegarnos ver cómo acepta Taine, sin la menor dificultad, todas las referencias de Madama de Aulnoy acerca de la vida y el carácter español. Madama de Aulnoy es un documento, pero no incontrovertible y del todo fidedigno. Si se trataba de estudiar la psicología de un pueblo, nuestra literatura, en su misma decadencia del siglo XVIII, pudo servir para el caso, porque la decadencia también es expresiva y significativa; pero el tema sería mucho más arduo, las líneas generales mucho más discutibles, y el hecho grandioso y decisivo de nuestro desarrollo histórico, el descubrimiento y conquista de América, difícil de explicar mediante documentos de carácter literario. El ser Inglaterra una isla facilitó, más de lo que parece, la tarea del eminente crítico, concentrando, por decirlo así, y cociendo en su propio jugo las letras y los elementos históricos. Nosotros tuvimos los brazos más largos y la cautela más corta que Inglaterra; y además, tuvimos momentos de tal frondosidad literaria, con el teatro y con la mística, que la empresa de Taine, no diré que se hubiese dificultado, pero se hubiese complicado, y acaso deslucido. Para el lucimiento, la elección fue acertada, aunque se expuso Taine a deficiencias que le han restado autoridad ante los investigadores ingleses, severos con el libro (como no lo hubiésemos sido nosotros, que somos de buen componer), si Taine nos echa el pañuelo.

De Ernesto Renán empiezo por declarar que es un filólogo, un historiador, un comentarista, un exégeta, un teólogo, hasta 1868; y después de esa fecha es un filósofo ameno, y un autor dramático ya no tan ameno, y un intimista que cuenta con sumo encanto sus recuerdos de la juventud, al par que continúa sus estudios de historia religiosa y de semitismo; que es, en suma, todo lo que se quiera —excepto un crítico—. En este volumen solo cabrían, en todo caso, las primeras obras de Renán; y si cabrían cronológicamente, no estarían dentro del cuadro de estudios que aquí se desarrollan. Los libros que Renán publica, desde 1852 hasta 1865, son de filología, de exégesis, de historia religiosa. Habiendo empezado la carrera eclesiástica, que abandonó al perder la fe, seguían llevándole sus inclinaciones a este género de trabajos.

Averiguar la suma de ciencia que contienen, depurar esa ciencia, ni pudiera yo hacerlo, ni encajaría bien en este libro. La vida de Jesús, que tanto estrépito armó, no es tampoco nada que tenga que ver con la crítica, y no lo digo por satirizarla; no es un trabajo crítico, ni aun entendida la palabra en su sentido histórico; ha sido, en ese terreno, examinada y juzgada por teólogos muy serios, y se presta a censuras y observaciones severísimas, en cuanto a la información, y a la cronología y a todos sus elementos historiográficos.

La enorme resonancia del libro se debió a que condensaba las negaciones y las almibaraba románticamente, y el escándalo fue tal, que niña yo cuando llegó la noticia a España, recuerdo haber sentido una especie de miedo misterioso, algo que al solo nombre del libro impío me helaba la sangre. Y el caso es que ni estaba en edad de leerlo, ni lo leí hasta bastantes años después.

Y bien, insisto: si entre la abundante producción de Renán no encontramos nada que pueda calificarse de crítica literaria, ¿qué hace aquí, al lado de Sainte Beuve y del mismo Taine, que, aun cuando crítico ya un poco desnaturalizado, perdido más de la cuenta en los boscajes de la filosofía y de la historia, nos ha dejado tan magníficos estudios, cuyo carácter literario y artístico nadie niega?

Lo ignoro. Le incluyo en este capítulo porque sus compatriotas, entre los críticos le cuentan, aun cuando Emilio Faguet, por ejemplo, diga textualmente: «La crítica de Renán no nos entretendrá mucho; muy poco se ha ocupado en este ramo. En el fondo desdeñaba este género de diversión... No leía a los críticos sino cuando eran pensadores, lo cual no ocurre a menudo, y cuando cultivaban las idas generales, y así, apreciaba mucho a Taine, sin estar de acuerdo con él en nada absolutamente. De los restantes críticos del siglo y de los siglos anteriores, creo estar seguro de que no ha leído ninguno. Para decirlo pronto, no le gustaba la literatura». No solo no le gustaba, sino que hablaba de ella con desdén, y cuando sin remedio tenía que tocar un asunto literario, salían cosas indigentes y sin sabor, como las que dice de Hugo y de Jorge Sand.

Reconozco que ha influido Renán, y no poco; que ha hecho escuela, si no de estética, de sentimiento, antes de hacerla de ese diletantismo que en él vino a personificarse y que tanto se diferencia del enamoramiento estético de un Gautier. El diletantismo de Renán, del cual volveremos a hablar, fue la mansa gangrena de aquel espíritu, cuyas arterias se endurecían poco a poco.

La primera época de Renán, es la que corresponde al estado de alma mediante el cual tanto ha influido sobre sus contemporáneos; el del hombre que, ante el problema más grave de la vida, que es el religioso, y habiendo perdido la fe, no puede desechar la inquietud, la preocupación constante de tan profunda cuestión; de lo único que, en efecto, importa, si se mira bien, y a la luz de cualquier filosofía que se mire. Por este modo de ser, Renán se diferencia de los enciclopedistas, de Voltaire (que es, sin embargo, uno de sus maestros). Negada la aquiescencia al dogma, el corazón queda embebido del sentimiento y deplorando, como deploró aquí Núñez de Arce en uno de sus poemas más conocidos, como lloró Alfredo de Musset en Rolla, la soledad interior, la melancolía infinita del templo arruinado, e impetrando el consuelo de creer, que es el mismo consuelo de amar... Renán lo proclamó, y en esto hay que alabarle: el hombre es religioso cuando es mejor; el hombre no está en lo verdadero sino cuando cree hallarse destinado a lo infinito. Ante estas y otras efusiones tan frecuentes en Renán, dijérase que había de seguir siendo uno de esos que Taine calificó de hombres interiores, y que, fuera del cristianismo, siguen la pendiente cristiana; que hacen converger toda filosofía y toda crítica al problema de nuestro destino ulterior; hombres que, al perder las creencias, quedan sangrando con herida incurable; porque su creencia era pasión, y si el raciocinio les enseña a descreer, sufren como si les mandasen renegar de su padre. De estos, dignos de piedad y respeto, fue Jouffroy; y al principio, también Renán. Por bastante tiempo siguieron resonando en el fondo de su alma las campanas de las ciudades sepultadas en el mar, que los pescadores de Bretaña afirman que se oyen todavía; y pudo Renán, sin mentir, compararse a la lira de Orfeo, que después de muerto y despedazado su dueño, aún repetía: «¡Eurídice!». —Hasta que, al correr de los días, por ley necesaria, se le pudo aplicar lo que dice él mismo, hablando, por cierto con seductora elocuencia, de San Francisco de Asís: «Los siglos de poca virtud, como el nuestro, son esencialmente escépticos».

Epílogo

En el período de transición, el germen morboso, ya tan visible en el romanticismo, entra en otra fase de su desarrollo: pero todavía hay esplendores que encubren la inminente decadencia. El mal no está circunscrito a Francia, ni pudiera, porque todavía Francia se difunde y derrama en Europa, a pesar del movimiento centrípeto de la novela y del teatro, repatriados y hasta localizados vigorosamente por Balzac. Las fuerzas de resistencia de los organismos actúan, en lucha contra tantas acciones tercamente desorganizadoras. Simultáneamente, durante la transición, aparecen las tendencias y las escuelas, predestinadas a corta vida. El ideal del Imperio y el ideal romántico, van pareciendo anticuados; las tesis de ayer han perdido su eficacia; pero las utopías, falsificadoras de ideal, tampoco han resistido a la prueba de la experiencia, y el año 48 es una fecha que hará sonreír a la nueva generación revolucionaria, la que prepara la Commune. Bajo el segundo Imperio, entre una prosperidad económica e industrial que permitirá después restañar heridas, entre un desate de apetitos y de concupiscencias que la literatura habrá de reseñar y reflejar, camina Francia al desastre, fin de su hegemonía.

De las fuerzas de resistencia, sería la primera la escuela de la moralidad artística, si se basase en firmes convicciones, y de las esperanzas, fue la más vehemente la que se manifestó en la apoteosis de la ciencia, que invadió el terreno de las letras y del arte. Por desgracia para Francia, aplicó la ciencia a cuestiones en que no tiene fuero ni certidumbres que ofrecer, cuando hubiese sido tan conveniente aplicarla a tener un ejército perfectamente organizado, que la colocase en condiciones de superioridad ante los «bárbaros del Norte», prontos a salir de sus selvas, y, aunque bárbaros, sumamente instruidos.

No bastará, sin embargo, el desengaño; no se apreciará la terrible lección; la ilusión científica, en el período que se acerca, producirá un movimiento literario muy intenso, y ambicioso sin límites. Sosegada la nube de polvo que levantó el combate, ahora, a la luz del ocaso, vemos el aspecto del campo de batalla. El ocaso todavía tendrá arreboles, luces encantadoras, nubes rojas de formas extrañas; pero ocaso será. Sin exceptuar el segundo Imperio, siempre podrá un patriota francés afirmar que cualquiera tiempo pasado fue mejor.

Libros a la carta

A la carta es un servicio especializado para

empresas,

librerías,

bibliotecas,

editoriales

y centros de enseñanza;

y permite confeccionar libros que, por su formato y concepción, sirven a los propósitos más específicos de estas instituciones.

Las empresas nos encargan ediciones personalizadas para marketing editorial o para regalos institucionales. Y los interesados solicitan, a título personal, ediciones antiguas, o no disponibles en el mercado; y las acompañan con notas y comentarios críticos.

Las ediciones tienen como apoyo un libro de estilo con todo tipo de referencias sobre los criterios de tratamiento tipográfico aplicados a nuestros libros que puede ser consultado en Linkgua-ediciones.com.

Linkgua edita por encargo diferentes versiones de una misma obra con distintos tratamientos ortotipográficos (actualizaciones de carácter divulgativo de un clásico, o versiones estrictamente fieles a la edición original de referencia).

Este servicio de ediciones a la carta le permitirá, si usted se dedica a la enseñanza, tener una forma de hacer pública su interpretación de un texto y, sobre una versión digitalizada «base», usted podrá introducir interpretaciones del texto fuente. Es un tópico que los profesores denuncien en clase los desmanes de una edición, o vayan comentando errores de interpretación de un texto y esta es una solución útil a esa necesidad del mundo académico.

Asimismo publicamos de manera sistemática, en un mismo catálogo, tesis doctorales y actas de congresos académicos, que son distribuidas a través de nuestra Web.

El servicio de «Libros a la carta» funciona de dos formas.

1. Tenemos un fondo de libros digitalizados que usted puede personalizar en tiradas de al menos cinco ejemplares. Estas personalizaciones pueden ser de todo tipo: añadir notas de clase para uso de un grupo de estudiantes,

introducir logos corporativos para uso con fines de marketing empresarial, etc. etc.

2. Buscamos libros descatalogados de otras editoriales y los reeditamos en tiradas cortas a petición de un cliente.